社協舞台の演出者たち

コメンテーター
井岡 勉

編著者
塚口 伍喜夫　明路 咲子　岡部 和夫　川﨑 順子

執筆者
中野 孝士　間 哲朗　岡野 英一　坂下 達男
佐藤 寿一　堀田 稔　影石 公昭

大学教育出版

はじめに

この出版の動機は、二〇一八（平成三〇）年五月に兵庫県内社協・共募事務局職員退職者会（通称「トアロード会」）で、会員有志による『地域福祉への挑戦者たち』を出版したことの反響に刺激されたことによる。

社協は、ご存知のように一九五一（昭和二六）年以降に発足した。同年に制定された社会福祉事業法に社協が法定化された。その法定化は中央社協（現在の「全社協」）、都道府県社協のみであり、市町村社協の法定化は遅れること三二年後の一九八三（昭和五八）年であった。

全社協は、一九六三（昭和三八）年、社協の憲法ともいうべき基本要項を発表した。この基本要項には、社協の活動は「住民主体」で推進することを宣言した。

当時、住民主体やサービス利用者主体、当事者主体といったような概念が社会福祉界には希薄であったことは確かだった。そんな時に果然と住民主体をうたい上げた基本要項は、社協の根本理念を指し示す羅針盤として輝いた。その後、基本要項は数次の改定を重ねたが、初期のこの基本要項の輝きは薄れることはなかった。

さて、この出版では、そのタイトルを『社協舞台の演出者たち』と付けた意味はこの住民主体の原則と深くかかわる。基本要項発表当時は、社会福祉方法論の一つであるコミュニティオーガニゼーション論に基づいて地域福祉の推進者をコミュニティオーガナイザーと称していた。彼らコミュニティオーガナイザーは、地域福祉を進めるにあたって住民主体をどのように活かすかに苦慮しながら、あるいは、常に自己に問いかけながら進めたと考えられる。私にしてそうであった。私が得た結論は、コミュニティオーガナイザーは決して表舞台で主役を演じてはならないということであった。主役を演じるのは地域住民であり、当事者であり、社協であれば、役員でなければならないと結論付けた。コミュニティオーガナイザーは常に住民や当事者が主役を演じられるよう、あるいは社協構成員の代表である理事が主体的に問題を提起しその解決の方向を探っていくことができるようプロデュースする演出者であるべきだという思い、もっと強く言えば信念のようなものをもって臨んできたと思う。ここに執筆して下さった皆さんは、社協のどの部分の仕事に関わろうと、そのために表現方法や住民主体を実体化するアプローチの方法は違っても、根底の思いは同じくする同志と考えている。こうした思いをぶつけてほしいと強く望んだし、それが反映したものとなったのではないかと自画自賛している。

この自画自賛のままで世に出すことにいささかの躊躇いもあり、客観的・科学的に評価していただくため、同志社大学名誉教授の井岡勉先生に総合的なコメントを依頼した。

井岡先生は私たちが紅顔の美青年であったころからの友人であり、私にとっては恩師の一人でもある。厳しい、しかも辛い切り口でのコメントを期待するものである。

二〇一九年八月　吉日

塚口　伍喜夫

社協舞台の演出者たち

目次

第2部　政令指定都市社協の部

第3部 市町社協の部

第1部　道府県社協の部

第1章

「地域福祉活動の実践と教訓」
―道社協三四年の足跡から―

岡部和夫

1　生い立ち

(1)　広い北海道と風土

いま、北海道は「北海道」命名一五〇年の記念行事ににぎわいを見せている。「北海道」という名は一八六九(明治二)年に松浦武四郎開拓使史が提案した六つの中から名指しされ「命名」されたと聞く。彼はアイヌ文化と厳しい気候風土に学び、北海道の開拓を夢みた。そして先住民族の開拓の時代から戦後の開発、フロンティア精神が脈々と受け継がれてきた。また北海道は広大な土地、すぐれた自然に恵まれ心意気も高い。一九八七(昭和六二)年、道は「新しい開拓の時代」ととらえ、新しい北海道を創造した。豊かな自然のみならず自ら創意工夫する地域社会の創造を求めた。また北海道の厳しさは、北海道家庭学校（遠軽町・児童養護施設兼学校）に垣間見ることができる。同校の礼拝堂には「難有」という二文字が掲げられている。難有という二文字は「ありがたし」と呼んでいるが、創始者留岡幸助先生は感謝すべき本当の意味は難儀があるということ。厳しい気候風土や暮らしという難儀があるから人々は助け合い、成長し、感謝する。しかも自然が人間に与える感化、影響、慰謝は計り知れない。北海道という厳しい風土の中で、なお住民は「自分のまちに住み続けたい」「ふるさとに暮らし続けたい」と願う。地域における住民の創造性や主体性は、住民自身の考え方を尊重すること。そのうえで住民の願いに応え、支え合っていくこと。そして人と人との信頼関係が地域という「場」において築かれていくということを教わった。

(2) 減少する市町村人口

一九六七（昭和四二）年、私が札幌に赴任した時、道内には二九市一八八町村、約五六〇数万人が住んでいた。二〇一八（平成三〇）年の現在、三五市一四四町村。人口は減少傾向を示す五三二万人。半世紀過ぎて二八万人が減少している。ひろい北海道の中で人々は札幌およびその周辺都市に集中し、過密化と過疎化が同時並行的に現れている。さらに高齢者人口が五〇％を超えると「限界集落」と心配され、近い将来人々が暮らす地域社会の存続が危ぶまれている。

入局して間もなく上司からまず道内の「市町村の名前を覚え、その特質を調べろ」と指南された。考えてみればこんな多くの市町村がある県はどこにもないのだ。覚えることに少し必死になったことを記憶している。

しかし道内自治体の人口減少問題はまさに地域社会の生活機能のマヒ、崩壊を示唆しているようにみえる。

北海道地域は広大である。札幌から函館までJRで四時間半かかっていた。釧路まで五時間、根室まで七時間を要した。稚内も同じく七時間費やした。したがって出張する場合、前日の午後一〇時頃の列車に乗り、いわば夜行列車で現地に赴き、その日の夜行列車で帰途に着くこともたびたびあった。逆に遠くの地域の人々にとっても同じことが言えた。現在は当時より三〇分ないしは一時間ほど短縮しているが、交通事故も多く移動手段にかかる苦労話が多い。

また雪害、水害等による住民生活の辛苦は大きく、特に孤立になりがちな高齢者等の除排雪、通院、買い物、入浴などその生活苦悩は今なお増え続けている。

(3)　洞爺湖町で生まれる

一九四一（昭和一六）年といえば太平洋戦争開戦の年である。私は同年九月にこの世に顔を出した。

洞爺湖町はかつて虻田町といわれ、人口一万人程の小さなまちである。風光明媚な世界で最も美しいといわれる湖と温泉があり、周りには昭和新山、有珠山、そしてジオパークに指定された地域をもつ。有珠山は一九七七（昭和五二）年、二〇〇〇（平成一二）年など過去三度に亘り噴火があり、二〇～三〇年に一度は噴火期を迎えると警戒されている。噴火災害には多くの教訓を残しているが二〇〇〇（平成一二）年の時は国道二三〇号線（札幌から虻田）の西山地域で噴火しながら死者一人出さなかったことが評価されている。それは過去の教訓から災害に対する町内会や住民の意識の高さが挙げられる。自治体をはじめ住民相互の学習と協働、情報伝達の仕組みが徹底していたといわれる。特に地震・災害等の研究機関、地元自治体と常に連携していたことが災害を最小限にとどめたと語られている。

私の父（昌夫）のルーツを探ると、かつて祖父兄弟は徳島県阿南に住んでいた。北海道へ移住してきたのは一八九一（明治二四）年、屯田騎兵隊を志願したことから沼貝村美唄に入植したという。祖父らの生活記録によると「当時は喬木繁茂し熊笹密生、日中熊の出没することあり甚だ危険なり。大木、熊笹を刈り速成、開墾した」と記されている。現在の美唄市にあたるが緑の田園風景が美しい町となっている。父は一九二九（昭和四）年美唄から現在の洞爺湖町に移り、冬の生活には欠かせない石炭や木炭などを販売する燃料店を営み、母は布団、洋品などの呉服店を経営していた。人の身体を暖かく包む商売だった。

そのような町で小・中学を過ごす。小学校に通う途中に「白井坂」と言われる坂（石碑）がある。これはかつて小学校の校長先生であった「白井柳治郎先生」を町民の誇る人物として命名されたと聞く。白井校長先生は北海道に馬鈴薯を持ち込み、町に住むアイヌの方々にイモづくりを教え暮らしを支えた。過酷な暮らしに耐えながら「働く」意義と暮らし、教育の大切さを教えてくれた人と語り継がれている。またアイヌへの差別意識が強かった明治・大正時代に、アイヌ民族の生活改善を目指して虻田町に移住した。アイヌが通う小学校長として二〇年間勤め、一九四一（昭和一六）年退職。その後もかれらの生活改善に取り組み、福祉、教育に尽くした人と慕われている（注「アイヌ・コミュニティ」＝北海道新聞ほか）。

高校は隣の町、伊達市内にある道立伊達高等学校。多くの時間は柔道部に所属し過ごした。卒業と同時に大企業と言われた「富士製鉄室蘭製鉄所」に入社（一九六〇年）。社会人第一歩を踏み出した。当時の企業はスポーツ等が盛んで野球部、サッカー部、柔道部等、さらにブラスバンド部、音楽隊などもあった。当時の会社には一万一〇〇〇人の社員がおり、夜通し鉄鋼需要に汗を流した。当時を振り返れば、日本の高度経済成長期に突入した時期だったのかもしれない。その一方、六〇年安保反対闘争や労働運動が盛んに繰り広げられ内閣打倒を叫んでいた。また北海道では基幹産業であった炭鉱がたびたびガス爆発を繰り返し閉山に追い込まれた。炭鉱マンはじめその家族の悲劇が繰り返された。また同製鉄所が千葉、東海地方に新設する計画が公表され、社員の配置転換希望者を募っていた。人生の岐路に立たされた若い社員や従業員はそれぞれの道を探り始める。東海地方へ配転を希望する者、新設された鉄鋼短期大学へ向かう者、室蘭に居残るもの、家族と別れて生活をする者など。わずか三年も経たずに数千人が動いた。私もその一人だった。

2 「福祉学」への誘い

(1) 東北のまちへ（調査で学ぶ）

高校を共に過ごした仲間たちの多くは東京やその周辺の大学へ進学していたが一人仙台の大学に進んでいた友人がいた。浪越直樹君であった。彼は日頃から障害者の福祉に強い関心をもち偏見や差別、人権問題等に取り組んでいた。一九六三（昭和三八）年、彼の強い誘いにより東北福祉大学に足を踏み入れた。

当時の大学は梅檀学園（曹洞宗）が運営する高校・短大中心の学園であったが四年制大学に変更後、徐々に幅広い福祉系の人材養成に力をいれはじめていく。

しかし当時を振り返ると、あまりにもお粗末な学生寮、ドーム型の建物・教室であったことを覚えている。学生寮は一部屋八人の大部屋。校門前には素晴らしい桜の木に感動しながら寮に向かったのだが、私は思わずその日に寮を飛び出してしまった。また教室も雨が降ればバケツを探す始末。図書館には宗教本ばかり。ここは本当に大学なのかとふと逃げ出したい気持ちになったことを記憶している。思えば五五年も前のことである。

現在は東北をはじめ全国でも有数な殿堂、図書館等が整備されたキャンパスに成長し、社会福祉・教育学等の中核的な存在になっていることには誇らしいものがある。

大学では入学以来「社会事業科学研究会」（社研）という部に所属し先輩の指導を仰いだことが地域福祉や社協活動に関心を持つ大きな足掛かりとなった。

社研部は社会事業の諸問題を科学的に理論づけ、かつ実践的に研究するものとして、一九五九（昭和三四）年短大時代に発足していた。調査、実践、研究、発表などを積み重ね、卒業後は専門社会事業従事者になることが目的であり、方針としていた。入部当時、すでに東北の農村地域を舞台に実態調査、研究が続けられており、自ら東北の農村地域でその経験をしたことも社協に対する強い関心事となった。

中でも社研部の「地域社会における社会福祉行政の浸透度とその実態」（一九六二年）報告書において初めて出会った「社協」の名。報告によれば、調査対象になった地域は岩手県岩泉町安家。職業は林業、農業、製炭業、出稼ぎが主。人口三四〇世帯ほど。ここは東北農村の一つと言われ北上山中にある僻地の一つであった。東北のチベットと揶揄されていた。北上高原を流れる安家川の北方にかけ山また山が連なる。安家は人為に汚されることがない地域で小鳥の声、虫の声も豊かに自然はそのまま人々を健やかに包んでくれている。しかし一方で住民の暮らしは厳しく、子だくさん家族や病弱な老人のいる世帯は生活が苦しく貧困にあえいでいた。また交通が整備されず、不便であった。地主と農民の主従関係など封建制が色濃く残っていた地域で、貸子制度などもあった。

社協に関心を持ったのは同報告書の結びの中で「社協の当面する諸問題」があった。その中で「基本問題の第一は家族計画と改良である。これは特に僻地に限ったことで日本全体の問題ではないから、十分社協で解決できる問題である」と断言している。多産多死の傾向にあるこの地方に対しては、乳児死亡率の低減対策、家族計画にもとづく受胎調節の実践、食生活の改善等の面で地区活動が盛り上がってほしい。もう一度真剣に考え直してみる必要がある。結局は一つひとつの具体的なニードの解決を通して克服する以外手はないのだが、この要素を担う社協がもっと意識的に検討してみることが望ましい。そして「社協活動の原則的な方法、つまり共同討議と共同計画を忠実に推し進めることで社協は飛躍的に発展が期待できる」と述べていた。

「社協とはいったいなにか」第一に疑問が浮かび上がった。組織なのか、事業なのか、行政体なのか、初めて目にする言葉には一向に理解できる要素はなかった。家族計画と改良？　が社協で解決できるというフレーズは理解できなかった。また共同討議と共同計画を進めることすら意味がわからなかった。学生生活一年目に出会った「社協」という言葉は難解であった。当時の社会福祉事業法では都道府県と中央に「社協」を置くとだけ記されていた。私は無知の何ものでもなかったが強い関心事となった。

(2) 社会福祉協議会との出会い

大学三年目になると「社会福祉実習」プログラムが組まれている。実習は現在のカリキュラムとあまり変化がないと思われるが、福祉行政現場をはじめ社会福祉施設（老人・児童、障害児等）社会福祉協議会（以下社協）などのうち二カ所以上の現場で体験、学習をすることとなっている。

社会福祉実習にあたってまず仙台市内の社会福祉施設を選択した。一九六三（昭和三八）年老人福祉法が成立し、老人の暮らしや福祉のあり方が社会問題になり大きな関心事になっていた時期である。

今まで老人は小説『楢山節考』に代表されるようにやむにやまれぬ棄老風土から敬老へ変化していく過程があり、人生五〇～六〇年時代を迎え老後の生き方が大きく問われた時代である。そうした中で「養老院」から「老人ホーム」へ変革する等、その重要性は増したのであった。実習では新設ホームで老人ホームの運営等を学ぶとともに家族の看取りもなく、さみしく孤独死する実情を目撃し考えさせられたものである。このころ「ねたきり」という言葉が巷で流行し、これからは老人のねたきりや一人暮らしをはじめ家事援助、家庭環境、老後生活等が社会問題化することを予感した。

(3) 全社協の実習

第二の実習先は全国社会福祉協議会と中央共同募金会（東京）であった。地域福祉を学びたかったため、大学のセッツルメント授業を担当していた西内潔教授がかつて全国社協に勤務していたという関係から特別に紹介をいただき実習が可能となった。私にとって社協に人生をかける第一歩となった。

一九六六（昭和四一）年七月、私は西内潔先生の紹介状を持って東京に向かった。千代田区霞ヶ関に社会事業会館があった。六階に「全国社会福祉協議会」があり地域組織部に配属された。職員は八人。その中で一番若い職員の隣に机が用意された。隣の職員は鈴木五郎さん。後に全社協事務局長となり、全国老人クラブ連合会事務局長になった方である。

全社協では鈴木五郎さんの「実習プログラム計画」により担当職員の講義、事業の実際が行われた。地域福祉の「基調講義」は前田大作部長。徳島県ではじめて「善意銀行」を創設した、ボランティア担当の木谷宣弘さん、鈴木広子さん（後の全社協秘書室長）。「社会福祉事業の歴史と社協の現状」を担当された河田正勝さん、矢口雄三さん。「保健福祉広報」を発行していた田村孝也さん、富田哲司さんなどそうそうたるメンバーがいた。

講義と実習体験は数週間（中央共同募金会の実習を含めて一カ月）にわたって行われた。講義は他部にも拡がり「各種別福祉施設協議会（一〇業種）」「民生委員協議会」「国際社会福祉協議会」などの説明やその実態を学んだ。当時、霞ヶ関「社会事業会館」を拠点とする全社協職員はいきいきしており活気があった。

また当時の事務局長は新国康彦さん、次長兼業務部長に牧賢一さん、業務部副部長に永田幹夫さん、同副部長に見坊和雄さん（後の全国老人クラブ連合会常務理事）など業界内において無二の存在であった。

(4)　社協は民間の自主的組織

一九六二（昭和三七）年に全社協は二年をかけて［社会福祉協議会基本要項］を策定した。いわゆる「住民主体の原則」論であった。今日なお市町村社協には住民主体による「活動論」あるいは「運動論」を信じる関係者は多い。

基本要項は第一に「住民主体の原則」が打ち出され、地域福祉の基本線を確立した。第二に、社協の主たる機能は福祉計画を立てることとそのための組織化活動を進めること。そこには地域社会開発やコミュニティ・オーガニゼーション理論を導入した。第三に、社協の組織は市町村を基本的単位とし、都道府県・全国と系統的に積み上げを図るべきものとして住民活動促進の方途やニーズ充足の運動体として強化する方向が示された。第四に、社協の事務局には専門職員（コミュニティオーガナイザー）設置の方針を明確にし、社協基盤を強化しようとしたものである。

永田幹夫業務部長（当時）は「社協は一定の地域社会において住民が主体となり、社会福祉、保健衛生その他生活改善向上に関連のある公私関係者の参加、協力を得て、地域の実情に応じ、住民の福祉を増進することを目的とする民間の自主的な組織」である、と開口一番語られた。そして敗戦によるＧＨＱの指導の厳しさ、同法援護会、民生員協議会、社会事業協会の三団体統合の経過、新しい社会福祉（開発）へ向けた思いのたけを熱く語ってくれた。一九六六（昭和四一）年七月一八日のことだった。あわせて『社会福祉協議会読本』（牧賢一著）を学んだ。

(5)　善意銀行の本音

木谷宣弘さんは児童福祉、ボランティア活動に言及した。社協は「住民、児童のニードをどう把握するか」が活動の基本となる。当時の要保護児童対策、非行防止、長欠児童問題に触れ、子ども会、母親クラブ、保育所づくり運動を語り、子どもの健全育成、人格形成に力を入れることを主張していた。ボランティアには「出会い、ふれあい、支え合い」をモットーとしていた。「善意銀行」を生み出した木谷さんは発足の動機や目的は、①社会福祉事業の社会化、②ボランティアの組織化、③奉仕とニード（願い）の調整、つまり一方的な奉仕は防止しなければならない（善意の押しつけではいけない）。そしてこの銀行の理念は、①社会連帯感の自覚（社会のためであり自分のためであること）。②自発性（進んで志願する活動）。③理想の追求（開拓、パイオニアの精神を育てること）であった。

当時の社会福祉事業は公的責任論が強く、それがイコール福祉国家論になっていた。したがって民間の社会福祉事業（社協等）が参加する余地がない（民間への公的資金提供の否定から）様相にあった。社会福祉は法や制度のみでは成り立たないし、福祉国家にもならないことを主張していた。その意味では民間社会福祉事業の存在がいかに大切か、市民主体の善意銀行が重要な意義を持っていたことを物語っている。つまり民意の参加や反映が社会福祉事業には大切ということである。この「善意銀行」は当時で全国一〇〇〇カ所に上っている。北海道においては「愛情銀行」の名称で一九六二（昭和三七）年に設立されていた（木谷さん講話から）。北海道における「愛情銀行」の機能は、①金銭預託（寄付金）、②労力預託（労働）、③技能預託（技術・資格）④物品預託（衣類・日常品）の四本の柱に区分し、これらを必要とする利用者に払い出しを行うという仕組みになっている。

保健福祉地区組織育成協議会を担当していた田村孝也さんは、一九五九（昭和三四）年、時の厚生大臣であった堀木構想というのがあって、社協は保健と福祉を担う活動を期待し、特に社協はその機能を発揮してほしいと調査、広報、共同計画などを求めていたという（講義メモ）。

河田正勝さんは、全社協、都道府県社協は一九五一（昭和二六）年に設立されたがその時点で

「市町村社協」が焦点になっていなかったことに問題を感じていた。それは社協そのものの性質が「地域住民の主体的、自主的なものとして発足すべきもの」であったが、天下り的発足には懸念すべき向き（上から下）があった。とはいえ、いざふたを開けてみるとすでに県社協の六割が創設三年も経たずに九七・八％が結成されたという。その流れはＧＨＱの財政的打ち切りに苦慮し、同胞援護会、中央社会事業協会、民生委員協議会の三団体は統合せざるを得なかった背景（上意下達）があったと述べている。

そして全社協は「社協基本要領」を作成したが、内容は都道府県社協を単位とした方向を定め、本来活動の中核である市町村社協に向けた方向性は皆目見当がつかない状態が実際であったと述懐している。

一九五五（昭和三〇）年頃は、日本の経済変革期で、なべ底景気とか、神武景気とかいう経済の波が激しく動いていた時である。当然住民生活にも大きな影響を及ぼし、生活苦による自殺や青少年の非行化、盗難等大きな社会問題に発展していた。こうした国民生活の変動は、市町村における住民生活ニード（願い）の顕在化と共にその対応が迫られていた。全社協は一九六〇（昭和三五）年、「都道府県社協組織部長会議」を四日間にわたって山形県で開催され低迷する社協活動の方向性を確認することとなった。その結果二年後になるが、一九六二（昭和三七）年社協の憲法とまで言われた「社会福祉協議会基本要項」が策定され、都道府県社協は漸く市町村に目を向けた基盤づくりに動き出した。

河田さんは基本要項作成に至るまでの話を丁寧に語ってくれた。私は全社協実習に充実感を覚えた。

私は実習で得た知識をもとに山形を訪ねた。道社協の就職内定をいただいた後の二月頃だったと思う。山形県社協の渡部徳次部長を訪ねると職員の鏡さんが迎え入れてくれた。「徳さんは間もなく帰ってくる」と大きなダルマストーブを囲みながら雑談していた。間もなく渡部さんは顔を赤くしながら帰ってきた。初めての出会いである。その後「徳次」を「剛士」と改称されているが以後、亡くなるまでご指導をいただいた方である。

(6)　住民主体の意味

社協基本要項には「住民主体の原則に基づいた民間の団体」であると示された。当時、山形県社協組織業務部長の渡部剛士さんは、あのとき市町村の現場で働く人々とひざを交えて討論し合った結果が表現されたという。討論の中で社協の方向について「本当は住民が主体でなければいけないのではないか。決して行政の外郭団体ではない」と確認した。それが住民主体の原則であると。また「社協とは何か」社協の役割や使命などの論議も徹夜で行われたと語っている。

渡部さんは、ある日「社協の使命は法的（社会福祉事業法）に存在する」ものの本当は広い意味での社会開発、ソーシャルデベロップメントを意図して考えられたのではないかと木村忠二郎さん（全社協副会長）が語っていることを明かしてくれた。三団体による連絡・調整以上に大きな展望を持って、地域住民の生活、福祉を夢見ていたのではないかと語っている。

渡部剛士さんは「住民主体という意味はその地域に住む人々が自らの生活を良くしていくために、みんなで助け合って解決していくこと。専門職員は地域の状況を把握し、住民と協働して社会資源を活かしながら計画的に進めていくことなのです」と語っている。基本要項が求めたものは「住民の声や住民自身の活動を原則に進めるべきこととの考えからまずは市町村に基盤を求め、強化しようとした」のではないだろうか。私はその考え方に感動し夢が広がった。

一九六二（昭和三七）年、全社協は都道府県社協に対してまず全国津々浦々の市町村に「社協」を組織化すること。そこで福祉ニーズを掘り起こし、問題の所在を明らかにしながら解決のための福祉計画を立てる。そのため地域住民の参加等により福祉ニーズを持つ家庭や個人に対して援助活動を展開する方向を明らかにした。こうした活動を展開するために何よりも重要なのは社会福祉指導・専門職員（コミュニティ・オーガナイザー）の存在であった。

一九六三（昭和三八）年には全国、都道府県社協に「福祉活動指導員」、一九六五（昭和四〇）年には指定都市に、一九六六（昭和四一）年から市町村に「福祉活動専門員」が国庫補助によって設置されることになり、社協の組織活動、展開が大きく飛躍する様子が窺えた。しかしその後、全社協を中心に予算対策運動を通しながら、社協の基盤強化を図るため「市町村社協法制化運動」が始まる。つまり「任意」の社協を法制化し「社会福祉法人」にしようというものだ。

一九八三（昭和五八）年漸くその念願が実る。住民の声七〇〇万人の署名を集めて実現した。しかし課題も内包していた。その一つは民間福祉団体であるのになぜ法制化するのか、矛盾はないのかという。また法制化することによってどんなメリットがあるのかという意見が署名運動を通して道内市町村で湧き上がっていた。これに対して当時の山田道社協事務局長は「①法制化によって公共性を持つ。②国の予算を確保しやすくなる。③社会福祉専門員を配置できるようになる。④公的立場になると責任も伴うが住民にわかりやすい存在になる」と語っている。民間性と公共性の違いについて住民にはどう映って見えるのか。また主体性のある住民活動と行政の補完性と区分できない立場となり社協の曖昧性が高まると指摘された。社協の存在、基盤、性格、使命、将来をどのように考え発展させていくべきか、議論が大いに盛り上がったことを記憶している。しかし社協活動において最も重要視されている「社協専門員」（コミュニティ・オーガナイザー、あるいは近年ではコミュニティソーシャルワーカーと呼ばれることも）の役割使命、技術、立場等が不透明になっていることが気になった。

(7)　対等の関係を保つ

社協の活動は「住民のニードのもとに行うこと」が本来なのだが、財政的な背景を考えると行政との関係が浮き彫りになってくる。

社協財源は国民たすけあい運動による共同募金の配分と行政からの補助金、あるいは受託金が主で八割以上を占める。そのほか寄付金、住民会費等があるもののわずかである。

社協は住民のニーズを大切にし、住民参加のもと、主体性をもって解決していくものと受け止められている。だが、実際のところは「社協は行政の下請けばかり」「肩がわりばかり」しているといわれる。それだけに社協は行政の外郭団体と批判され、かつ天下りを許していると厳しい声はやまない。どのように考えていくか。当面は全社協、都道府県社協が中心となって予算対策運動をすすめ正当な社協独自の予算（財源）を獲得していくほかはない。一方、地域住民の声を積極的に反映し、具体的な事業に結びつけ、信頼関係を築いていく力を蓄えていくことが社協にとって必要かつ重要な視点であろう。また国庫補助や市町村委託・補助は社協の力量を認めたところから財源の提供が発せられている。したがって委託であっても、住民のニーズに合致しているものであれば、正当な社協事業として対等に協議し、協働する成果を確保していくことが重要と説いている。行政の中には社協に対する無理解から一方的に押しつけてくる職員もいないわけではない。社協は行政依りの考えに立つか、住民の願いに沿ってすすめるか、いつも問われているのである。時間を費やしても住民の立場に立って理解を求める努力が大切である。

(8) 共同募金と社協

共同募金会は、寄付者を主体とする運動のお世話役として存在する。その募金会は都道府県ごとに設立されている。その都道府県共同募金会の代表者をもって構成された連合会が「社会福祉法人・中央共同募金会」である。なお当時沖縄にだけは社会福祉協議会の中に「共同募金委員会」が設置されている。他の各都道府県ではそれぞれに独立した社会福祉法人であって、その地域において民意を代表し、公正に推進するとともに管理と責任を担うこととなっている。都道府県共同募金会には郡市支会、区町村分会があって地域住民と結ぶ民主的組織の基盤となっていると同時に「国民たすけあいの精神」に基づく社会奉仕の実践機関である。

中央においてはこの運動の企画、および実施における全国協調を維持し、各共募相互の効果的な運営を図るために連絡・調整を図っている。募金活動には目標額が毎年設定されているが、これは中央から天下り的に割り当てるようなことはしていない。

社協と共同募金会との関係は第一に最も密接な関係にある協力組織である。中でも大切なことは募金を始める前段階で社協が社会福祉を目的とする事業の調査を行うこと。第二にその調査に基づいて総合的な募金計画（目標額）を立てる。そして第三に配分にあたって、効率的に配分されるよう受配者と連絡調整を行うのが任務となっている。「共同募金は民間資金」であるから、公的事業と区分して取り扱わねばならない。公的施策と民間事業の区分を明確にするのは社協の使命と社会福祉事業法第七四条に示されている。社会福祉事業の総合的自主的規制と相まって、はじめて真の運動の効果を上げることができる。したがって目標額や受配者の範囲、配分方法に意見を聞く法定要件となっている。

当時、中央共同募金会小池さんからこのような説明を受けて、募金運動の背景には行政依存の脱皮なのか、民主的な「たすけあい」モラルの醸成なのか、社会連帯の高揚にあるのか、民間福祉の財源確保にあるのか判断がつかなかった。

3　道社協の活動を足場に

(1)　使命は情報活動

一九六七(昭和四二)年、私は卒業と同時に「北海道社会福祉協議会」(以下「道社協」)に入局した。公募による第一回入社試験だった。応募者数は一〇〇名を超え四名が採用された。前年幸いに「福祉活動専門員(指導員)設置要綱」による予算枠を確保されたことから採用になったらしい。当時、道社協常務理事・事務局長は岡武夫氏(後に北海道後志支庁管内・仁木町長)であった。私は業務部組織係に配属された。広報紙発行の担当となった。

事務局次長だった山田泰作氏は「これからの社協は専門の社会福祉を学んだオーガナイザーを（地域組織者）育てたい」と強調していたことを思い出す。そしてこれからは情報時代がやってくる。広報活動を充実させていきたいと、現行の「明るい社会」の発行に編集委員会の充実、さらに新たな広報活動を考えるようにと言われ、思案したことを覚えている。私は情報の重要性はあまり認識していなかったが楽しかった。「北海道の福祉」（冊子）づくりは徹夜も苦にならなかった。道社協が力を入れたのは道内市町村の法人化、財政、活動の実情を明らかにする調査、広報作業であった。

そこで道社協発行の「明るい社会」は一般住民に読んでもらう道民向け広報紙とし、新たに市町村社協専門員、事務局員へ向けた「道社協通信」を発行し、一般向け広報と内部広報の両面作戦で展開することになった。また広報活動で貴重な取り組みだったのは「ＮＨＫ札幌広報会議」であった。会議は定期的に企業や自治体、福祉団体などが集められ、そこで提起された報告や行事予定、企画などが毎月ラジオ、テレビにより報道されることになっていた。社協はこの機会を活用して道社協のみならず他団体の企画・事業をまとめ、周知を図った。これは公の報道機関を活用した「連絡、調整、広報」の場として有効であった。

(2)　ポストの数ほど保育所を―風船デモ

さて、このころは高度経済成長に陰りが見えてきた時代でもある。しかしながらなお都市化、工業化が叫ばれ、若者は流れるように都市へ。一方農漁村では母と子、老人が残され、地域の働き手を失っていく。そして農山村の過疎化と相まって都市の核家族化現象が著しい状況を生み出していた。

道社協に入って間もなく、道社協・保育施設協議会を中心に「ポストの数ほど保育所を！」をスローガンとする「風船デモ」が行われた。我々もその輪に加わった。

札幌市内、道庁前から大通り公園、ススキノ繁華街まで保育所で働く若い保母さんたちが必死に「保育所を増やして」と訴えていたのを強く覚えている。保育所設置を願う人々は農漁村、都市を問わず大きな願望であった。認可保育所のない市町村には季節保育所、僻地保育所、臨時保育所などが補完あるいは代替えを行っていた。今日でも大きな時代の流れや変化の中で保育所の利用、設置、処遇問題等が依然として未解決になっている状況は残念なことである。

(3)　赤い羽根と行管勧告

また、一九六七(昭和四二)年入局間もなく驚いたことは「第二次行政管理庁による勧告」であった。社協の事業・事務費等配分を巡って指摘してきた。赤い羽根共同募金運動の配分を巡って社協に多く配分することは「まかりならぬ」ということらしい。なぜなのか。本来民間社会福祉事業を推進する立場にある社協と共同募金運動は常に表裏一体的なもの（緊密な連携組織）として健全な関係を保ち、支え合ってきたものである。創立時から社会福祉館に同居し、同じ部屋で肩をならべていた組織が配分を巡って事態が急変、民間事業に対して行政の手によって勧告が行われるということの理不尽さには正直何が起きているのだろうと疑念をいだいた。この時、道社協ならびに道共同募金会の常務理事・事務局長は同一人物が兼務していた。私の最初の局長であった。住民が主体的に創出する財源や配分を巡って行政がどうこういうことより、民間の立場で住民の声を尊重し社協等が真摯に応えていくことが大切であったように思う（しかし道社協は道行政に多くの補助を受けなければやっていけない状況もあり、苦悩もあった）。

結果的には、勧告後配分委員会の設置や共同募金会と社協のあるべき姿を模索し、より良い関係を構築していくことになり、道社協も行政からの見直しと財政的支援が高められた。

実習時の講義の中でも、赤い羽根共同募金の運動や配分においては「社協の意見を聞き行う」という相互関係もあり、勧告を受けた時は大きなショックと複雑さを感じた。

(4)　こだわる民間性

北海道社協は一九五一（昭和二六）年三月二五日に発足した。翌年六月一八日厚生大臣より

「社会福祉法人」の認可を受けている。総務、業務、弘報部の三部体制ではじまった。

初代会長は函館市に住む杉崎郡作さんであった。杉崎さんには会長に就任するにあたってエピソードがある。氏は当時「民生委員」でもあり、「市議会議員」でもあった。そこで会長選任にあたって民間人を選びたいという意図もあったことからその意を確かめたらしい。すると杉崎さんはあっさりと市議会議員を辞めますと答えたという。行政官の就任が当たり前と言われる風潮のなかで、杉崎さんは民間人の立場を選んだという話である。「民間性」を強く意識したものである。その思いは深い。杉崎会長はその後も立場を変えず、地元において議員を辞めその精神を貫いたと語られている。

以後、道社協の会長は議会議員、自治体長等から選ばれることなく民間人から選ばれ、ＨＢＣ放送社長、商工会会頭、拓銀相談役、道医師会副会長等が続いている。発足当時からリーダーは民間人からという意識が根づいている。さらに市町村社協会長の選出もこれにならって民間人が選ばれているところが多い。民間人の会長選出は住民主体の精神からくるもの。民間性は法に縛られない自由な発想と行動が求められ行政にコントロールされない自律した民意が評価されている。

(5) 保健福祉地区組織活動の反省

一九六〇年代に入って道社協は、「市区町村における保健福祉地区組織活動」を展開していた。この地区組織活動は「地域ぐるみで住民の保健福祉活動を進めるために」、地区組織委員会を設け取り組んでいた。そこで局内には北海道新生活運動協会、同衛生団体連合会、同防犯団体連合会などと連携し、地域の福祉、生活改善、防犯、保健衛生など住民生活に欠かせない問題を主導していった。中でも「保健福祉地区組織活動」は市町村に「指定地区」を設けて住民参加の「住民による住民の保健・福祉活動」を小地域において取り組んでいた。徐々に成果を上げていたのだが失敗した例が思い出にある。

一九六〇年後半のある日、F町の山奥（保健福祉地区組織活動・指定地区）に入って住民と話し合いを持つことになった。農山村地域の生活改善と健康づくりが主な目的である。農民は昼間忙しいということを聞いていたため夜間に懇談会を開催することにしたのだ。午後六時、会場の生活会館には誰も来ない。子どもだけが十数人集まってきたのだった。当日は住民と懇談するため話題のきっかけになればと思い、映画フィルムを持っていくと事前に話していた。「カとハエをなくす生活改善」を意図してフィルムは「し尿処理の行方」だった。山深い農村ではまだ台所改善や上下水道の設置が進んでいなかった。

住民は午後七時半を過ぎても来なかった。どうも村の人々には映画上映会のみが伝わっていたらしく、近くの子どもたちが映画を見ようと集まってきたらしいことが分かった。地元の支所長と相談して後刻改めて行うことで午後一〇時過ぎに村を離れた。保健福祉地区組織活動の反省と情報提供の課題を残した一例であった。

(6)　住民に身近な共済組織づくり

一九六〇年代から七〇年代の道社協は、市町村地域の組織化活動を中心に基盤強化を図ろうと考えていた。とくに地域子ども会指導者育成、老人クラブ活動、町内会（住民自治組織）、ボランティアなどの活動を強化し、住民の関心を高めることとこれらに参加しやすい環境、事業、組織づくりに取り組んだ。

なかでも、地域子ども会育成会の全道組織（略称・道子連、当時・奥村会長）、北海道町内会部落会連絡協議会（後に北海道町内会連合会（道町連）、当時・山内会長）の結成、北海道老人クラブ連合会（略称・道老連、当時・縣会長）の強化など市町村地域の市民や住民に関心や興味がもてそうな事業を企画し試みた。たとえば子ども会、町内会活動には「安全会」と称して実践する育成指導者あるいは町内会・自治会のリーダーや会員が活動中に事故やけがなどに遭遇したとき、見舞い金を贈るという「共済会」のようなしくみをつくり、安心して活動ができるよう、いわば互助支援事業を組織化した。つまり安心して地域福祉、教育活動ができるということの提案にそれぞれに道内市町村から二十数万人の参加を得たのは大きな成果だった。

二一世紀に入って、今日の三団体は自立した活動をつづけているものの、近年、地域の人口、環境、家族関係などの変容からこうしたコミュニティ組織の人材不足、会員減少が目立ち、活動自体に苦慮している。新たな視点をもって大胆な変革を必要としている。たとえば道町連は道社協と連携し「一人の不幸もみのがさない住みよいまちづくり全道運動」（一九九〇（平成二）年）を提唱し、住民に身近な、住民の主体を重んじる活動を展開している。活動のテーマを自ら選択し、実践するシステムである。道町連からは、①ふれあい・語らいの場、②在宅支え合い活動、③住民に知る、知らせる活動、④実態を知る活動、⑤ネットワーク（みんながつながる）活動、⑥マンパワー（担い手をつくる）活動のテーマを示しそれぞれの町内会が実行し成果を上げている。一九九〇（平成二）年（六〇事業）から一八年間で三七八五事業の実績を示し現在も継続している。そこには独自の専門員（米津由利子氏）の配置もみのがせない。しかもこれには共同募金会が活動の実績に対して配分金が提供されいっそう活発化する要素となっている。

(7) 高齢者健康コンクール

どの時代も健康に対する関心は高い。道社協は高齢者の関心に目をつけた。道庁も強い関心を持った。

道老連と道社協は共同で早くから「全道高齢者健康コンクール」を実施していた。老人医療の権威を持つ浦澤喜一先生（札幌慈啓会病院長）が同コンクール中央審査会委員長であった。先生は一九八九(平成元)年『老いのしくみ』を発刊されたが、少年期は「健やかな成長をはかること」、青年期は「健やかな身体をつくること」、壮年期は「健やかに生きること」、老年期は「健やかに老いること」を目指して人生八〇年を「健やかに」と主張している。「健やかに」という言葉の持つ意味は深い。コンクールの最終審査は浦澤委員長の持つ病院を無償で解放し、直接「健康診査」を行う。健康診査は、病歴のみを見るのではなく、年齢相応な健康（身体能力）を保っているか。社会的活動をしているか。家族愛や学習意欲があるか。老いに対した悲観的な心を持っていないかなどを観察する。長寿は人間の究極の願望である。いかにして健やかな人生を全うできるかは大きな命題である。先生は「人の一生とは川下から川上へ向かって歩く旅人」に例えている。川上にたどり着く長寿者あるいは寿命を精一杯生きた人ほど質の高い人生を送っていると示唆している。こうしたコンクール事業を通じて道内市町村社協、保健所、地元医師らとの接点を育み、住民生活に直結する健康生活と環境づくりを推進してきた。この事業の全国的な広がりを試み、提案したが実現しなかった。

(8)　産炭地域福祉対策委員会

一九六七（昭和四二）年以降数年間、北海道特有の課題に注目し、積極的に取り組んだのが「部会・委員会活動」であった。

例を挙げると、当時道内の炭鉱閉山等に伴って市町村における住民生活の苦悩が顕在化してきた時期である。道社協に「産炭地域福祉対策委員会」を設置した（芦別市・田北社協会長）。「産炭地域の住民生活を守れ」と福祉振興や支援対策に奔走し、道議会や国会への陳情や国・道の各種議員への働きかけが行われた。委員会にはかつて炭鉱の町といわれた岩見沢市、美唄市、芦別市、赤平市、夕張市、三笠市、歌志内市等の市町村社協会長、事務局長が中心であった。社協活動の基本とされる住民生活のニーズをとらえ、社会行動（ソーシャルアクション）を起こした記憶が忘れられない。しかしその運動は高く評価されたものの現実は厳しいものであった。

(9)　幅広い人材の連携

さらに、道社協の特徴的存在であったのは一九七一（昭和四六）年の「老人福祉委員会」の設置である。稲垣是成先生（道社協副会長）が中心となって組織された委員会である。

稲垣先生はかつて道庁の民生部長兼衛生部長をされた方だが、退職されてから大学教授になり、のちに道社協の副会長に推挙された。

先生は委員会を創設されたとき、山田泰作事務局次長に「道社協は広い人材を集めてそれぞれの持つ力量を生かして、高い能力を発揮してもらうことが大事だよ」と自ら委員会メンバー候補者に声をかけ実践された。浦澤喜一医師（札幌慈啓会病院長）をはじめ、忍博次（北星学園大学教授）、杉山善郎（札幌医科大学心理学教授）、三谷鉄夫（北海道大学家族社会学教授）、方波見雅夫（道総合経済研究所研究委員）、三好俊夫（老人福祉施設協議会長）や老人クラブ代表等多方面からメンバーを掘り起こし老人福祉委員会活動に結びつけた。みな現役で若く多忙な人たちにもかかわらず参加し活躍していた。稲垣先生はまさに社協が言う「コミュニティ・オーガナイザー（地域組織者）」というべき存在であった。一人ひとりの個性を生かし、実践へ導いた。中でも委員会に参加した忍博次先生は、道社協の事業、組織強化に重要な役割を果たした貴重な存在となった。私が入局した時点で、すでに「明るい社会」の編集委員長、「ソーシャルワーカー協会」の結成に参画、委員長になっている。また、「社会復帰促進協議会」副委員長、「北海道社会福祉基金」（委員長）、「北海道ノーマライゼーション研究所」の設立、のちに「道社協副会長」などなど、数えきれないほどの任務をこなし、かれこれ五十数年にわたって道社協に貢献された伝説の人になっている。稲垣是成、浦澤喜一、忍博次先生等の存在と活躍は、過去、現在を通して今後現れないであろうと思う。それだけ大きな影響を与えてくれた人であり、道社協の目覚ましい業績もこうした人材や叡智が組織を向上させ、社協指導員を育ててきたことを忘れてはならない。

私たちはこうした先達者の実践や励ましに大いに影響を受け、道内の社協活動が育っていったものと考えている。

(10) 悉皆調査とソーシャルアクション

老人福祉委員会では最初に「コミュニティ・ケアのモデル事業」として岩内町を指定することになった。岩内町は北海道の縮図である。専業の農業・漁業があり、また半農半漁あり、商工業・サラリーマンのいる町として、住民のニーズ把握調査に最も適していると数年にわたり悉皆《かいき》調査を行った。この調査は地域住民の協力を仰ぐ過程で、調査の持つ意義や生活ニードの発掘の重要性を知らしめた。そして「調査なくして活動なし」の如くさらに地域踏査を行い、住民の生活のしづらさを発見し改善を求めた。例えば路上に電柱があることを指摘し、住民の交通安全、生活改善を要求したこともある。住民の生活要求を発見し、アクションを起こした例だ。

その後、同委員会は、「おとしよりの住みよい使いよい住宅・什器アイデア懸賞募集」「豊かな老後のための作文募集」「おとしよりの健康を高める講演会」などを実施した。また「いつまでも長生き健康体操」（老人向け健康体操研究委員会制作）を道内に普及させ、ユニークな活動を展開した。ここには新しい人材の発掘とアイデア、市町村の関心事と組織化そしてその計画と実践が大きな効果を生んだのである。中にはテレビ局まで関心を寄せ放映されたこともある。このような事業は一九七〇年代後半まで続き、この場にいた諸経験は大きな学びでありその後の社協活動に役立っていることは間違いない。

4　地域福祉へのアプローチ

(1)　ふれあう北の福祉

一九七〇年代に入って道内は福祉の見直し、地域福祉、在宅福祉サービスが目立つ時代に入った。

一九七二(昭和四七)年黒松内町老人ホーム、また岩見沢市社協が道内で初めて給食サービスを始める。

一九七八(昭和五三)年には道社協と道共募が協力して在宅老人入浴サービス事業を始めたが、それは前年、道民生委員連盟・道社協が実施した「老人介護の実態調査」が動機であった。報告ではねたきり(六五歳以上で六ヵ月以上)を抱えている家庭が六、六〇〇世帯もいる。在宅介護のなかでも最も困難なことは「入浴介護(約三三%)」であり、その苦労、悩みが浮かび上がった。そこで道社協は在宅老人入浴サービスモデル事業を開始。モデルとなった市町村社協は地域内の福祉施設に協力を求めて「入浴サービス」を実現した。また入浴車を購入し、お年寄りの自宅内で入浴させる市町村社協もあらわれた。これは「在宅福祉」という視点と地域内にある社会資源（施設やボランティア等）と連携した賜であった。その後、在宅サービスの視点から「声かけ運動」「訪問活動」「給食サービス事業」にも結びついた。こうした活動を通して「調査活動」の持つ影響力や住民の持つ感性、そして実効性、周りの支援力といったことが大きな拡がりを持って展開された。

モデル地区は①給食サービス、②入浴サービス、③移送サービス、④電話サービス、⑤在宅寝たきり老人等介護者訓練事業のうち三つを選択、八四市町村が取り組んだ。

こうした拡がりから一九八三（昭和五八）年には「在宅福祉サービス活動推進会議」を企画した。全道に広げようと取り組んだ。その成果をさらに発展させようと一九八六（昭和六一）年から「全道在宅福祉推進会議」を開催。分科会においては、①住民のニーズ把握、②在宅福祉サービスの展開方法、③住民参加の方策等課題を探った。

一九八九（平成元）年には「北海道在宅福祉会議」と名称を改め、従前の推進会議からみて、より広範に課題を取り上げ、かつ北海道社会福祉大会規模に準ずる集会とすることとし、研究部会を充実させようと意気込んだ。したがって研究部会には、①在宅福祉サービスのシステム、②デイサービス事業の推進方策、③相談援助活動、④ケア付き住宅、⑤高齢者サービス調整チームおよび保健所の保健、福祉サービス推進会議、⑥障害者のリハビリテーション、⑦地域リハビリテーション、⑧ターミナルケア、⑨民間企業の有料サービスの九研究部会とし、助言者を加えて当時としては画期的な研究会議となった。参加者は六〇〇名を超えた。

そして在宅福祉推進に関して道庁も強い関心を示し、道社協に「在宅福祉に関する手引き書」なるものを求めてきた。道社協は当時の白戸一秀企画課長、大内高雄在宅福祉課長、忍正人氏らが中心となって『ふれあう北の福祉―在宅福祉サービスの手引き』を書きあげた。その第一章に「在宅福祉とは何か」、その意義と考え方を提起し、第二章では「北海道の地域と道民生活の現状を指摘。第三・四章で「在宅福祉の展開、課題」、第五章では「在宅福祉サービスの実際」を取り上げた。そして資料編の中で、かつて（一九七九（昭和五四）年九月）道社協が提言した「在宅福祉サービスの課題と方法～岩見沢市における調査研究委員会報告」（忍博次・白沢久一・小泉教高などが執筆）を再掲している。これは全社協が発行した『在宅福祉サービスの戦略』（一九七九（昭和五四）年・三浦文夫著）の基盤となっている提言であり、日本の在宅福祉をけん引する貴重な資料となった。この手引きを発刊したとき道行政（北川民生部次長、佐藤正晴参事）から過大な評価を受け、道社協の存在を印象づけた。当時の部長として誇り高いものを感じている。

(2) ノーマライゼーションの普及

一九八一（昭和五六）年、国際障害者年は「完全参加と平等」をテーマに世界が動いた。北海道においても「障害者に関する北海道行動計画」（一九八二（昭和五七）年）の一〇年計画が示された。

道社協は、これまでの「開かれた福祉」から「自立をめざす福祉」に続いて障害者年を広く道民の理解と普及を目指そうと「伝えたい、私のハート・ふれあい広場'82北海道」（一九八二（昭和五七）年）を開催した。第一回の事業は「障害者の社会参加を促進し、社会全体にノーマライゼーションの考え方を定着させる」ことに力点を置いた。そこで広い北海道を意識し道内一四の会場（支庁ごと）を設定し、それぞれの地域（社協）が創意工夫を凝らして自主的に取り組むことを提起した。しかしそうは言っても何をどうやって進めていけばよいのか見当もつかない。そのため道社協は、まずスローガンをきめ「ふれあって知る正しい理解」としたことを示し、「ふれあい広場五つの出会い」というコーナーを設けて主導した。そのコーナーは、①障害者の介護教室・エチケット教室、②ふれあい演芸発表会、③愛の店・障害者の店、④ふれあい映画の夕べ、⑤障害者福祉展の五つのコーナーであった。市町村にとって取り組みやすいと思われる身近な課題を提示した。

手を挙げた「開催地区」は何度も道社協担当者と打ち合わせを重ね、資料の点検、展示物の調達等が行われた。第一回開催地区は、釧路市、網走市、函館市、旭川市、苫小牧市、留萌市、岩見沢市、帯広市、倶知安町、江差町、枝幸町、浦河町、中標津町、広島町（現・北広島市）の一四カ所である。初の試みは「本当に大変だった」と述懐する市町村社協職員は多かった。「障害者」という住民を主体に据えて、社協や一般住民は何ができるか、本当にできるのかという疑心暗鬼に似た心の揺れは相当大きかった様子がうかがえた。不安に陥りながらともかく実行に向けて真摯に取り組む社協職員の姿勢は徐々に関係者住民の協力、協働が目立ち、激励の声と参加に変わってきた。開催日程は一日というところもあれば一週間、一カ月というところもあった。

この時道社協は開催地区に一〇〇万円の補助（助成）を提供している。その費用は道庁予算から捻出したものだが、当時の企画としては破格の予算（総額二七〇〇万円）であった。余談だが、この企画には当時の奈良崎民生部長と担当職員、道社協職員が協働して企画されたものであった。ノーマライゼーションの普及にあたって何か新しい企画が何としても欲しい。目玉としたい。そこで道社協は全社協に連絡を取りながら東北でふれあい広場を実施しているらしいという情報を得た。早速現地に赴き尋ねてみると、ノーマライゼーションとはまったく関係なく週に一回、地元社協が公園に集まる貧困層の人々に「おそばを無料で提供」するふれあいの場であった。当時の社協事務局長はそばを提供しながら彼らの暮らしの事情を把握し、必要な福祉サービスを提供しようと考えたらしい。

このような情報をヒントに、道社協と道担当部（河部輝幸氏）とが協議（泊りも含んで）を重ねること数週間。ノーマライゼーションの普及や理解には道民の目に、見える場、体験する場が必要であった。また地域住民参加と協働も重要な視点であった。もちろん障害者自身の声や主体性を重んじなければ、意味のないものになってしまう。ネーミングもハートピア、ハートフル、ふれあい広場、ユートピアなどいろいろ案が浮かんだが決定版がない。悩みあぐねながら予算案提出時期が過ぎていった。

ノーマライゼーション普及事業は、こうして「ふれあい広場」を毎年一四地区を指定、一〇年計画で執り行われることになった。指定された地区においては一度指定を受けると次回からは自前で取り組まなければならない。しかし指定を受けた地区社協はその後も開催し、二〇年以上にも及んでいる名寄市社協等がある。

また道民生部は「計画一〇年を過ぎても、道内すべての地区を指定し実施されたい」としてその後も指定を続け一〇〇％達成した。そこにはノーマライゼーションの理解と普及の使命感とともに道と道社協の連携、協働の姿勢、指導力が効果的に働いたものと考えられる。さらに市町村社協の主体性と自治体の協働、住民や障害者の主体者意識の高揚と参加をめざしたものだった。その効果は何よりも市町村がこの事業に呼応して真剣に取り組んだ生きる証となった。今なお継続している社協がある。

(3) 道民児連事務局の独立

一九八六(昭和六一)年地域福祉部長を拝命した時であった。北海道民生委員児童委員連盟(以下道民児連)の会長は苫小牧市出身の矢嶋浪江さんであった。女性初の会長選出であった。道社協においては「民児部会長」であり副会長の立場にあった。矢嶋さんは全国民生委員児童委員連盟の要職も兼ねており、全国大会等にはよく連れ出された。その甲斐あってか全国の動きや人材に出会うことができた。そうした中で「今後の道民児連の方向を考えるように」と命じられた。何をどうすべきか見当もつかないうちに全国の動きとして社協から独立論が聞こえてきた。東京都民連や全社協にも調査に出向いた。しかし一向にその気配がない。現状の「道社協民児部会」イコール「道民児連」でよいのか、この先(将来)が見えなかった。そこで本来の「民児連のありかた」を考えると、独立をしても道社協とは離れない関係を保つことが可能であれば独立させようと考えた。当時の役員や道庁との協議を重ねた結果、事務局の独立が決まった。人材交流を含めて相互に決断を下した(一九九一(平成三)年一〇月独立)。社協にとって民生委員、児童委員は地域の活動基盤となる人々である。切り離してしまえば地域福祉推進体制はもろくも崩れるのは目に見えること。大きな迷いと決断だった。一方、道民児連役員自体においても形に縛られているよりも自ら考え実行していく進取の精神や実践の精神は理にかない、地域福祉活動の大きなエネルギーとなって輝いていけると感じていた。そこで事務局体制の強化を図るという面から部局から切り離した。独立後、道社協から派遣した初代事務局次長は根岸宣子さん、続いて現・常務理事事務局長の北山真一さんが担った。二人とも道社協のエキスパートであり、民生委員・児童委員活動にも精通している人だ。二人は天下りで道民児連に派遣されたのではなく、両組織に精通した人材で良い関係を保つには最適だった。

独立した道民児連は、『アンテナ道民連』の発行、「中堅民生児童委員研修」の実施、「民生委員碑慰霊祭」「ブロック別民生児童委員研修」「全道民生委員児童委員大会」など道内民生委員、児童委員活動に必要な研修、情報の発信を継続して行っている。こうした企画や事業には特記すべき強力な人材がいた。その人は塩谷敏彦さん。道民児連が独立すると同時に道社協から嘱託職員として協力いただいた方だ。情報に詳しく、知恵もあり、何よりもコミュニケーション能力も抜群の方だった。かつて私が道社協広報誌を担当した時からの知人でもある。私はこうした人財に恵まれて道社協三四年間を歩んできたように思う。

一〇〇周年を迎えた今日、民生委員児童委員活動は今後も力強く地域住民の信頼に応えていくであろうと確信している。

(4)　総合ケアシステム研究会への参加

一九九二(平成四)年四月より二〇〇一(平成一三)年三月まで、私は道社協事務局長を拝命した。ふり返ってみると「あっという間」の九年間だった。当初前任者の電撃的退任から突然の指名には大きな戸惑いがあった。まわりの関係者も驚き異様な雰囲気があった。また緊張の中にも民生委員や町内会代表、地域部会（市町村社協代表）から暖かいメッセージが届いた。しかし社協を取り巻く課題は山積し、大きく変わろうとしていた。

一九九二（平成四）年三月全社協は「新・社会福祉協議会基本要項」を発表した。企画・実施する社協に変革していく。

この年、道社協は長年の課題であった市町村社協の「社会福祉法人化」をすべて達成した。かつて、社協を創設しようと市町村に何度も出向いたが、冷たい目で見られたこともあった。「社協」という看板が役場の掲示板にも示されず、住民係の窓口カウンター上に「三角の木」で名前だけ書かれていたのを思い出す。このたび役場から独立したからと聞いて行ってみるとプレハブの物置に移っていた。それでも社協関係者の努力もあって徐々に社会福祉会館がつくられ、総合福祉センターが地域住民の活動拠点となり、専門員も配置された。まさに社会福祉法人化取得には実に半世紀の時間を要した。

また局長になると関係団体からたくさんの「委嘱状」が届けられる。本当に驚いた。数えると三〇以上もあった。しかしながら委嘱を受けることで本来の連絡、調整を発揮する場もあたえられ、人間関係も円滑に行われるチャンスでもあった。中でも「北海道地方社会福祉審議会委員兼民児部会長」「全社協地域福祉推進常任委員会委員」「北海道高齢者総合ケアシステム研究会委員」「北海道高齢者サービス総合調整推進会議メンバー」等など、当面する社会問題を探り解決に必要な論議に加わった経験は貴重であった。

特に一九九二(平成四)年一二月「北海道高齢者総合ケアシステム研究会」が立ちあがり、国家のケアシステムを考える大きな研究事業に参画した。これは厚生省の山崎史郎さんをはじめ道医師会関係者、道看護協会関係者が中心となって進められた協働研究である。その後第三セクターとして「北海道総合在宅ケア事業団」の結成、訪問看護センターが道内一〇〇カ所に創られていく。またこうした動きが今日の「介護保険システム」の基礎になっていたと考えている。

(5) 全社協・地域福祉推進委員会（予算対策運動から政策・企画の提案へ）

一九九二(平成四)年、全社協・地域福祉推進常任委員会委員を並びに地域福祉企画小委員会委員を引き受けた。この時、企画小委員会の委員長は塚口伍喜夫さん（兵庫県社協事務局長）であった。「新・社会福祉協議会基本要項」や「社会福祉事業法改正について」論議された時期で塚口さんはそのリーダーであった。

その後、全社協「地域福祉推進委員会」を中心に様々な地域福祉政策課題の検討に参画させていただいた。

このころから全社協は「予算対策運動」から「政策・企画の提案」へ変わっていった。

一九九三(平成五)年「国民の社会福祉に関する活動への参加の促進をはかるための措置に関する基本指針」の策定。また「ボランティア活動の中長期的な振興方策」「ふれあいネットワークプラン基本構想」「法人運営モデル定款」の策定が行われた。

一九九四(平成六)年には、「事業型社協推進の指針の策定」「高齢者・介護自立支援システム研究会」による「新たな高齢者介護システム構築に向けて」の報告と検討。新ゴールドプランに関する「高齢者保健福祉推進一〇か年戦略」の見直しに加わった。

一九九五(平成七)年には「阪神・淡路大震災」が発生、救援体制の構築を図るとともに社協職員の派遣などが行われた時だが、「地域福祉の展開に向けて」の報告書、「介護保険制度導入に対する社協活動の課題」、障害者プラン「ノーマライゼーション七か年戦略」の論議が交わされてきた。

一九九六(平成八)年には、「新・ふれあいネットとワーク21」基本構想の策定、「高齢者介護に関する市区町村社協の基本的な考え方―公的介護保険制度への対応」等論議を重ねた。

一九九七(平成九)年には児童関係施設の名称を支援施設、児童家庭支援センター、児童養護施設などと人権の視点による改革が行われた。また厚生省は「社会福祉事業のあり方に関する検討会」が開かれ、新しい二一世紀に向けた社会福祉事業の将来を議論する動向が目立った。

一九九八（平成一〇）年には「特定非営利活動促進法」（NPO法）が制定された。また「社会福祉基礎構造改革（中間報告）」が示された。また「成年後見制度に関する要綱（案）」が示され、翌一九九九（平成一一）年「地域福祉権利擁護事業」が実施され、二〇〇〇（平成一二）年四月には民法改正が行われた。

二〇〇〇（平成一二）年六月、「社会福祉事業法」から「社会福祉法」に改称された。同年四月には「介護保険制度」が開始された。また全社協地域福祉推進委員会は「これからの市町村社協運営システムのあり方について」公表した。

一九九〇（平成二）年から二〇〇〇（平成一二）年にかけて低迷する社協のあり方を巡って様々な思考錯誤が繰り返された時代であった。

一方、厚生省も「社会福祉事業の展望」が開けず、二一世紀に向けた社会福祉を模索していた。変革の道を歩みだしたのは、一つに「ノーマライゼーションの普及と完全参加と平等」にあったのではないかと考えている。障害者の差別や偏見をなくす人権保障そしてノーマルな社会づくりは普通の人々の当たり前の暮らしや生活、環境を保障することである。そのために社協も変わり、国も変わる方向に舵を切ったこの一〇年間であったと思う。しかし、その後すでに二〇年近くも経っている現在、一向にその評価を確かめることができていない。

(6) 権利擁護と道社協地区事務所

道社協も二〇〇〇(平成一二)年までの一〇年を振り返ってみると、一九九二(平成四)年には「北海道福祉人材情報センター」を設置し、「無料職業紹介所」を開設。函館、旭川、釧路、帯広、北見、苫小牧市に福祉人材バンクを設置した。一九九三(平成五)年には、三月に「住民参加型在宅福祉サービス推進会議」、八月に「道民福祉フェスタ'93」の開催。「北海道介護実習・普及センター」の開設、一九九五(平成七)年には、「地域福祉総合推進委員会議」を開催。「北海道INS情報センター」を開設した(INS=インフォメーション・ネットワーク・システム)。

北海道介護実習・普及センターを釧路市社協に設置し、ブランチとして機能を発揮、「福祉用具普及モデル事業」を開始している。この年「社会福祉協議会活動全国会議」を釧路市で開催し、かつてない盛り上がりを見せた。さらに道社協は札幌市内のイトーヨーカ堂「エスパ」店内において「みんなのふれあい福祉ショップ・テルベ」をノーマライゼーション普及の一環として運営にこぎつけた。

一九九六(平成八)年になると、道内企業等の寄付金をきっかけに、今まであった四基金を「北海道社会福祉総合基金」に統一し、道民の福祉活動資金等に役立てた。

また、このころ道社協は道内にある「一四支庁地区社協」と連携し、市町村社協の連絡、支援機関として機能していたがその在り方が問われていた。そこで一九九九(平成一一)年「北海道地域福祉生活支援センター」(地域福祉権利擁護事業)を立ち上げることを機会に、一四の地区センターを設置。そこに「権利擁護専門員」を配置することとした。そうしたことから従前の「支庁地区社協」を道社協の下部組織として位置づけ、従来の支庁地区社協職員(推進員)を専門員に切り替えることとなった。そして二〇〇〇(平成一二)年四月、道社協地区事務所を開設した。

一九九八(平成一〇)年には道社協が「北海道在宅介護支援センター協議会」を設立。当時道医師会副会長であり、北海道総合在宅ケア事業団の要職にあった中野修医師に就任していただいた。このため医師会の医療体制、看護協会の訪問看護センター、道社協の介護、ヘルプ事業がまとまり在宅福祉連携が整った。この年道庁は、北海道は福祉の関心を高めようと「道民福祉の日」を制定し、「一〇月二三日」とした。記念事業として「北海道地域福祉一〇〇人会議」を開催した。

二〇〇〇(平成一二)年三月三一日、北海道の有珠山が突如、噴火した。私の知る限り三度目である。即座に「災害ボランティアセンター」を伊達市に開設。続いて豊浦町、長万部町、壮瞥町、洞爺村に、順次、避難所を開設し避難住民の声に耳を傾け支援をつづけた。道から世帯更生資金として三億円が出資された。また道内外から社協職員、ボランティア、民生委員が応援に駆けつけてくれた。この日は年度末。明日から新年度「介護保険制度」がスタートするとき、地元保健師は介護保険利用者がどこに避難したかわからず、情報を確保するのに大騒ぎであった。

私は噴火災害の後始末もままならないままその一年後、道社協を退職した。最後の三一日は

「噴火災害一年」という地元イベントに参加し道社協人生を終えた。

むすびに

道社協に入局して三四年間。あっという間の歩みであった。当初、私は地域福祉と社協に関心を抱き、「社協基本要領」から「社協基本要項」を実習で学び「住民主体の原則」を旗印に、住民参加を基盤とする市町村社協づくりに取り組んできた。二五年を経て「新・社協基本要項」（一九九二(平成四)年）に改変し、「住民主体の理念に基づく地域福祉の実現をめざす」こととなった。「住民主体の原則」と「住民主体の理念に基づく」こととは何が違うのか。住民主体による地域福祉活動を創造してきたワーカーにとって戸惑いを隠せなかった。しかしその後（平成期）の動きを客観的にみると、住民を主人公とする福祉活動（組織化）から行政との協働の名のもとに事業中心の活動（サービス事業）が目立ってきたように見える。活動の主体を住民や市民におくというよりは自治体等の要請に応える事業体として定着してきた感がある。かつて目指した「運動する社協」から事業中心の「サービスする社協」へ転換していくさまは、「人、モノ、金、知らせ」の持つ力によって左右されていくのではないかと危惧している。またその方向もプロフェッショナルワーカーによって大きく左右されそうである。果たしてどの道を選択することが正しいのか、福祉の主体は濃霧の中に立たされているような気がする。

冒頭に記した「白井坂碑」の教訓は先住民族アイヌの人たちと共に暮らす知恵を共有し、生きるために「働くこと」の尊さ、「支え合うこと」の大切さを学んできた。だから人々は協働する意識が芽生え、信頼というコミュニティ形成に欠くことのできない関係を築き、継承してきたのではないかと思う。まさに「継続は力なり」で生きる証を育ててきたのではないか。白井先生の言う「働く、生きる、学ぶこと」が暮らしの中で共有することが互酬性を生み出し、コミュニティ形成に役立ってきたのではないだろうか。コミュニティがいつも大切にしているものは何か。人と人との信頼関係、尊重し合う関係、学び合う関係ではないだろうか。粘り強く人と人とのつながりを求めてコミュニティの基盤を高めたいものである。

道社協を離れてすでに一七年、走馬灯のように私の脳裏を駆け巡るが、記述できたのはごくわずかである。また文中人名を挙げさせていただいているが私の思い出も強く、お許しいただきたい。事務局長九年間の経験を詳しく綴りたかったが紙面や時間の関係から後日機会があったらまとめたいと願っている。

道社協を退任した以降、日本福祉専門学院、名寄市立大学等にお世話になり、「地域福祉論」を中心に学生と学び合う機会に恵まれたがすべて社協の実践、体験、学習から得たものを基盤としている。

最後にこの記述は「自分史」というよりは幼少期に育った環境と学生時代に出会った社協への

関心、そして全社協での実習、道社協勤務中に巡り合えた方々に教わったこと、学んだこと、その一端を資料や記憶をたどり率直に表現した。ご指導いただいた皆様に心から感謝を申し上げたい。

【参考資料】

「北海道社会福祉協議会五〇年史」二〇〇三年　北海道社会福祉協議会
「一〇年の歩み」（社団法人北海道総合在宅ケア事業団）二〇〇四年
「道町連三〇年の歩みと展望」二〇〇八年発行　有限責任中間法人北海道町内会連合会
浦澤喜一（札幌慈啓会病院長）『老いのしくみ』老化はコントロールできるか　一九八九年
塚口伍喜夫『地域福祉の明日を拓く』一九九八年　社会福祉法人兵庫県社会福祉協議会
永田幹夫『地域福祉論』一九八八年　社会福祉法人全国社会福祉協議会
「ふれあう北の福祉」—在宅福祉サービスの手引き　一九八七年　社会福祉法人北海道社会福祉協議会
「地域社会における社会福祉行政とその実態」—岩泉町安家における調査報告　一九六二年　東北福祉大学社会事業科学研究部
「民生委員制度創設九十周年記念誌」—しあわせ応援ネットワーク—　二〇〇九年　北海道民生児童委員連盟
「月間福祉」一九九四年　全国社会福祉協議会
『社協再生』社会福祉協議会の現状分析と新たな活路　二〇一〇年　中央法規
渡部剛士『地域福祉のすすめ』東北からの発信　二〇一七年　コミュニティライフサポートセンター

第２章　社協まみれ

間　哲朗

はじめに

京都府社会福祉協議会（以下、府社協）を退職して一八年になる。記憶をたどり、資料を見て思い起こしながら稿を進めるものとする。お世話になった方がたの肩書や市町村名は当時のままである。

１　社協に就職するまで

(1)　生い立ち

太平洋戦争開戦三カ月後の一九四二（昭和一七）年二月一四日に、私は高知県安芸郡野根町に生を受けた。父・正一が三〇歳、母・笑子は二四歳であった。未熟児で小さく、助産師さんが「この子も育つかどうかわかりませんよ」と言ったそうだ。三年前に生まれた姉・悦子が生後数カ月で亡くなっていたから。

一歳六カ月の時、父に赤紙がきた。出征する時、「子どもに教育をつけるように」と母に言い残したそうだ。父は満州方面に従軍し、戦後ソ連の捕虜となり抑留中に栄養失調で死去した。父が遺した先祖伝来の山林、田畑が学資になった。

小学三年生の夏に全身麻痺のポリオに罹患した。高知市の病院で一年の闘病後復学したが、友達と相撲して左大腿骨を骨折した。一カ月後、接げていなく、再び高知市の整骨院に入院した。病期療養が重なり落第した。中学では、左肘関節を骨折した。足と手を折り、次は首を折るぞと言われた。

高知市内の私立高知学芸高校に進学した。親元を離れ下宿した。三年になって雑誌『蛍雪時代』を参考にしながら受験大学を探した。教育か福祉分野に進みたいと考え高知大学教育学部と日本社会事業大学（以下、日社大）を受けることにした。

日社大の面接試験で、「高知大学に合格しているのに、なぜ本学を受験するのか」と尋ねられた。「子どもの生活が安定していなければ、教育効果も上がらないと思うから」と答えた。

日社大に進みたいと母に話したら「母子家庭で育ったから、そのような大学に行きたいのか」といわれた。「そんなことはない」と返事した。戦争遺家族の母子家庭に育ちはしたが、父のいない寂しさや苦しさといったことはまったく感じなかった。このことは母に大いに感謝している。

野根小、中学校では世のため人のためになるようにと教えられた。それで社会福祉に関心を持ったのではないかと思う。

日社大には「六〇年安保」の翌年に入学した。学内には安保闘争の余韻がこもっていた。非常に刺激を受け、「米ソ核実験反対」などのデモによく参加した。サークルは部落問題研究会に所属し、農村部落で子供会活動を行った。親友となる岡山県出身の神崎靖亜君をはじめ多くの友人を得た。

三年生のゼミでは小川利夫先生に連れられ岩手県の農村に行き、社会調査を行った。四年生の時には江口英一先生のもとで、山谷のドヤ街に入り、手配師に連れられて行った地下の工事現場で作業しながら、労働者から聞き取り調査を行った。大いに問題意識が触発された学生時代であった。

(2)　社協入局のきっかけ

大学四年になり就職先を探さなければならなくなった。大学の掲示版に府社協の求人があった。京都から井岡勉事業部長が大学まで求人に来られていた。

学生課長をされていた五味百合子先生に付き添われて、全国社会福祉協議会（以下、全社協）の永田幹夫業務部副部長を訪ねた。副部長は「君は京都に骨を埋めるつもりはあるか。日社大の卒業生はすぐ公務員になりたがる」といわれた。「骨を埋めます」と返答した。副部長は府社協に紹介してくださった。

井岡事業部長と連絡し合い夏休みに帰郷する際に京都府社協でお会いすることになった。その後、手紙をいただき、職場に労働組合ができて取り込んでいるので変更することになった。冬休みに帰省し上京する時に府社協を訪問して、お話を伺った。

人件費がないということで四月からアルバイトで勤務することになった。

(3)　社協で何をやってきたか、どんな活動、事業に関心を持ったか

大学で「コミュニティ・オーガニゼーション」は受講したが特に関心があったわけではない。一九六五(昭和四〇)年に臨時職員で府社協に入り、井岡事業部長や労働組合の松村清次常務理事・事務局長への働きかけもあって、翌年七月に正規職員として辞令を受け、福祉活動指導員に任ぜられた。湯浅祐一会長の時である。市町村社協の担当になり、仕事の中で立ち現れてくる課題に取り組んできたということである。関心を持った活動、事業についてはすべてではないが以下に記述している。

２　社協で自分が刻んだと思える足跡

府社協で三六年間勤務したのでいろいろな活動、事業に関わってきた。組織の一員として携わってきたものであり、上司もいれば、担当者もいる。当然、直接担当したものばかりではない。ご助力、ご指導いただいた方がたも多い。しかし、丹念にお名前を上げることはできていない。他界された方がたもいる。ご冥福を祈り、感謝しつつ記す。

(1)　市町村社協組織活動体制の整備、強化

①　住民主体の運動体社協へ

一九六二（昭和三七）年四月に全社協が「社協基本要項」を策定していた。この要項で社協の性格は、住民福祉の増進を目的とする、住民主体の民間自主的組織であるとうたわれていた。このことを地域で具体化していくことが課題であった。

京都府内を山城、丹波、丹後の三ブロックに分け、ブロック別社協活動推進研修会を開催した。一九七一（昭和四六）年四月の同研修会でガリ版刷りの資料「基調報告」を提出した。翌年度から「基調報告」は「住民主体の運動体社協へ―一九七二（昭和四七）年度社協動総括報告集―」と題して発行し、研修会の席上で報告した。総括報告集は一九八〇（昭和五五）年度まで続き

「住民主体の運動体社協へ」が合言葉になった。この報告集では活動内容、組織体制、財政の各方面にわたる「市町村社協強化の課題」を示した。

これらの強化の課題は一九七五（昭和五〇）年、『京都府下市町村社協強化の課題』として冊子にまとめ発刊し、市町村社協に提示した。一九八五（昭和六〇）年に全面改訂され『住民主体の運動体社協＝「京都府下市町村社協強化の課題」（改訂版）＝』として発行された。

② 市町村社協の法人化促進

一九六六（昭和四一）年から社協の法人化促進が課題となった。法人化すれば福祉活動専門員の国庫補助金が受けられることが大きな魅力であった。法人認可を得るためには専任職員を一名設置すること、社協の独立事務所を持つことが条件であった。

京都府民生労働部社会課の担当職員と一緒に法人化候補社協を訪問し、行政の担当課長や職員、社協の会長や事務局長と法人化の実現について話し合った。年度末の一九六七（昭和四二）年三月に大江町社協と網野町社協が社会福祉法人になった。

市町村社協の努力と市町村行政の支援、それに京都府単独補助制度が加わって法人化は進んだ。一九八五（昭和六〇）年に社会福祉法人南山城村社協が設立されたことにより全四三市町村社協の法人化が実現した。全国三番目であった。

③　専門専任職員の設置、増員

第一回市町村社協専任職員会議は一九六六（昭和四一）年三月一日に府社協会議室で行われた。参加者は五市一町社協の七人であった。専門専任職員は一九六八（昭和四三）年度は一一社協に一六人、翌年度は一五社協に二四人となっていた。

市町村社協の専門専任職員は何といっても社協の要である。したがってその設置、増員と処遇改善は各社協にとって大きな課題であった。市町村社協の会長で構成する京都府市町村社協連絡協議会は一九七一（昭和四六）年四月二七日に従来の城丹社協連絡協議会を発展的に解消して結成された（一〇年後に連合会に改組）。京都府市町村社協職員連絡協議会は一九七二（昭和四七）年一月二一日に結成された。これらの組織と府社協が一緒になって課題解決の運動を展開した。

例えば京都府への「昭和四八年度社会福祉予算に対する共通要望事項」では次のような事項をトップ二項目に掲げている。

（一）市町村社協職員の処遇改善を図られたい

（二）市町村社協職員の増員を図られたい

（一）は劣悪な国庫補助単価額を限度額とせず、職員の処遇改善ができる措置を求めている。（二）は行政職員の兼任ではなく社協職員の専任化と業務に応じた増員を要望している。

こうした要望書を持って京都府知事、京都府議会（請願）、町村会、市長会へ働きかけた。

一九七三（昭和四八）年、大学新卒の越後久雄氏が舞鶴市社協に就職した。二年後には井上一士氏が長岡京市社協に続いた。大卒生に選択される職場に市町村社協がなってきた。

一九七八（昭和五三）年府社協は「市町村社協職員処遇問題研究委員会」（委員長　辻村禎彰宇治養護老人ホーム長）を設置した。三回の市町村社協職務内容調査と七回の委員会を経て報告書を発行した。この中で、市町村社協の性格・機能と職員の役割、財源確保の方向づけを明らかにするとともに市町村社協の就業規則と給与規程のモデルを提示した。

府社協、市町村社協が一体となった予算対策運動が功を奏し、一九七四（昭和四九）年度京都府予算に市町村社協育成強化費・専任職員設置費八社協分が計上された。市町村社協育成上の初の本格予算であった。一九七九（昭和五四）年度京都府当初予算には市町村社協の専任職員単費補助制度が実現した。一九八五（昭和六〇）年度には専任職員に対する京都府の補助率が三分の一から二分の一に改訂された。

このような成果と全市町村社協の法人化達成もあって一九八六（昭和六一）年四月には、福祉活動専門員四三人（事務局長兼務あり）、専任職員五四人、専任事務局長一一人で計一〇八人となった。これに社協が受託するホームヘルプ事業の職員六四人、その他の受託・管理する施設、事業の職員四七人を加えると合計二一九人にのぼった。

市町村社協職員の増加につれ、専門専任職員会議は常時四〇人前後の出席となった。一泊することが多かったが夜の懇親会では大いに飲み、語り合い社協職員としての連帯感と仲間意識を培った。

④　市町村社協法制化運動

市町村社協を社会福祉事業法に明文化して位置付けること（法制化）は関係者の年来の要望であった。京都府においても一九七五（昭和五〇）年から、市町村社協連合会を中心に取り組みが始まった。ブロックごとに法制化についての研究討議が行われてきた。一九七七（昭和五二）年には京都府議会や市町村議会に請願を実施し、京都府議会ならびに三九市町議会で請願が採択された。

一九八二（昭和五七）年度には全社協の提唱で国会請願署名運動が全国一斉に展開された。全国基準目標五万二〇〇〇筆であったが、京都府下市町村で一九万五〇九八筆の署名数となり三七九％の達成率であった。

(2)　過疎問題への取り組みと在宅福祉研究

①　へき地・過疎地住民委員会活動

社協が基本理念とする「住民主体」を具体化するためには住民の発言の場、行動の場づくりが必要である。そうしたところから住民福祉懇談会の開催を市町村社協に呼びかけた。この呼びかけに答え一九七〇（昭和四五）年度は一四社協、翌年度には一八社協が取り組み、開催部落は数十カ所に上った。この懇談会が過疎地域で行われることが多かった。私も綾部市社協の上崎彦太郎事務局長や大江町社協の新井正事務局長らと同行し、参加した。どこも同じような問題を抱えて困っていた。

府社協はへき地・過疎地住民研究集会の開催準備にとりかかった。一九七二（昭和四七）年一〇月三一日、綾部市市民会館において「へき地・過疎地住民研究集会」が開催された。「へき地・過疎地住民は手をつなごう！」のテーマのもとに府内各地から一八〇名が結集した。

午前中は三ブロックの代表からの意見発表、午後は分散会に分かれて意見交換、討論を行った。活発に意見が出された。いくつかを以下に紹介する（『地域活動研究』第七巻・第一号、一九七四年、全社協、P33、34より抜粋）。

○へき地は昔からある。へき地であるから過疎を抱えている。池田首相の高度経済成長の頃から過疎は起きた現象。（みんなが）同じ悩み、同じ苦労を重ねているということを感じた。

○住民の生の声として行政に働きかけてほしい。過密地帯においては公害が大きな問題として取り上げられている。過疎地も道路、教育、医療対策がいわれているが、やられていない。蜷川（知事）さんは府民の暮らしを守ろうということでやっているので、この機会にまとめて強く要求していきたい。

○賛成です。もう協議や打ち合わせの時期は過ぎた。活動のための研究や協議でなければいけない。
○経済効果、受益者負担、行政公平の視点で見られている限り過疎地は浮かばれない。
○過疎はつくられたもの、行政でつくられたものならば行政で返してもらわなければならないし、できるはずだ。団結して訴えていこう。
全体会議にも熱気は引き継がれた。
○……へき地が個々に当たるのではなく京都府全体の組織をつくって強力に当たる必要がある。
○「議長」その場限りのことに終わってしまうことが多いので組織をつくってほしいがどうか。
(拍手多数、決定) 町村の住民の支えが必要、それなしに府の段階だけでやっても力にならないので、町村段階でまず組織してほしい (多数賛成の挙手あり、決定)。
○誰かが中心になって綿密に強力にやっていく必要がある。府の社協に世話するつもりはあるか。
○府社協として協力します。
○一二月末までに委員会をつくり、年度末までに結成してほしい (結構ですの声)。
以上に見られるように、住民同士の熱心な意見交換の中で、まず市町村段階で委員会をつくり、そのうえで京都府段階の組織をつくろうということが期限を区切って確認された。
市町村社協がへき地・過疎地住民の組織化に取り組んだ結果、一二月には一二市町村に委員会が結成された。大江町は九部落、三和町は一二部落、京北町は六〇部落によって委員会が構成された。
一九七三（昭和四八）年四月京都府市町村社協連絡協議会総会でへき地・過疎地住民委員会（以下、住民委員会）の設置が決定された。京都府段階の組織が実現した。活動のスタートは住民の要求を明らかにすることであった。京都府地方課の作成した資料では二七市町村一〇〇地区に一六万九三二一人が生活していた。これらの人々の声を反映して、次のような二二項目の共通要望事項をまとめた。①バスの確保②医療体制の確立③除雪を地域ごとに④道路改修⑤飲料水の確保（簡易水道の設置）⑥保育所の確保、設置⑦老人家庭の安全⑧地元負担の撤廃、軽減⑨平等な教育の保障⑩へき地校指定枠の拡大⑪保健婦の増員⑫国道、府道に歩道整備⑬災害復旧事業の促進⑭季節保育所への補助増額⑮福祉センター設置補助制度の確立⑯文化財、伝統産業を守れ⑰農林漁業従事者の育成⑱長田野工業団地関連下請工場をつくれ⑲日吉ダム対策⑳造林補助制度の改正㉑休耕地対策㉒都市計画法にもとづく線引き撤廃
府共通要望事項は要望書にまとめられ京都府知事に提出された。京都府議会にも請願した。要望書の前文は言う。「憲法第二五条を生かし、〝人間尊重〟を具体化するため、『へき地・過疎課』

を設けるなど窓口を一体化し、苦難に耐えてふるさとを守るへき地・過疎地住民の要望実現に格別のご尽力を賜りますよう切にお願い申しあげます」。

「へき地・過疎課」など、住民の要望を受け止める窓口の一体化を求めたのには意味がある。要望を全体的に丸ごととらえてほしい、行政窓口別に切り刻むのではなく、すべての要望事項が生活に関連しているのだからということであった。

以降、毎年要求、請願を重ねた。京都府の出先機関である地方振興局や市町村行政へも働きかけた。

一九七六（昭和五一）年一一月に京都府過疎問題対策協議会との要望懇談会が実現した。同協議会は京都府庁内の関係各課の連絡協議会組織であった。翌年二月にも開催され、初めて文書回答を得ることができた。

一九八八（昭和六三）年、要望事項が保健福祉関連の三項目（①高齢者対策②保健医療対策③関連対策）に絞られ、住民委員会の名は消え京都府市町村社協連合会の対府要望の中に統合されることになった。翌一九八九（平成元）年には京都府からの文書回答がなくなり、府議会請願もしなくなった。この背景には京都府からの圧力があった。毎年の多分野、多項目にわたる知事への要望書提出、府議会請願を行政は嫌がった。請願事項について厚生労働委員会で審議が始まると、その回答や資料を用意しなければならない。煩瑣である。そこで京都府の幹部と府社協の常務理事・事務局長が示し合わせ、要望事項を限定し、文書回答と請願をやめることになったのである。

狭義の社会福祉問題（福祉・医療関係）に要望事項を限定することは、いわゆる行政分野ごとの縦割り発想であり、住民主体ではない。

住民委員会は長年にわたり、時代の流れに抗ってへき地・過疎地における人間と生活の存在を主張し続けてきた。

② 在宅福祉の研究

一九七六（昭和五一）年度の事業として在宅福祉研究に取り組むこととなった。この事業は全社協の委託研究であった。

近年、社会福祉の変貌と拡充につれ在宅福祉サービスが登場しているが、その概念や内容が明らかにされておらず、まちまちなので全社協が研究することになったものである。研究は中央と地方で行われることになり、地方は3カ所が選定された。福岡県、京都府、北海道である。

在宅福祉研究委員会（座長　小倉襄二同志社大学教授）を設置することになった。

第一回研究委員会は五月二四日に開催され、一三回の委員会を重ね翌一九七七（昭和五二）年七月一八日に委員会を終えた。一年三カ月にわたる取り組みであった。

調査研究対象地域として綾部市中上林地区を選んだ。八月一七日から二一日まで五日間現地に入った。寝たきりや一人暮らし老人、障害児者家庭の訪問調査や懇談会、資料収集などを行った。

一九七七（昭和五二）年八月二〇日、研究報告書『在宅福祉―その課題と提言＝綾部・中上林モデルから＝』を出版した。三県の研究成果は全社協に報告された。一九七九（昭和五四）年二月一〇日全社協から在宅福祉サービスのあり方に関する研究委員会報告『在宅福祉サービスの戦略』が出版された。

③　寝たきり老人介護の体験記募集

わが国の高齢化が進み老後問題が国民の大きな関心事となってきた。ある日、高野山大学の岩見恭子先生と懇談している時、「介護の苦労や抱えている問題などについて、介護者の声を集めてみんなのものにしていくことこそが社協の仕事ではないのか」との提案を受けた。早速事業として取り組むことになった。

「在宅老人介護を考える委員会」（委員長　岩見恭子高野山大学助教授）を設けた。第一回委員会は一九八〇（昭和五五）年一〇月四日に開催し、一九八二（昭和五七）年二月二三日の第一一回委員会で終了した。

介護体験記の募集や聞き取り、介護体験懇談会などを実施した。九八篇の応募があり、委員会で二三篇の入選作を選考した。

介護体験記五編、介護の方法のイラストによる解説、介護機器の紹介を内容としたパンフレットも発行した。ミネルヴァ書房のＯＰ叢書に加えていただき『体験記寝たきり老人介護』が発刊された。

④　結婚相談事業の改善

丹後地方の農漁村に出張した時、社協の役員さんから「嫁の来手がない。結婚問題に取り組めない社協では意味がない」と言われた。

一九九五（平成七）年八月、田辺町の町会議員から同町社協が行っている結婚相談事業で「結婚申込み連絡票」に本籍や住宅の種類、建坪、再婚の場合の離婚や死別の年月などを記載する欄があることが指摘された。

府社協はかねてより京都の人権啓発推進会議や部落解放基本法制定要求国民運動実行委員会等の構成団体であり人権の集いや部落解放研究集会、部落差別事件真相報告集会や部落解放同盟の新春旗開きなどに参加してきていた。部落解放同盟京都府連合会（以下、解放同盟）の代表が来会し、問題の指摘を受け、対策に取り組むことになった。

憲法第二四条では「婚姻は、両性の合意のみに基いて成立し、（以下略）」とうたわれ、また、第一四条には「すべて国民は、法の下に平等であって、人種、信条、性別、社会的身分又は門地により、政治的、経済的又は社会的関係において差別されない。（以下略）」と規定されている。

解放同盟としてもこれまで「旧身分」を記載した壬申戸籍の封印や「部落地名総鑑」事件に取

り組み、成果を上げてきたところである。にもかかわらず、民間事業者が行う結婚相談所や情報誌の広告などで結婚差別につながる相談対応や記事が見受けられ解放同盟も差別事件として取り上げてきていた。

一九九五（平成七）年九月一日付文書で全市町村社協事務局長宛に結婚相談事業等について実情を照会、一二の社協で結婚相談事業が行われていた。これらの社協を対象に解放同盟は一九九五（平成七）年一二月から翌年の一二月にかけて「事実確認会」を数回開催してきた。府社協も同席した。

九月に開催した平成七年度市町村社協運営セミナー（正副会長出席）や市町村社協事務局長会議において「結婚相談等に当たっては人権尊重、プライバシー保護の観点に立って行うよう」要請した。同時に心配事相談、結婚相談活動が行われている全市町村社協会長宛に①来談者からの個人情報の収集は必要最小限にとどめ、基本的人権を侵害することのないよう万全の配慮をする。②結婚相談カード等に「本籍」欄がある場合には削除する。その他の項目についても見直し、早急に改善する。③情報の管理体制の整備、責任の明確化等を内容とする文書を通知した。各社協で改善が進められた。

(3) ボランティア活動の振興と被災地支援

① 京都ボランティアバンク基金の造成

一九八一(昭和五六)年、京都府は「愛とふれあいの地域社会づくり」の一環としてボランティア活動の振興をめざし、一億五〇〇〇万円のボランティア基金補助を府社協に行うことになった。同年一〇月二〇日に本願寺会館で実施された「昭和五六年度(第三〇回)京都府社会福祉大会」の席上、林田悠紀夫京都府知事から立石一真会長に基金が贈呈された。

これを機に府社協は奉仕活動センターないしはボランティアセンターの名称をボランティアバンクに統一することにした。京都ボランティアバンク指導センターを府社協に設け、基金の果実の活用により市町村社協のボランティアバンクの活動の進展を図ろうとした。基金補助金に民間の努力で同額の寄付金を集め三億円の基金にすることが目標であった。

一九八八(昭和六三)年八~九月にかけて、京都ボランティアバンク基金設置・管理者である栗林四郎府社協会長と福祉の風土づくり基金設置・管理者の高井隆秀京都市社協会長、奥田東福祉の風土づくり推進協議会長の連名で造成趣意書を作り企業に働きかけた。京都商工会議所の協力を得て一二二企業に協力を求めた。その結果、一六企業から合計三〇四〇万円の寄付申し込みを得た(一九八九(平成元)年一月一一日時点)。

府社協の栗林四郎会長に随行して企業まわりを行った。栗林会長は京都銀行の頭取、会長を歴任され、企業の支援を行ってこられた。会長がお訪ねすると伝えると、いくつかの企業は、わざわざ来ていただかなくても結構ですと恐縮され、めったに寄付には応じないと言われている企業からも一〇〇万円単位で寄付金が寄せられた。

京都府が基金補助をするということが新聞記事になった時、連日信託銀行が預金をしてほしいと営業にきた。各信託銀行に額の多少はあれ満遍なく預金した。安全・確実・有利にということを原則に五年ものの金銭信託にした。

それらの信託銀行に集まっていただき、会長も出席して寄付を依頼した。ところがメインバンクがいくら出すのか様子見をしたり、京都支店は東京の本店の意向を聞かなければ、京都が応じれば全国の各都道府県で寄付要請があった場合に困るからということで、はかばかしくいかなかった。寺院への働きかけも計画していた。一寺院の協力を得たが、丁度古都税紛争が起こり頓挫した。

②　被災地支援活動

一九九五（平成七）年一月一七日早朝未曾有の阪神・淡路大震災が発生した。

情報収集を始め、京都府内の市町村社協にニュースレターをＦＡＸで送信することから活動を開始した。一月二三日、大阪府社協内に「社会福祉関係者『兵庫県南部地震』合同対策本部」（以下、合同対策本部）が設置され、近畿および全国の社協をはじめ社会福祉関係者の被災地支援の結集拠点ができた。西宮市他三カ所に現地本部を設置することになり、府社協は合同対策本部の要請により芦屋市を支援することになった。

府社協は一月二四日に「兵庫県南部地震救援対策本部」を設置し、民間社会福祉関係者に救援活動への参加を呼びかけた。同時に京都府市町村社協連合会の協力を得て義援金の募集と被災地への社協職員とボランティアの派遣を呼びかけた。

二月一日に「社協現地事務所」を設置し、二月三日から活動を開始した。初日は芦屋市社協のスタッフをはじめとして府社協六人、京都市社協三人、神奈川県からの五人の参加で開設直後の活動を行った。ボランティアと一緒に各避難所への困りごと相談受付のチラシ配布、ポスター貼り、福祉、保健、医療ニーズの把握が中心であった。以後四一日間の被災者支援活動が展開された。

私は、もっぱら後方支援活動を担当し、現地に派遣する市町村社協職員、ボランティアの組織化、義援金募集などを行った。芦屋市にも行き、現地事務所でのボランティア案内、避難所への弁当届け、家財運び、炊き出しの手伝いなどに従事した。

一九九七(平成九)年一月に日本海においてロシアタンカー「ナホトカ号」の重油流出事故が発生した。京都府災害ボランティアセンターのスタッフとして三月末まで、午前九時から午後七時までボランティア相談業務、被災地の災害対策本部・ボランティア団体との連絡調整、現地丹後の浜での重油除去作業に従事した。

(4) 府社協の歴史と事務局体制

①『京都府社協三十年史』の編纂、発行

一九八〇年（昭和五五）年に京都府社協が創立三〇年を迎えることから三十年史を編纂することになり、編纂委員会（委員長　嶋田啓一郎府社協理事、同志社大学名誉教授）を設置した。一九八二（昭和五七）年三月二三日に第一回委員会を開いたのを皮切りに委員会を重ね、一九八五（昭和六〇）年三月三一日付けで発刊した。

三十年史によれば、府社協の歴史を特徴づけるものはその前史である。戦前、一九一八（大正七）年に設立された京都府慈善協会の流れをくむ財団法人京都府社会事業協会は一九四二（昭和一七）年四月に京都府厚生事業協会と改称した。この協会は戦後一九四八（昭和二三）年六月に京都社会福祉協会と名称をかえた。

その理事会で社会福祉研究所の設立が決定され、一九四八（昭和二三）年九月一日京都社会福祉研究所が発足した。所長は竹中勝男同志社大学教授で研究員は一六名であった。京都社会福祉研究所は京都における社協活動の嚆矢ともいえる活動を展開した。一九四八（昭和二三）年九月二八日には占領軍京都軍政部厚生課長エミリー・パトナム女史から緊急に取り組むべき調査課題について助言があった。一二月から翌年四月まで「街娼」調査をはじめ各種調査が実施された。「京都社会事業施設要覧」の作成や機関誌「社会福祉」も発行している。

一九四九（昭和二四）年六月末で京都社会福祉研究所は解散、七月一日から社会事業の組織化を図り活動する機関として京都社会福祉審議会（ここでいう「審議会」は「協議会」と同義）が結成された。全国で最初の事実上の社協の誕生であった。会長には牧野虎次前同志社大学総長が就任した。

一九五一（昭和二六）年一月一二日中央社協が設立された。同年四月二〇日財団法人京都府社協が発足、翌年社会福祉事業法に基づき社会福祉法人となった。

② 京都府社協事務局体制の整備、変遷

一九六五（昭和四〇）年四月より京都府社協で働きはじめた。当時、事務局の正職員は事務局長、総務部長、事業部長、主事七名の一〇人であった。

一九六六（昭和四一）年度に総務部長が退職、翌年事業部長も年度末に転職した。管理職は事務局長のみとなったが、業務中に倒れ、急逝された。一時管理体制がなくなったが、前京都府民生労働部長の山本徳治氏が事務局長として来られた。一九六八（昭和四三）年度から係体制がとられ、それぞれに主任を置いた。総務、地域福祉、施設、資金の四係と金銭出納主任である。この年度から高齢者無料職業紹介所を開設した。この係体制は一九七二（昭和四七）年度まで五年間続いた。私は地域福祉係主任をつとめた。総務係、施設係の主任も同年配の二〇代後半であった。一九七二（昭和四七）年度に施設係主任が老人福祉施設建設のため近隣市社協に転出した。

引き続き総務係主任が大学に転身した。若い主任二人がいなくなった。

一九七三（昭和四八）年度から部長制が復活した。総務部と事業部である。総務部長は外部から招へいすることになり、事務局長は全社協に総務部長候補の推薦を依頼した。福島県原町市の障害児福祉施設の施設長である酒井昭氏（元岩手県社協勤務）が浮上した。

事業部長候補は私であった。労働組合活動をしてきた者が管理職になり非組合員になってよいものかどうか考えた。京都府職労の執行委員をしている知り合いの意見も聞いた。発令の日の朝、自分がガリ版を切った「職員の創意が生かされる民主的な職場建設を!!　―部長制実施にあたっての組合アピール―」という見出しの四月二日付け府社協分会名のビラを職場に配布して後、事業部長の辞令を受け取った。こうして事務局の二部一所制がスタートした。

一九七九（昭和五四）年度をもって山本徳治常務理事・事務局長が退任した。

一九八二（昭和五七）年度に酒井昭氏が事務局長になった。行政ＯＢでない民間人出身の事務局長の誕生である。民間人局長誕生に小国英夫副会長や一部理事が尽力してくれた。私は総務部長に異動した。事業部長には芝田宇佐男氏が就任した。

一九八六（昭和六一）年三月に酒井事務局長が退職した。民間福祉活動の筋を通す人であったから京都府行政との間で、人事問題等であつれきがあり「疲れた」ことが原因だと思う。職員会議を開き、副会長と連絡したりして慰留に努めたが翻意は得られなかった。

酒井事務局長退職後、一九八六（昭和六一）年四月から京都府ＯＢが常務理事・事務局長に就いた。私は同年一月に事務局次長・総務部長事務取扱を命じられていた。新たに参事ポストがつくられ京都府ＯＢが赴任してきた。京都府ＯＢ管理職が二名になった。

一九九〇（平成二）年、一八年ぶりに事務局機構改革が行われ事業部が地域福祉部、施設福祉部、民生部、ボランティア振興センターに分割された。施設福祉部長にプロパーの小林康子氏が就いた。民生部長には府ＯＢがなった。初めて部長職に府ＯＢが進出した。

一九九二（平成四）年度に京都府から社会福祉研修センター事業を委託され職員が一〇名増員された。京都府からの初めての出向職員が三名と新規採用職員七名である。職員総数は三〇名になった。

一九九六（平成八）年度、府ＯＢが専任事務局長になった。常務理事と事務局長をそれぞれ府ＯＢが専任で占めることになった。以前参事ポストを占めていた府ＯＢが一九九〇（平成二）年度に次長になり前年度まで次長は私と二名になっていた。うち一名の府ＯＢが事務局長になった形になった。この年度から二〇〇〇（平成一二）年度末までの五年間に四人の府ＯＢ事務局長が天下ってきた。

天下りの構造は中央も地方も同じである。金を出せば、口を出す、それでも足りなくて人を出す。それが定年退職後のＯＢの職になる。そのことによって、被補助団体を支配し、意のままにしようとする。行政の不当な介入を許さないためには、①プロパー職員が力をつける②財政赤字を出さない③職務規律を守ることが肝要である。

一九九八（平成一〇）年に部課制となった。総務部―総務企画課、民生課、福祉部―地域福祉課、ボランティア活動振興課、施設福祉課、京都府福祉人材研修センター―研修課、人材情報課であった。翌年度の二月より地域福祉権利擁護事業と苦情解決事業を担当する京都高齢者・障害者生活支援センターが加わった。

二〇〇〇（平成一二）年度末をもって退職した。次長兼福祉部長、施設福祉課長事務取扱であった。その時点で、事務局職員数は三七人（常務理事、嘱託職員四人を含む）であった。退職に当たり、労働組合の集まりに出席し挨拶した。プロパー職員から事務局長をということで随分ご支援をいただいたが、不徳の致すところで実現することなく退職することになったと感謝とお礼を申し述べた。

私の退職後、芝田宇佐男、田尾直樹、武田知記各氏らプロパー職員が次つぎに事務局長に就任することになった。実に喜ばしい。芝田事務局長の後、京都府ＯＢが一年ちょっと就任したが続かなかった。社協の用語からしてわからないとこぼしていたそうだ。社協職場の専門性が高くなり、プロパー職員層が厚くなってきたことの証左である。

（5）組合づくりと自主的研究活動

社協における自分史を語る場合、労働組合活動と自主的研究活動を欠かすことができない、業務ではないが、以下に記すことにする。

①　日本社会事業職員組合（以下、日社職組）京都支部の結成

京都府社協の労働組合には前史がある。五団体が統合して、一九五一（昭和二六）年四月二〇日、財団法人京都府社協が発足した。その時事務局員は二七人であった。事務局統合により事務局職員が過大になり人件費が大きな割合を占め事業費に充当する予算がほとんどないという状態になった。人員削減が課題となり同年一二月二八日、一二名の職員が整理解職された。解雇を受けた職員は「従事者組合」を結成して対抗したが、職場復帰は絶望となった。その後も人員削減は続き一九五三（昭和二八）年度には事務局職員は三名となった。

職員組合が再結成されたのは、一九六四（昭和三九）年五月二三日である。私は一九六五（昭和四〇）年から勤務するようになって組合員となった。組合のこの年度の活動方針に「京都府下の社会福祉従事者を組織」、「日社職組京都支部づくり」が掲げられた。

日社職組京都支部づくりを進めるため、結成準備委員会がつくられ委員長になった。憲法二八条で「勤労者の団結権、団体交渉権」が掲げられ、労働組合法をはじめ労働三法で労働者の権利が保障されている。職場に労働組合があってこそ近代的な労使関係が成り立ち、社会福祉の職場

が発展すると考えた。

結成準備委員である社会福祉施設や団体の個人加盟の非公然組合員と木屋町三条の喫茶店に夜半集まり相談をした。生涯の伴侶となる日本福祉大学を出て児童養護施設で働いていた森淑江氏と知り合ったのはこの頃である。

一九六七(昭和四二)年三月二〇日京都府立勤労会館に一五名が集まり（別に委任状五名）日社職組京都支部を結成した。この場で委員長に選ばれた。結成に至るまでには京都私立保育所労働組合（以下、私保労）の池田真智子氏、日社職組中央の杉本美江氏の助言、指導を得た。

同年五月六日、第一回京都社会福祉研究集会が開催された。これは我われの組合が私保労に提案し、京都府職員組合民生労働支部、京都市職員組合民生支部、京都保育問題研究会で実行委員会をつくり、実現したものである。一三〇人の参加者があり、初めて京都の社会福祉事業従事者が一堂に会した。

一年目の活動課題は、組合員の拡大であり、ハイキングや忘年会、新年会など顔を合わせ、交流する場づくりをこころがけた。また、不当解雇撤回や休憩場所の確保など労働条件改善の闘いも行った。関西の組合間の連携も強めた。

日社職組京都支部は一九七三（昭和四八）年、日本社会福祉労働組合京都支部となり、さらに一九八七(昭和六二)年、全国福祉保育労働組合京都地方本部となった。

②　自主的研究活動

（一）近畿地域福祉学会

近畿地域福祉学会は、近畿五府県の日本地域福祉学会員で構成される日本地域福祉学会の地方部会である。毎年総会と研究集会を内容として「近畿地域福祉学会」を開いてきた。

第一回の近畿地域福祉学会は一九八八（昭和六三）年に大阪市立社会福祉研修センターで開催されている。

近畿地域福祉学会の開催は、研究者と近畿五府県の府県・指定都市社協の職員で構成された実行委員会で企画してきた。開催府県ならびに事務局担当は五府県の府県・指定都市社協の持ち回りとしてきた。

私は一九九三（平成五）年に地方部会委員となり近畿地域福祉学会の事務局長を兵庫県社協出身で川崎医療福祉大学の野上文夫助教授から引き継いだ。

阪神・淡路大震災が発生。日本地域福祉学会は阪神・淡路大震災につき、地域福祉の視点から調査研究し、教訓を明らかにするため、「阪神・淡路大震災地域福祉研究委員会」を立ち上げた。研究委員は関西在住の地域福祉学会員を主として研究者・実践家により組織された。顧問・委員一七名、協力員（大学院生）五名、計二二名であった。顧問は右田紀久恵日本地域福祉学会副会長、代表世話人は井岡勉同志社大学教授、世話人は牧里毎治大阪府立大学教授であった。私は事務局長に任じられた。

第一回委員会は一九九五（平成七）年六月三日に京都府立総合社会福祉会館で開催され以後七回を重ねた。この間、西宮市や神戸市長田区、震源地の淡路島の北淡町などでヒアリングを行った。

一九九六（平成八）年八月三一日付けで研究報告書「阪神・淡路大震災と地域福祉」を発行した。

（二）その他の活動

第一回地域福祉問題研究全国研究交流集会は一九八〇（昭和五五）年に神奈川県小田原市で開催された。第二回目は京都市で行われた。関西実行委員会（委員長　井岡勉同志社大学教授）を立ち上げ、一九八二（昭和五七）年八月六、七日に実施された。私は実行委員の一員として参加した。テーマは「地域福祉・在宅福祉の発展方向を求めて—住民生活の立場から—」を掲げた。以来、原則として関東、関西交互に開催された。関西の実行委員会にはおおむね加わってきた。この研究交流集会は二〇〇六（平成一八）年まで続いた。この年、八月二六、二七日に京都市内の大谷大学を会場にして開催された第二五回集会では、特別講義「地域福祉と社協—歴史的展開から—」を担当した。

その他、全国社協職員の集いや関西社協コミュニティワーカー協会、福祉教育を考える会（主

宰　村上尚三郎元佛教大学教授）などにも参加してきた。

3　振り返って

(1)　社協でやり残したと思うこと

京都の社会福祉事業の発展に貢献してきた先人達の声を「先駆者の声」として収録を試みたが進まなかった。それと併せ、社会福祉資料室の整備である。京都の社会福祉事業にかかわる社会福祉施設、団体、市町村社協等の資料を一堂に収集する。京都は大学も多く著名な研究者の生原稿をいただく機会も多いので、そうしたものも保存し、公開する。学問の都、国際観光都市京都の立地条件を生かし、兵庫県社協にならい社会福祉講座（大学）を開催する。以上のようなことを具体化したかった。

(2)　社協に人生をかけたことへの自己評価、まとめ

就職して一度もいやだな、辞めたいなと感じたことはなかったので、仕事も職場も合っていたのだと思う。この仕事を通じて多くの人々と交わり、多くの財産をいただいた。

その財産を生かして、退職後、同志社大学の井岡勉、岡本民夫両教授のお世話になり、大阪体育大学健康福祉学部の専任教員に採用された。学部卒業生の何人かは社協をはじめ社会福祉の職

場に就職し活躍している。

同大学を退職後、描くようになればと京都造形芸術大学芸術学部（通信教育部）美術科日本画コースに入学した。同大学は介護等体験事前講義で数年訪れており、なじみがあった。六年かかって七四歳で卒業した。同期卒業生五二名で「いちごの会」をつくり、年一回展覧会を開催している。後は社会福祉法人やＮＰＯ法人、一般社団法人に少々かかわっている。いずれも社協時代のつながりである。社協まみれの人生だ。

おわりに、丁度一〇年前に九〇歳でみまかった母と、残り少なくなった人生を今も共に歩む妻に心からの謝意を表したい。

【参考引用文献資料】

『住民主体の運動体社協へ―一九七二年度京都府下社協活動総括報告集―』一九七三年、京都府社会福祉協議会

京都府社会福祉協議会在宅福祉研究委員会『在宅福祉―その課題と提言＝綾部・中上林モデルから＝』一九七七年、京都府社会福祉協議会、Ｐ１～５

京都府社会福祉協議会三十年史編纂委員会編『京都府社会福祉協議会三十年史』一九八五年、京都府社会福祉協議会、Ｐ7～36、Ｐ１４０～１５１

京都府社会福祉協議会編『大震災下の福祉救援　芦屋市「社協現地事務所」の四一日』一九九六年、昭和堂、Ｐ１～28

「部落解放」一九九八年六月号、解放出版社、P97~111
『社協便覧』二〇〇〇年、京都府社会福祉協議会、P3
『京都府社会福祉協議会創立五〇周年年表』二〇〇二年、京都府社会福祉協議会
京都府社会福祉協議会編『過疎地を生きる人びと　京都からの発信　京都府過疎地住民福祉委員会30周年記念誌』二〇〇三年、P45~52、75~76、90~100
永田幹夫さん、河田正勝さんを偲ぶ会『おもいで』二〇〇八年、永田幹夫さん、河田正勝さんを偲ぶ会事務局、P4
「府社協一年のあゆみ」一九七二、一九八八、一九九五年度、京都府社会福祉協議会
「京都の福祉」NO・二二一、二三二、二八八号、京都府社会福祉協議会
「府社協職員組合の結成と一九六四年の闘いの反省」一九六五年、府社協職組
「第一回京都社会福祉研究集会―お互いが知り合い　お互い学びあうために―報告集」一九六七年、第一回京都社会福祉研究集会実行委員会
「日社職組京都支部第一回定期大会議案集」一九六八年、日社職組京都支部執行委員会
『阪神・淡路大震災と地域福祉―日本地域福祉学会「阪神・淡路大震災地域福祉研究委員会」研究報告書―』一九九六年、日本地域福祉学会「阪神・淡路大震災地域福祉研究委員会」P1~4
「日本地域福祉学会三〇年史資料集」二〇一六年、日本地域福祉学会、P28

・資料、情報の収集に当たっては府社協事務局の皆さん、田尾直樹立命館大学教授、山下憲昭大谷大学教授のお手を煩わせた。感謝に耐えない。

第3章　社協自律を追求して

塚口　伍喜夫

1　塚口伍喜夫の成育歴

(1)　塚口伍喜夫の生い立ち

①　その姓、名前の由来

伍喜夫（いきお）は、一九三七（昭和一二）年一〇月二九日に、父喜平、母みちのの長男として、兵庫県氷上郡沼貫村（現兵庫県丹波市氷上町油利）で生を受けた。生まれた当時の生家は麦藁葺きの母屋と納屋、土蔵蔵の簡素な家屋であった。

父は入り婿で隣村の青垣町桧倉から養子として塚口家に入ってきた。祖父母に子供がなかったため祖父の妹の子を養女として迎えた。

私の名前の伍喜夫は、祖父からは「仮の名前」と言われていた。祖父は、第二四代伍郎太夫を名乗っており、その伍と父の喜平の喜を取り伍喜とし、それに夫を付けたのが私の名前である。

祖父からは、祖父亡き後は第二五代伍郎太夫を襲名するまでの「仮の名」と言われて育った。父は養子であるため伍郎太夫は名乗れないのだと聞かされていた。

『沼貫村誌』（一九六六（昭和四一）年一二月二五日発行・沼貫村誌編纂委員会・神戸新聞出版部刊）六六六ページには塚口姓について次のように記載されている。

文明一二（一四八〇）年一二月、蒲生次郎満安、応仁の乱（一四六七～七七）の後逃れて油利村に来たり字百塚に住し、この地を開拓して塚口を称すると伝えられる。（丹波史年表氷上郡志）「丹波志」には「油利村塚口五郎太夫・子孫今六代目、一七九四頃、庄屋利右衛門、弥左衛門、吉兵衛、太兵衛、本家今幸次郎とも五軒」と述べており、満安以降六代目までおよそ三〇〇年の間の関連が判明しないのは惜しむべきである。

と記述されている。

『沼貫村誌』の記載と私が祖父から聞き及んでいる内容とは若干齟齬が見られるが、先祖として初めて顔を出すのが蒲生次郎満安であると推測できる。その後、この満安について調査してみたが、蒲生の姓であることから見て出身は近江ではないかと推測される。

②　学童・生徒の時代

小学校は、国民小学校で、入学時は太平洋戦争真っただ中、教科の勉強よりも食糧増産のため（実は「薩摩芋」生産）、校庭を畑にしたり、山林を開拓して畑にしたりの学徒動員による勤労奉仕（当時はそう呼んでいた）で土と汗でドロドロになりながらの日々であった。その間、陸軍篠山連隊の軍人さんたちが訓練で隊列を組んで行進している風景を見たり、阪神間が爆撃されている轟音が丹波の田舎までも響いてきた。それが、田植え時だったのを憶えている。学童たちは、「防空頭巾」を携帯で登下校していた。白いシャツなどは着ることができず黒や黄土色に染めたものを着ていた。当時の履物は「藁草履」であった。雨の日などは頭のてっぺんまで泥の翅を上げながら片道約二キロの道を通学していた。

小学二年生の時、一九四五（昭和二〇）年八月一五日、天皇陛下の玉音放送により太平洋戦争は終わりを告げた。私は川遊びから帰宅すると近所のおばさんたちが我が家に集まっており周波数を合わすのが難しいラジオの前に固まって座っていた。その時、おばさんたちは、女子供はみんなアメリカの奴隷にされるのではないかとか、アメリカ兵が来たらどこに隠れようかとか涙を流しながら話しているのを呆然と聞いていたのを憶えている。玉音放送は、電波事情が悪く私には何の意味かよく分からなかった。翌日には、小学校の校庭にあった天皇陛下の写真を納めた奉安殿は空っぽになっており世の中の大きな変化を肌で感じた。教科書はその大部分を墨で塗りつぶしたものを使ったのを記憶している。

中学になると、学舎は小学校と同じで分校からの生徒の合流があり、それでも同学年二クラスのこじんまりとしたものであった。私は同学年で喧嘩は一番強かった。私は勉強よりも陸上競技に夢中になり、一〇〇メートル、二〇〇メートルの短距離では郡内でトップ。中学三年の時には二〇〇メートルでは県内で優勝した。そして、中学三年の時には、集落対抗の駅伝競走を企画し、校長先生の許可を得て実行したり、運動会を青年団と合同で実行したりと初めての試みを行い、それぞれの企画は盛り上がった。

高校は、兵庫県立柏原高校の普通科。私が入学した当時は一学年一二クラスで、兵庫県内で最も生徒数が多い高校と言われた。二番目の高校は県立兵庫高校と聞いていた。もちろん、陸上競技班に入り短距離走者としての練習に没頭していたが、体重が増えず、したがって惰力がつかないこともあって記録は伸びず三年の途中で退班した。

大学は、関西の同志社大の商学部、上智大の外国語学部を受験し、本当は後者の大学へいくつもりでいたが担任の先生から「社会に役立つ人間になりなさい」と言って勧められた中部社会事業短期大学（名古屋）に入学した。受験のための宿舎で知り合った数人と「絶対にここに来ようぜ」の約束に従ったことでもあった。彼らとは、三三勢和会（寮が「勢和寮」、その名前を冠している）という同窓会を毎年もっている。

当時、我が家は、父親の酪農の失敗などがあり貧窮の状態に陥っていた。両親がコソコソと話し合っている会話などを仄聞し、その状況なども何となく知っていた。とても上智大学の授業料は払えないな、という判断もあり、授業料も安く、学生寮も三食付き三〇〇〇円も魅力だったのでそこへの入学を決めた。そのころ、社会事業とは何か、ほとんどの人は分かっていなかった。社会事業がのちに社会福祉と名を変えてはじめて「福祉か」と何となく理解する人が増えたのではないかと思われる。

③　短大卒業、福祉大編入学、退学、就職

短大を卒業する年から四年制の日本福祉大学となった。私は、その四月、日本福祉大の三年に編入したが、その年の八月一八日だと思うが、兵庫県社会福祉協議会から「面接したい」旨の通知をいただき、それを受けた。その時、野上文夫氏も面接試験を受け、のち、ともに兵庫県の地域福祉を発展させるため相互に高めあってきた同志である。

面接試験の結果は二日後に来たが、九月一日の採用ということで、わずか一〇日ばかりで名古屋を引き払って神戸に来るというあわただしさであった。

その時の初任給は、本俸七四〇〇円、それに五〇％の暫定手当てがつき一万一〇〇〇円の給与にプラス通勤手当というものだった。

私がとりあえず住み着いたのは西宮市の門戸、岡田山の裾で二食付き家賃が九五〇〇円、手元

には何も残らないような状態だった。

2　兵庫県社協への就職・活動

(1)　兵庫県社協での仕事、その初期の段階

一九五八(昭和三三)年九月一日から兵庫県社協の職員として働くことになった。実際、私は社会福祉協議会について殆ど知識が無かった。短大では、コミュニティ・オーガニゼーション論を堀内先生(愛知県社協の事務局長)から学んだと思うが、知識としてはまったく身についていなかった。

兵庫県社協での最初の一カ月ほどは、資料や本ばかり読んでいたように思う。その当時の会長は朝倉斯道さん。神戸新聞社長から兵庫県社協の会長に就任された文化人、書画、陶芸、文学、芸術などに精通しておられ、無学な私には刺激的な方であった。その会長が力を入れておられたのが、生活の無駄や冗費を節約する「新生活運動」、子どもの健全育成を図るための「子ども会」の育成、母子家庭子女の就職活動を支援する「母子家庭後援会」の活動、老人クラブの育成などだった。

常務理事・事務局長は関外余男さん、彼は元内務官僚、終戦時は埼玉県長官(知事)という大物局長であった。彼はこの元内務官僚という官僚色から脱皮し、民間社会福祉の「まとめ役」と

してての役割をどのように果たしていくかに苦心しておられた感があった。その現れの一つが、共同募金会の位置づけを、地域福祉に重点を置く方向にかじ取りをしようとされたこと、具体的には、市町村社協に専任職員を配置し、その財源は共同募金配分金を充てるという全国でも例を見ない試みを実行されたこと。同時に、市町村の社協会長を市町村長から民間人に切り替える方策を強く打ち出されたことなどに見られた。

私は、こうした社協トップの動きを見ながら、一職員として何をすべきかを模索せざるを得なくなった。

(2) アメリカ、カナダへの視察旅行

社協入職三年目のある日、朝倉斯道会長より「日本青年海外派遣事業」に応募してみないかという話があった。この事業は皇太子殿下（現上皇）のご成婚を記念して、当時の岸信介首相が立ち上げられた事業で一九五九（昭和三四）年から行われていた。会長が応募を勧めて下さったのは三回目の派遣事業で全国から一〇六名が選考された。

私は試験内容を聞いてまったく自信がなく、お断りして大変叱られ、やけくそで受験することにした。試験内容は小論文、英語の和訳、日本語の英訳、デクテーション、英会話ということで、特に英語の関連試験はまったく自信がなかった。受験まで三カ月余りの期間、必死になって勉強

した。当時、神戸女学院大学教授であった雀部猛利先生からはバイリンガルの英会話レコードをお借りしたし、また、英会話講師の紙谷さん（かなり年配のオジサンで雀部先生からの紹介だったと思う）宅に毎晩通い特訓を受けた。

兵庫県の試験会場には七〇数人の受験生がいて、合格したのは小畑欽之助君（東南アジア派遣）、箕面崎妙子さん（オセアニア派遣）、と私（北米、カナダ派遣）の三人であった。朝倉会長からは「よく頑張ったな」とねぎらっていただいたのを憶えている。

静岡県御殿場の青年の家でかなり長期の事前研修を受けたのち、一九六一（昭和三六）年九月一五日夜半に横浜港を出港した。往路はハワイ経由でサンフランシスコまでアメリカのプレジデントラインのクリーブランド号（三万八〇〇〇トン）。船室は四人部屋で私と井岡君（井岡勉同志社大学名誉教授）、副団長の日高幸男先生（文部省社会教育課長）それとハワイ在住の少年ジョン君だった。約二週間でサンフランシスコに到着、以後は飛行機、バス、列車などでデンバー、シカゴ、ミルウォーキー、デトロイト、トロント、オタワ、モントリオール、ボストン、ニューヨーク、フィラデルフィア、ワシントンＤＣ、セントルイス、ニューオーリンズ、ヒューストン、ロサンゼルスと北米、カナダを一周する旅行であった。この旅行は、それぞれの団員が、自己の研究テーマに沿ってその研究施設、機関を視察して研究成果をまとめることと、日本青年の親善使節（Japanese Youth Goodwill Mission）という二つの側面を持った旅行であった。

私は、井岡君の堪能な英語力に助けられながら、シカゴでは、ジェーンアダムスが設立したハルハウス（セツルメントハウス）、ニューヨークでは全米共同募金会、ミルウォーキーでは市の共同募金会を実際に訪問し、いかほどかの献金をしたことが大きく地元新聞に報道された。また、シカゴではボーイズクラブを訪ねたが、その施設は寄付で、豊富なプログラム、指導員がボランティアであることに驚いた。こうした経験が、私がボランティア活動を評価する基調になったように思う。

この時期の私的な事柄に触れると、私は、一九六三（昭和三八）年三月二日に結婚した。いろいろな事情で双方の親からこの結婚に反対されたが、職場の同僚や関事務局長の支援で、神戸ＹＭＣＡのチャペルで結婚式を挙げ、会費制の祝賀パーティを開いていただき、生涯忘れえぬ感謝の日となった。翌一九六四（昭和三九）年一〇月には男児の双生児が生まれ生活は極貧状態に陥った。その双生児はそれぞれ結婚し、私はいま五人の孫に恵まれている。

3　社協の在り方の模索と労働組合の結成

一九六三（昭和三八）年一二月、兵庫県社協の職員はほぼ全員の参加を得て労働組合を結成した。この労組は、日本社会事業職員組合で原則個人加盟の形をとっていた。この労組結成に当たっては理事者側からの攻撃を想定して、誰に攻撃があっても組合員全員が団結し対処するために血判書のような誓約書を全員が提出したのを憶えている。それほどの緊張感をもって結成した。初代執行委員長は私、書記長は野上文夫氏といった若手が前面に出て引っ張っていくことになった。

労組結成の最大の原因は、給与の設定、ボーナスの算定根拠が不透明であったこと。人事処遇が不明確であったこと、特に、会長の意向で採用された社会教育関係の職員が週一回程度の出勤で一人前以上の給与を取っていることや人員配置の一つひとつが県の承諾を得なければならないことなどへの不満が労組結成につながった。

その後、労組運営については、大阪府社協職員労組から多くのことを学びながら進め、他の職域にも労組員拡大のオルグ活動を積極的に進めた。

また、労組活動は社協の在り方をめぐる理論武装の場でもあった。社協が住民の福祉ニーズを基調にその解決のためにどのような活動をどのような方法で展開するかなどを学習する機会をたくさん持った。

社協の綱領ともいうべき社協基本要項が前年に公表され、社協活動は地域の住民が主体となり推進するという「住民主体の原則」が提起されたことを非常に新鮮に受け止めたことを思い出す。この社協基本要項の理念も労組学習の最大課題の一つであった。

労組結成は役員からはかなり根強い批判があり、朝倉斯道会長は最も先鋭な批判者であったが、常務理事・事務局長の関外余男氏はこの動きを寛容に受け止めていただき、批判者の防波堤にもなっていただいたと思っている。

私自身は労組活動が面白く、二期目の委員長は篠崎紀夫君に引き継ぎ、私は中央執行委員会の副委員長として二期四年間「奮」闘した。

4　社協理論の学習と実践

先にも述べたように全社協が発表した社協基本要項は社協の綱領というべきものであった。

この基本要項は、一九五八（昭和三三）年頃から動きが見られ、全社協地域組織推進委員会では一九五九（昭和三四）年から策定作業にとりかかっていた。その後丸二年の研究討議を経て正式に役員会で採択されたのが一九六二（昭和三七）年三月とされている。それまでに全社協は「基本要項起草委員会」を設け、広く学識経験者などの意見を集約し、さらに一九六〇（昭和三五）年夏、都道府県社協組織担当職員研究協議会を山形で開催し、「市町村、郡、府県各段階社協の相互関係及び住民を主体とする活動の在り方」を実際の山形県の実態について四日間にわたり研究しその成果をまとめ基本要項策定の資としたのである。

この綱領の基本となるものは次のようなものであった。

第一は、「住民主体」の原則を打ち出しその後に展開される地域福祉の基本原理を確立し、社会福祉理論の発展に寄与する。

第二に、社協の主たる機能を明らかにする努力によって、方法論としての地域組織化について広い合意の上に定義した。

第三に、社協組織の基本単位として市区町村社協を位置づけ都道府県、全国社協との系統的関係を明らかにした。また、市区町村社協の組織構成、活動の在り方、および社協財源の基本を示した。

第四に、問題別委員会の在り方、公私協力の進め方、運動的推進方策の原理を打ち出した。

第五に、社協の事務局、特に市区町村社協の専門職員設置の方針を明らかにした。

私は、他の同僚と共にこの基本要項の原理を深く学ぶよう努力した。

兵庫県社協は、子ども会の育成、老人会の結成促進などの力を入れていたがその講師として神戸女学院大学の雀部猛利先生、また、関事務局長が尼崎市社会保障審議会の委員をされていて、その委員長が関学大教授の竹内愛二先生であったことで、関事務局長から調査や資料収集などを命じられ、何回も竹内先生の研究室やご自宅に伺がった際、研究書をお借りし、また、口頭で教えていただいたことなどが、私の研究心を大いに刺激したと思っている。

竹内愛二先生からは研究室にお伺いするたびにコミュニティ・オーガニゼーション論を聞かされその原書などもお借りした。しかし原書は結局読まずお返ししたものだった。

その後、翻訳されたマレーロスの『コミュニティオーガニゼーション論』なども読み込むことなどで地域福祉に理論的にも少しずつ接近できたのではないかと思っている。

5　自らは社協活動の「どこに」力を注いだのか

①　社会問題の調査

兵庫県社協は、県民の社会福祉問題の調査に力を注いだ時期があった。日本は昭和三〇年代後半から経済の高度成長に合わせて過密・過疎問題が顕著となり、過疎化現象が激しく進んだ郡部地方では農業の担い手が高齢者や主婦となっていった。そうした中で農村主婦の労働負担は増えその健康問題は深刻となっていった。そこに目をつけて農村主婦の健康・生活問題の調査を一九六六（昭和四一）年から始めた。最初は氷上郡山南町、続いて美方郡美方町などで実施した。特に、美方町調査結果は大きな社会的反響を呼び、農村主婦の健康保持は喫緊の問題として県政も注目した。この調査活動を主導したのは、当時の社会福祉部地域課長の野上文夫氏であった。

②　公害への取り組み

一方、過密地域、いわば、高度経済発展地域と言われる瀬戸内工業地帯では経済発展の影の部分とした公害発生問題があった。

私は、一九六一（昭和三六）年に地域課長になったこともあってこの問題を取り上げることにした。兵庫県社協は、その年度どんな活動に重点を置くかを掲げる「全県的強調事項」を設定しその推進に力を入れてきたが、一九六七（昭和四二）年の全県強調事項に「公害から住民の生活と健康を守る運動」を掲げた。

これを全県的な強調事項に設定するには多くの困難が伴った。その一つは、瀬戸内の市町村が経済の高度成長を強力に推し進めている中で、その社協がその政策に水を差すようなことはできないとする意見。二つには、公害は「福祉の問題にあらず」とする意見。三つには、公害問題に取り組むには社協はあまりにも非力であるとする意見などであった。こうした意見が強いことはあらかじめ想定されたので地域課では県内郊外の実情の調査や公害発生地域の踏査などを行って資料をまとめ、地域部会で論議を重ね、遂に理事会で論議いただき決定した。この決定に基づいて、公害被害に関わる活動を始めた。

活動の一つは、公害白書の作成であった。すでに、資料収集や公害発生地域の踏査などでその深刻さを把握していたので、それを社会に明らかにするために兵庫県社協版「公害白書」の作成を進めた。その中心は私と同僚の沢田清方くんの二人が中心となって進めた。

その二つは、地域社協の公害問題に取り組むことを想定した職員の研修会の開催であった。公害問題は必ずしも県内の多くの市町社協の合意を得たものではなかったので成功するかどうかは確信が持てなかったが、開いてみると予想以上の出席者を得た。この動きに、地元の神戸新聞が関心を持ち報道してくれたことも心強かった。また、兵庫県社協の機関紙『社会の福祉』でも公害問題を掲載し世論を喚起したと思っている。

その様子は、全社協発行の『住民主体の地域福祉活動』（一九七一（昭和四六）年一二月刊／日本社会事業学校連盟編）に私の論文として詳しく掲載している。

③　兵庫県内社協の発展の方向を提示

一九七一（昭和四六）年は、社協発足二〇年を迎えることになる。この二〇年を節目として社協の発展方向を提示することの必要性を強く感じていた。すでに一〇年前には社協の基本要項が策定され、その後の地域福祉活動やコミュニティ・オーガニゼーション論の研究成果などが蓄積されていることを踏まえて、さらに大きく一歩をステップする方向の提示は県社協の役割と考えていた。その方向に向けて作業を進めた。

この発展方向をどこでどのようにオーソライズするかである。一九七一（昭和四六）年度の兵庫県社会福祉大会は六月一日に神戸国際会館で開催され、この大会で決議をすることとなる。その概要は次に示すとおりである。

その方向付けの草案は地域課長であった私が作成した。その草案を課内で論議し中身を深め、それを常設機関である地域部会でもみ、その結果を理事会で決定した。それを第二〇回兵庫県社会福祉大会で決議することとなり、「社協基本大綱」として提案し、原案通り決議された。

その内容の概要は次の通りである。

【社協基本大綱】

（一）コミュニティづくりを目指す

地域住民の生活の場であるコミュニティは、地域住民の主体的な働きによって築かれるものであり、その目標は、すべての住民が健康で暮らしやすい、だれもが納得できるコミュニティとすることである。具体的には、

① 地域住民あるいは階層別のニーズを把握することに努める
② 緊急を要する問題には早急な対策を講じる
③ 地域の住民運動と協力関係を創る
④ 組織の強化と運営の民主化を図る
⑤ 自主財源の強化を図る

（二）住民主体の実現を図る

課題解決の活動でどれだけ住民の総意や力が民主的に発揮されるか、また、地域の民主化をどう図るかが大切である。

①　住民自らが問題を出し合い、話し合い、実践していく
②　福祉教育の推進を図る
㈢　地方自治を支える力を目指す
「住民の住民による地域社会づくり」を目指す社協は地方自治体と無関係に活動をすすめることはできない。地方自治の拡充強化も住民の力によって行われるべきであり、社協は、その地方自治を支える力になるべきだとした。

（註）この基本大綱草案作成で最も注意を払ったのは、簡便にわかりやすく表すことである。または、簡単な注釈で「成程」とその趣旨が理解されやすいものとすることである。初代会長の朝倉斯道氏はジャーナリストでもあったので、社協が意思表示するものは小学校六年生でもわかる表現方法を採れ、と戒められてきた。「書生気質の文章など糞の役にも立たない」と教えられてきたのが今も私の頭に染み付いている。

この基本大綱をより具体化するため、その後、第一次の社協発展計画を発表することとなった。その発展計画は以降数次にわたって策定され、市町社協の指針となったと思っている。

この社協基本大綱とは別に、県社協は県内の慈善事業、社会事業、社会福祉の発展に尽くした先人の功績を紹介した『福祉の灯』を発刊した。この発刊は大変な労力を要した作業であったが、

施設部長であった野上文夫氏が主導して作成した。この功績は大きい。

（註）「誰が何をしたか」を記述する方法は今まで避けてきた。それは誰ということなく「課」で、「部」であるいは「部会」でというように個人の功績ととらえられる記述は避けてきたが、今回は自分が主体的に関わった事項については明確に「私が」ということを記述した。そうでないと今回の出版趣旨に合わないからである。

④　阪神・淡路大震災と兵庫県社協の対応

一九九五（平成七）年一月の早朝に発生した阪神・淡路大地震は、未曽有の被害をもたらした。一般の被災者救援の状況は多くの機会に発表されているので、ここではそれを省略して、兵庫県社協が採った緊急対応の様子とそれにかかわった私の動きに絞って記述してみたい。

その一つは、兵庫県社協事務局の体制を通常の体制から、震災救援用の体制に切り替えたことである。各部局を震災対策プロジェクトと総務関係の二つに分けて臨んだ。この二部体制にしたことで様々な地域の動きに迅速に対応できた。

その二つは、被災地域をその周辺から囲いながら救援活動を展開する方法を採ったこと。この方法は、大阪府社協、全社協の救援戦略として機能したもので、兵庫県社協はこの救援戦略を受け止められる状態を築いたこと。

その三つは、的確な情報発信で被災地の救援活動を有機的に結びつけたこと。

その四つは、救援ボランティアの活動調整と、この外部から駆け付けた救援部隊から徐々に地元の立ち上がる動きに引き継いでいくことであった。

私は、県社協の事務局長であると同時に、震災後直ちに立ち上げた「阪神淡路大震災社会福祉復興本部」の事務局長でもあったので、いろいろな動きに迅速に対応し決断をしなければならず、その状況判断を誤ることは許されないと思っていたのでストレスはかなり溜まっていたと思うが自覚は無かった。三木眞一会長や福富佑吉常務理事の指導・指示が的確であったことや、細部は私に任せていただいたことなどがストレス軽減につながったようである。また、全社協の和田敏明地域福祉部長からは全国的な動きを俯瞰した情報の提供や指導を受けたことも大きな力となった。

⑤　韓国との交流の船の企画実施

一九八七（昭和六二）年度から始めた洋上セミナーと国際交流は何を目指したものであったかを明かしたい。

洋上セミナー開催のきっかけは、社会福祉法人・施設長のセミナーを神戸港から鹿児島県指宿港までの洋上で開催したことがきっかけであった。逃げ場のない洋上でないと、受講者である施設長などは二日目には半数以上がいなくなるからである。

この規模をもっと広げて、しかも参加層も厚くしたセミナーを企画してみたいというのが最大の動機といえた。

なぜ、隣国の韓国との交流に主眼を置いたか、ちょうどその頃、上坂冬子さんが著した『慶州ナザレ苑』という本を読んで大変印象深かったのを思い出し、そことのコンタクトを試みた。一九八六（昭和六一）年にそのナザレ苑を訪ね、理事長の金龍成氏や常務理事の宋美虎氏と話し合った。そのとき私に同行したのが総務部長の後藤一男君であった。金理事長から交流するのであれば慶尚北道社協がよいのではないかと紹介されたのが同社協の理事長であった千特勲氏であった。こうした段取りをつけて翌一九八七（昭和六二）年度に韓国との交流の船を出すことになった。その後何回かの交流の船を出したが、参加者数は社会福祉法人経営者・施設長、施設職員など三〇〇～四九九人と大訪問団となった。のちの交流船事業の企画運営は後藤一男君が取り仕切ってくれた。私は、この事業を次のように位置づけている。

一つには、「近くて遠い隣国」と言われていた韓国の社会福祉関係者と大きなつながりができ、その後、兵庫県内の特別養護老人ホームや児童養護施設などが韓国の施設と交流を持ち発展させているなど民間の親善外交を進めたと思っている。

二つには、金龍成理事長や宋美虎常務理事が社会福祉夏季大学や福祉セミナーに出講していただいて韓国の社会福祉の状況・ナザレ苑での困窮日本人の救済などの状況を聞き理解を深めたことである。

三つには、韓国保健福祉部（日本の厚生省にあたる）の日本における窓口になり、研究者や行政関係者の交流のコーディネート役を果たすなど兵庫県も一目置かざるを得ない立場を作ったこと、ではないかと自負している。

（註）この企画に要した財源はどうしたのかと危惧されるが、例えば、日本丸をチャーターすると一日一五〇〇万円、四日で六〇〇〇万円となる。後藤一男君などの奮闘で四〇〇人の参加者を募ると、一名の参加費二〇万円で八〇〇〇万円の粗利益となる。兵庫県社協は持ち出し無しでこの事業を実施したことになる。

⑥　社会福祉政治連盟の結成

私は、一九七八（昭和五三）年四月に総務部長に就任した。その時、県社協は「金欠」状況で余分のお金はほとんどゼロに等しかった。その四年後の一九八二（昭和五七）年一〇月に二代目会長の関外余男氏から三代目会長金井元彦氏にバトンタッチされた。その際、関前会長に支払う退任慰労金（僅かな金額）を捻出するすべもなかった。

兵庫県社協は、一九六一（昭和三六）年頃に兵庫県との間で「人件費補助協定」を結んでいた。一〇〇％補助職員二名、五〇％補助職員五名、その後、国庫補助職員となった福祉活動指導員職員への補助など人件費補助は固定化されていた。兵庫県は、この補助協定を一寸たりとも崩そうとせず、前会長の引退慰労金などもってのほかという態度であった。事務方の交渉は行き詰まりでどうにもならない状態であった。私はこの状態を県会議員の重鎮であった鷲尾弘志氏を訪ねて訴えた。鷲尾氏は「県社協の状態は理解するが、県社協は『西瓜』やからなー」との言葉、「先生、西瓜とは何ですか」と私、「西瓜とは外見は緑だが、中は真っ赤かということや」「政治力学からいうと、選挙される者は票になるかならないかで物事を判断する。西瓜は票にならないからな」と言われた。このやり取りを当時、総務部次長の後藤一男君などと相談し、兵庫県社会福祉政治連盟という政治結社を立ち上げることにし、金井会長の了解も得た。

この政治連盟には県内の社会福祉法人経営者・施設長など予想外に多くの加入があった。

この動きに社会福祉・保育労働組合兵庫支部県社協分会は強く反対したが数度の団体交渉の末、労組は革新政党を、政治連盟は自民党を支持するという住みわけで決着した。

政治連盟は、その後の兵庫知事選、地方選に自民党を支持する政治戦を派手なパフォーマンスを展開しながら戦った。社会福祉政治連盟より少し早く兵庫県保育政治連盟が結成されていたので、選挙戦はこの保育政治連盟と共同で闘った。この保育政治連盟は、県保育協会の西川全彦会長が主導しておられた。

こうした経過を経て、3年後、鷲尾県議を中心に県議会自民党有志による「社会福祉議員連盟」を立ち上げていただいた。この議員連盟は、保育予算の増額、市町社協ボランティアコーディネーター（人件費）設置費、県社協補助金の増額などを進めていただいた。県当局は、この動きを嫌がった。

私が県社協を定年退職する前年、兵庫県知事は三木会長の辞任を要求してきた。三木会長の後任人事が決まっていたからではないかと思うが、三木会長からそのことを打ち明けられ、私は、議員連盟の鷲尾会長、伊田宏副会長を訪ねた。兵庫県社協の会長人事は理事会が決める事項で知事が決める事項ではないこと、三木会長は、全社協の副会長でもあるので知事の一方的な意向で決めることではないことを訴え、鷲尾、伊田両氏に納得していただいた。その際、鷲尾議員は「塚口君が言うことはもっともだ、この知事の意向は潰す」と約束していただき、この知事の案件はつぶれた。

私は、部長時代までは、社協そのものの問題に取り組むことができた。しかし、事務局長時代に入ると、震災復興対応、県社協の主体の保持・発展という県社協の活動・事業推進の第一線が行政等の干渉や不当な指示などで自由な発想が歪められることがないよう、また、活動企画を県の顔色を窺いながら立てるといったことのないよう、まさに自由な環境を保持することに注力したつもりであった。県社協の同僚や県内の社協関係者がどのように評価しているかは分からない。

6　自己評価

四〇年に亘り社協職員として働き、そのうち、今まであまり触れなかった活動・事業の一端を述べてきたが、これらを通しての自己評価を次のようにしている。

その一つは、住民の福祉ニーズは、いつの場合も活動の基調に据えることを外さなかったと思う。県社協が公害問題に取り組んだ時も、県社協、市町社協関係者の多くは、批判的であった。住民にとっては一刻の猶予も許されない深刻な状況を見逃すようでは住民と共に歩む社協の名折れだと思った。この姿勢が社協の矜持ではないかと思い、今も強く思っている。

二つには、事務局長という立場は、社協を取り巻く環境を、職員が自由闊達に活動できるものにしていく任務を背負っていると考えた。そのため、「塚口は変節したのではないか」との批判も甘んじて受けてきた。職員が地域福祉の在り方やその方向を自由に思考し実践に移していける環境を保持することこそ、社協が新たな地域福祉の方向を提示し、また、住民の暮らしを守っていける新たな福祉の在り方を開拓できるのではなかろうかと思ってきた。県社協が、一九七九（昭和五四）年頃から在宅高齢者や障害者の生活苦や自立困難にあえいでいる状況を察知し、そこに支援の手を差し伸べようとする在宅福祉の在り方を開拓していった姿勢はその好例である。その中心になって頑張った沢田清方君（故人）が、「新たな試みが実行できる環境は社協に不可欠だね」といった言葉は私にとって最高の褒美だと思った。

三つには、社協は行政からの過剰な干渉や支持を排して民間福祉の主体性を発揮することは社協活動の原点であると思ってきた。この民間性を存分に発揮し、行政の視点では捉えられない福祉問題にアプローチしてこそ福祉行政にとっても歓迎すべきことではないのか、この民間視点と行政視点が上手に統合されてこそ、地域福祉は生きたものになるのではないかと考え、県庁の関係者とも（敬遠されながらも）論議してきた。こうした状況が公私協働の姿ではないかと考えながら。

【参考資料】
編集委員編『第三回日本青年海外派遣団報告書』昭和三七年三月　中央青少年問題協議会
編纂委員会編『地域福祉の歩みⅠ』昭和五七年三月刊　兵庫県社協
編纂委員会編『地域福祉の歩みⅡ』平成三年六月刊　兵庫県社協
編纂委員会編『地域福祉の歩みⅢ』平成一三年一〇月刊　兵庫県社協
塚口伍喜夫著『地域福祉の明日を拓く』平成一〇年五月　兵庫県社協

第4章 私の社協人生を振り返る
――自負の念・自責の念――

明路咲子

1　兵庫県社協入局まで

(1) 平凡な生い立ち

一九四三（昭和一八）年九月、私は公務員の父と専業主婦の母の次女として神戸の須磨で生を受けた。二歳年上の姉、三歳年下の弟の五人家族という平凡なサラリーマンの家庭で育った。大人しく何事にもきわめて従順だった私は、親戚や教師、近隣の人たちなど周辺の大人の間では「いい子の咲ちゃん」でとおっていた。家庭でも学校でも、真面目で勤勉な両親や教師に逆らうこともなく、そういう環境に大きな不満を持つこともなく、また何かを疑うこともなく小、中、高校時代を過ごし、大学へと進学した。表面的にしか過ぎないが「いい子」でいることが身についていた。さほど裕福とは言えないが、親に見守られ、穏やかで幸せな環境のもとで育ってきたと思う。父は仕事人間であったが子煩悩で我が子には優しい人であったし、母は芯が強く父が子どもに甘いぶん、私たち子どものしつけには厳しい面があった。お互いに役割分担しながら、私たち子どものためにできうる限りの愛情をもって育ててくれたと感謝している。

　そんな両親に対して唯一私の中に長くくすぶっていた負の思いがある。それは両親、殊に父の中に時々かいま見る他者に対する偏見の態度、姿勢、意識である。その偏見、差別感はあからさまではないが、私にはかすかに感じられて、それは子ども心にも決してよくないことであり、それを感じる時は居心地が悪く、恥ずかしいことだと思っていた。両親が亡くなった最近になって姉に話してみると「そうかなあ……」とあまり気にした様子はなかった。


　こんな棘のような思いが鮮明になってきたのは、結婚後に義母から様々な話を聞いたり、また夫と子ども時代の様々な出来事や思い出を語り合ったりしたことからである。義母のおおらかな他者への想い、自由さ、思いやりの精神など偏見や差別を感じさせない言動が新鮮だった。開放的な夫の家庭と、堅苦しく閉鎖的で窮屈な私の家庭とに大きな違いを感じた。

　このような両親へのマイナス感情が社会的な関心や問題意識を強く持つこともない、平々凡々な成長過程の中で抱いた小さな疑念である。私に社会や環境に対する問題意識があったかと問われると、これくらいのことである。

(2)　いい子から脱却

幼稚園、小学校、中学校と高校一年生までは常に姉（Y子）と一緒の道をたどったため、いつもどこでもY子さんの妹と言われていた（本人たちは言われることに辟易していたが、他人から見ると二人はそっくりだったらしい）。姉の高校卒業後の二年生頃から私は自身で主張することを始め、大学も姉とは違う方向を選んだ。

一九六二（昭和三七）年、私は地元の神戸大学教育学部に入学した。入学式の新入生勧誘のマンドリンクラブの演奏を聴いて即入部を決めた。その後四年間は勉学よりもクラブ活動にのめりこむ生活で青春を謳歌した。初めて手にするマンドリンという楽器は弾くことも楽しかったが、そのグループが魅力的だった。北海道から九州まで全国各地から入学し集まった一〇〇人を超える音楽好きの部員仲間（全学部の学生で構成されていた）は、それまで神戸という狭い世界（ほとんど神戸で成長した）にいた私には新鮮であった。高校時代にはなかった自由さと開放感を味わい、そんな世界や空間、繋がりが面白くひと時もその集まりから離れたくなかった（腕前の方はサッパリでビリのレベルだったが……）。

そして本来力を注ぐべき勉学は最低限の時間しか割けなかったが、それでもそれなりの成績を修め、数種類の教員免許は取得した。しかしクラブ優先だったため高校時代から欲しいと思っていた司書資格に必要な授業を受講する余裕がなく、司書資格は諦めざるを得なかった。その取得は卒業後二年間務めた小学校を退職後、桃山学院大学の夜間コースに通学しようやく叶うことになった。

(3)　マンドリンの縁

人生の不思議な縁だと思うことは県社協に入ることになったきっかけである。

卒業後もクラブの友人たちとはよく会っていたのだが、そんなある日のこと、司書採用のニュースを友人が教えてくれたのである。学生時代に取得を諦める原因となったマンドリンが、資格を活かせる職場「県社協」に繋いでくれたのだった。

その場にいた友人の知り合いが司書の有資格者を探していた。一九六九（昭和四四）年の秋であった。兵庫県社協資料室の司書の後任として、急遽一〇月からアルバイト、翌年四月から正規採用されるらしいという情報だった。

数日後に当時の資料室を管理運営する調査広報部長だった湯川台平氏の面接を受けた。さらに当時の地域福祉課長塚口伍喜夫氏の面接も受け（ご本人はまったく記憶にないとのこと）アルバイト採用が決まり四月には本採用になった。

不思議なことに本業の勉学にはあまり真面目ではなかった私を、学生生活の大半を費やしたクラブ活動が、〝半生をかけて育ててもらった県社協〟に私を繋いでくれることになった。資格を取り損ねたのもマンドリン、資格を活かせる職場に導いてくれたのもマンドリンが縁だったとは、無為無策で好き放題に過ごした若かりし日々の行いもまんざらでもなかったかと思う。

採用条件が司書の有資格であったことだけが私には救いだった。頭の片隅では公共図書館か大学図書館で資格を活かしたいと考えていた。しかし、面接時に目にしたまだ未完成の専門図書館のような小さな資料室が、苦労して得た資格を活かすことができる場なのだとわくわくしたことを覚えている。地域とは？　コミュニティーとは？　福祉とは……その用語の一つひとつが私の中で初めて登場したものであり未知の世界だったにもかかわらずである。

2　地域福祉の世界へ

(1)　多様な仕事内容

アルバイト時（一九六九（昭和四四）年一〇月）の仕事は資料整理が中心であったが、一九七〇（昭和四五）年四月から本採用になり調査広報部の正職員になると、主たる担当の資料室業務（資料整備）はもちろんのこと、その他の調査広報部が担当する事業の多くにスタッフとして関わることになった。主担当以外の業務には時間制限や締め切りなどがあり、毎日追われる仕事であるため、資料収集、整理や積極的な情報の提供は次第に後回しになっていった。

当初は資格を活かせる喜びで有頂天だったが、実際には調査広報部が担う出版、広報、調査研究、夏季大学などほとんどの事業にかかわることとなった。それらは期限がついて回る性格の事業であったため主担当である資料整備よりも優先されることが多かった。自分の中でもいつの間にか仕事の優先順位が逆転していたのである。

未整理の何万という資料を活用できる状態にどう持っていくのか、これは本気で資源（金、人、時間）をつぎ込まないとできるものではなかっただろう。

本気であの量の図書や資料を使えるように整理し、有効な形で提供し、ひろく役立てるためには、整理目標を定めた長期整理計画を立てないと片付かない問題である。

しかし、新人職員としてはその覚悟を示す力もなく、県社協調査広報部（後の社会福祉情報センター）の多様な業務にかかわりながら、当面は目前の新着図書や資料を整理することを目標として取り組むことに慣れていったように思う。

それでも、このような司書としての仕事は嬉しい反面、県社協の中では他の業務とは異質な仕事であり（社協では別物）、資料整理の担当者としての私は一人黙々とかたづける中で孤立感を味わうこともあった。

しばらくして神奈川県社協でも資料室担当の司書Ｏさんがおられることが分かり、連絡をとって交流が始まった。社協の情報関係業務に関わる数少ない方だったので、社協では特殊な業務にかかわる者同士、相談に乗ってもらったり情報交換したりと仲良くしていただいた。その後東京都社協のＳさん、Ｈさんとの繋がりも生まれ、退職後の今日まで三人の方との交流は続いている。

また、日本生命済生会社会事業局や鉄道弘済会の資料室とも交流が生まれ、同じ仕事に関わる方々との関係は心強く思ったものである。

① 社会福祉資料室を中心に

《社会福祉関係図書の分類整理》

一万数千冊の図書は日本十進分類法（ＮＤＣ）に従っておおよその分類整理はできていたので、新刊書や未所蔵の図書を寄贈依頼したり購入し、分類し、目録カードを作成し、図書にラベルを貼って、所定の書架に配架する作業が入局時の仕事の主たるものだった。

図書の分類にあたっては、開室当初から日本十進分類法（ＮＤＣ）が採用されていたが、社会福祉分野はＮＤＣの分類規定では大雑把過ぎて工夫が必要となった。特に地域福祉に関しては、その項目がＮＤＣにはなく地域福祉や社会福祉協議会という用語は影も形もなかったので、必要に応じて新たな地域福祉関連の用語を追加し分類を展開していった。その後、この兵庫県社協版分類規定には、地域福祉の進展に伴って新規用語が次々と追加され、増加していった。

《蔵書目録（三〇〇ページを超える冊子）の作成》

社協レベルでこのような目録を作成したのは初めてのことであったと思う。その後毎年追加の目録を作成発行した。

《検索カードの作成、整備》

閲覧、検索用として資料室としての体裁を整えた（図書カード、分類カード等）。

《資料の集積・整備・充実》

上記の図書以外に、研究報告書、調査報告書、活動事例集、活動ガイドブックなど小冊子は推定二万点を超え、雑誌・紀要や機関誌、リーフレットなどが山積みになっていた。県社協が持っていたものに加えて、資料室の存在を知った篤志家からの貴重な寄贈などで所蔵数は増えていった。さらにその上に新たな資料を収集し整備・充実することは、今にして思えば気が遠くなるような作業なのに、よく希望を持って仕事をしていたと思う。

しかし調査広報部（後の情報センター）のこのような多様な事業にかかわれたことは、地域福祉や社協について学ぶ最良の機会であった。

情報センターが担う事業（資料室、広報活動、出版活動、調査研究活動、研修活動）はどれもが情報を扱い、情報を収集することから始まり、情報をアレンジし、情報を提供するメディアを駆使し、幅広く伝えているのである。担当者にとって学習の場にならないはずがない。資料整理は時間ができた時に手をつけるかたちとなり、毎月締め切りがある「社会の福祉」発行と送付、出版、夏季大学（研修）などの仕事を片付けることに追われた。

②　機関紙「ひょうごの福祉（旧社会の福祉）」へのかかわり

当時の「社会の福祉」の業務は手作業そのものだった。特に発送にいたっては、今日のようにパソコンで住所録を入力すればラベルや封筒など何にでも簡単に印刷できるという便利なツール（道具）はなく、私が最初に教えられたのは宛名ラベル大のガリ版刷りで、機関紙を巻く帯封に一枚ずつ印刷するという家内工業。いつの頃からかパソコンが導入されラベルに印刷し帯封に貼る方法、次にパソコンから帯封に直接印刷と進化していった。ガリ版刷りで手を汚すこともなくなった。

取材や記事の原稿執筆も回ってきた。機関紙「ひょうごの福祉（旧社会の福祉）」に関わると日々の〝追いかけられ感〟が拭えなかった。

主たる担当業務よりサブ担当業務が優先されてしまうことが多々であった。資料整理計画と人手をかけることの必要性を県社協全体の認識にすることが必要だったにもかかわらず、時代とともに社協に求められる現実の課題の方が大きくなり、それらの課題にのみ込まれていった感がある。

③　福祉教育（協力校関連）や夏季大学などへのかかわり

兵庫県社協では一九七八（昭和五三）年に始まった全社協指定「学童・生徒のボランティア活

動普及事業協力校」事業にも担当者として携わり、福祉教育への理解を深めるために小学校を訪問したり、「福祉教育をすすめるつどい」を開催して福祉教育の展開に一生懸命になった。大学卒業後二年間小学校に勤務したこともあり、小学校を訪問し先生方と話せたことが嬉しかった（福祉教育を理解してもらうのはなかなか難しかったが……）。

(2) 他部署の仕事（福祉部・人材センター・研修所・権利擁護センター）

繰り返しになるが司書資格者の後任として採用されたため当初は調査広報部（資料室）勤務だったが、三〇年も在籍していると総務部、生活福祉資金、ボランティアセンター、施設部以外の部署を経験することになった。

最初の異動先は社会福祉研修所そして情報センターに、次に地域福祉部、人材センターを経験し最後は情報センターに戻った。情報センターでの最後の二年は権利擁護センター兼務だった。三〇年にわたる在職期間のほぼ三分の二は情報センターにいたことになる。県社協での私は情報センター（資料室）に始まり情報センターで終わった。

県社協にいる限りはずっと情報センターの仕事に従事したいと考えていた私は、異動人事には抵抗した。しかし、そんなことが通るわけはなく（泣く泣く）各部を経験することになった。結果的にそのことで私は育てられた（育て甲斐がなくて申し訳なく）と今は感謝しかない。社協の職員であれば、地域福祉最前線である地域福祉部勤務を望むだろうが、私は地域福祉部も社会福祉研修所も福祉人材センターもいつかは、情報センターへ戻るためのプロセスだった。

だから、私の中に強く残る県社協での事業や仕事内容は情報センターがらみのことばかりである。しかし、どの部の仕事に共通して残るのは、県社協職員（上司、職員仲間）、地域社協のワーカーさん、都道府県社協のワーカーさん、ヘルパーさん、研修生の皆さん、施設長さん、施設職員の皆さん、民生委員さん、そして情報センターの利用者などなど社協事業を通してかかわった人々との出会いである。地域福祉への熱い想いをもって励むこれらの方々にはいろいろ教えていただくことが多かった。個性あふれる人々との関係は良くも悪くも印象深く、忘れられない。退職後の教員時代にも学生の社協実習や研究活動などでお世話になった。感謝の想いしかない。やっぱりコミュニティワークは人ありき、繋がりありきだと思う。

3　情報の重要性と難解さを痛感

(1)　社会福祉情報センターの整備と福祉情報システム強化へのこだわり

①　社会福祉資料室の整備

資料室の整備はなかなか捗らなかった。図書の類は、前任者の仕事を引き継ぎ日本十進分類法（NDC）に基づいて分類整理した。しかし、社会福祉分野についてはNDCの分類では大まかすぎたため、ＮＤＣをさらに詳細な規定に改訂したものを工夫し運用した（兵庫県社協独自の社会福祉分類）。したがって、図書は何とかオープン書架に配架でき、貸し出しや閲覧など活用可能な状態であった。数多くはなかったが、学生やボランティア、研究者、社協職員、福祉施設職員、学校教員などが閲覧室で図書カードを検索し調べ物をしたり、閲覧をする光景を目にするのは嬉しいことだった。

戦前の社会事業雑誌、研究誌、紀要の類も製本し閲覧可能な状態に整えた。戦前の旧い社会福祉・社会事業雑誌のバックナンバーが揃っているところは数少なく、貴重な所蔵であった。戦前の「社会事業」（全社協刊・今でこそ復刻版が出ているが）などに関する照会や閲覧希望に対して書庫を検索して回り、求められた情報にたどり着くことは仕事冥利につきた。

整理作業で難解だったのは、三万点を超える大量の資料類である。調査報告書、研究報告書、活動の手引冊子、パンフレットやリーフレット、チラシなどの類は、形体も、大きさも、紙質もまちまちであり、これらを分類すること、現物を整理配架すること、増大する資料図書を保管することなど、どの作業も手間がかかることであり、言い換えると潤沢な金・人・時が必要だった。思い切った抜本的な手を打たない限り（県社協の予算では）片付かない問題だった。

整理過程のどこかで機械化するにしても最終的には多数の人材投入が不可欠だった。アルバイトやボランティアの援助も導入したが、かれらの手に渡すまでに私の下準備（分類等）が必要であり、遅々として進まなかった苦しい思い出がついてまわる。

それでも少しずつ整理の効果が目に見えてき始めた矢先に資料整備は行き詰った。

その理由の一つは私が異動で情報センターを離れたことである。異動で配属されてきた職員はどんなに優秀な人材でも簡単に引き継げる業務ではなかったと思う（資料整備は私一人で担当しており他の職員はそれぞれに業務を抱えていたので、資料整理の基本はアルバイトの方が詳しく分かっていた）。後任者とは少なくとも一年かけて引き継いでいくことが必要だったと今は思うが、到底無理だったこともわかる。

そして理由の第二は一九九五（平成七）年に起きた阪神・淡路大震災である。閲覧室の書架や書庫の図書、資料が崩れ落ち、足の踏み場もない散乱した状態のまま放置されることになった。時間の経過とともにある程度は元の状態に戻したが、未整理の多くの資料類の整理は中断してしまったのである。これは当時としてはやむを得ないことであった。

震災後の県社協では救援対応の職員体制が組まれ、私も福祉人材センター所属ではあったが情報センター業務（情報活動）にも従事することになった。事務局全体が通常業務ではなく震災時の緊急対応だったため、散乱した図書資料を書架に戻すことさえ後回しになり、なんとか書架に戻し閲覧室の体裁を整えられたのは一年を過ぎていたと思う。それも閲覧室だけで、書庫に置かれた大量の整理済み資料や未整理資料、雑誌、機関紙等はそのまま崩れ落ちたやま積みのまま置かれ、書庫は足を踏みいれる余地のない状態が長く続いた。

② 機械化への模索　パソコン通信（ふくしネットワークＨＹＯＧＯ）からホームページへ

県社協で長く情報活動に関係する仕事にかかわっていると、「情報は大切なのに情報に関する機能や活動は地味であり、苦労のわりに成果が見えにくい」ことを痛感することが多かった。必要な資源（金、ひと、場所）を注ぎ込まないとその効果は見えにくい世界なのである。そんなジレンマを抱えながら、これまで築いた全国に誇れる知的財産を維持し、より発展させなければという思いは持ち続けていた。

民間企業や大学の資料室が参加していた専門図書館協議会の研修には理論的な感化を受けた。分野が違う企業や大学などの図書館職員から学ぶことは多かったが、そのような専門図書館は財源も人材も大きな規模であり、機械化などの技術面でははるかに前を進んでおりレベルの差を感じることが多かった。

特に、時代の要請に応えるべく調査広報部が社会福祉情報センターに改称した（一九七八（昭和五三）年）後は、各種の資料（図書、資料等）を管理する資料室運営だけではなく、機械化を含めた今日的な情報発信の在り方を模索、検討する必要に迫られていた。

県社協の機能上、地域社協の活動や福祉施設の運営等を支援するための情報提供は担当部局が担っており、情報センターの主たる対象は県民や研究者、学生、ボランティアなどであり、幅広く開かれた情報発信の場としての位置づけであった（県の予算補助の名目が県民に開かれた情報センターという点にあったからである）。

しかし、加えて情報センターは事務局内の情報（レアで生きた動いている情報も、記録されたペーパー情報も）の共有化を進め、情報機能の一元化を図ることが必要であった。そのためにも機械化（ＩＴ機器の活用）を真剣に考える時期にあったのである。

当時の県社協では、ＩＴ機器（コンピューター）による情報活動は、技術的にも財政的にも人的にもこれといった決め手がなく、手探りというよりも踏み出せない状況だった。推進するためには体力的におよばずジレンマの時代が長く続いた。

そんな状況下、情報センターの社会福祉情報システム研究委員会（一九八八年〜一九八九年）の報告では、当面の目標として機械化（ＩＴ）も導入した「福祉情報システムの構築」を掲げ、毎年県へ予算要求を行っていた。

それが具体化し始めるのは震災後である。阪神・淡路大震災後には、ボランティアによるパソコン通信を使った情報ネットワークが効果を発揮したことから、県社協でも現実のものとして具体化の検討を始めた。

一九九六（平成八）年、研究委員会の見解を引継ぎ、まずはパソコン通信によるシステム「ふくしネットワークＨＹＯＧＯ」をスタートさせた。委員会が目標とした高度で複合的なシステムに移行（進化）させることを目指した。インターネットはまだ今日のように一般的ではなかった時代である。商用ネットワークの大手であるニフティサーブ上で情報システムをオープンした。案内欄、災害と福祉、ボランティア、兵庫県のふくし、ふくしネットワーク、ふくし情報資料室の七分野で提供したが、情報の追加や更新が進まず内容の魅力に欠け利用は低調だった。

その後、新たな情報発信の場としてホームページ開設については、立ち上げコストやランニングコストなど経費面や方向性などの検討を重ね、二〇〇〇（平成一二）年三月の開設にいたった。

長い時間を要したが福祉情報発信の機械化は、パソコン通信（ふくしネットワークＨＹＯＧＯ）の利用から始まり、ホームページへと進化を遂げた。社会福祉の分野における情報の必要性や重要性が認識されたことも事実である。二〇〇〇（平成一二）年には社会福祉法改正によって社会福祉の分野における福祉情報の重要性が示された。ようやく法律に明記される時代になったのである。

ところで、社協が行う情報活動は、研修会や講演会の実施、広報紙やパンフレット・リーフレットの作成、相談窓口の設置、情報の提供（レファレンス）、組織化、ニーズの把握など多岐にわたる。

そしてその情報活動の媒体は、活字（図書、資料、新聞等）によるもの、マスメディア（テレビ、ラジオなど）によるもの、テープやビデオによるもの、電話によるもの、コンピューター

（インターネット、データベース、モバイル端末など）によるものなど、使うメディアは多様である。ことに高度なコンピューター（通信）ＩＴ技術が急速に発達した今日ではさらにその多様性が拡大している。ＩＴの進歩は私が関わった頃に比べると隔世の感がある。

ＩＴの進歩と私の能力と県社協の財力（財政力）が揃っていたらもっと違った状況を生んだかもしれないと思わざるを得ない。ＩＴの能力が情報活動に寄与するところは圧倒的に大きいことは言うまでもないし、そこに財力が求められることも然りだからである。

しかし、知的財産である情報の集約、管理、発信について私が思い描いた形はこのようなもの（ホームページという手段・メディア）だったのかは今でも引っ掛る点である。県社協で知的財産として誇ってきた図書や資料、紀要、雑誌、機関誌などなど大量の情報源は今はどこかでひっそりと眠っている。陽の目を見ることがなくなった。「社会福祉情報センター」その名称すら残されていないという現実に言葉もない。

(2)　情報を記録として残す

兵庫県社協はこれまで多くの活動や事業を記録として残すこと、また時宜にかなう出版物を刊行するなどして、必要とされる情報を記録に残すこと（出版事業）にも重きをおいてきた。各部が事業や活動に関する冊子（ガイドブック）や書物を作成することは多くの社協が実施してきたことである。

兵庫県社協の情報センター（調査広報部）では、上記以外の数々の出版物を手掛けてきた。その多くは有料で販売され、自主財源確保の一端を担っていた。

私も数々の出版事業にかかわることになった。
・『福祉の灯―兵庫県社会事業先覚者伝』
県社協入職時には県社協発足二〇周年事業として企画が進んでおり、この壮大な出版事業の進捗状況（情報や資料集め、取材、印刷屋とのやり取り、校正作業等々）を身近で見ることで、出版業務の概要を学ばせてもらった。兵庫県における七十余名の社会事業先覚者の列伝は五六二ページに及び、一九七一（昭和四六）年発行がなった。
・『福祉の手引き』
民生児童委員改選年に発行。兵庫県内の市町社協、社会福祉施設、学校等リストや簡単な社会福祉知識を列記しインターネットなどない時代に貴重な情報源となった。
・『地域福祉の歩み―兵庫県社会福祉協議会三〇年史』
県社協三〇年の足跡をたどり記録した県社協の歩みの第一号である。この三〇年史の発刊が基本となって、その後四〇年史、五〇年史、六〇年史が継続出版されている（私は五〇年史まで編集や執筆に関わることができた）。

・『夏季大学講義録』

社会福祉夏季大学の講義を毎年出版物として発行したが、録音のテープ起こし、原稿の修正など労力と経費の限界のため第一三回（一九七四（昭和四九）年）で講義録作成は終了した。

・『地域福祉活動研究』

年一回、地域福祉の研究者や社協ワーカーに研究論文や実践記録を依頼したり、募集を行い編集した地域福祉活動の研究誌である。過去に全社協が同じタイトルの雑誌を刊行していたが休刊（廃刊）になったと記憶している。兵庫県社協では出版事業の一つとして一七号まで刊行した。編集委員は雀部猛利先生、小田兼三先生、高田真治先生であった。

数多くの出版物は情報センター（調査広報部）の担当する出版活動だったので、新米職員の頃から本づくりの作業に関わったり、ある時期からは執筆にも関わることができた。活動の手引書や調査活動や研究活動の報告書は、他部署でもその時代の課題、動きに応じて検討会や研究会の論議を経て作成された。

(3)　緊急（災害）時の情報発信

①　震災直後の情報発信

一九九五（平成七）年に起きた阪神・淡路大震災の混乱時には、情報発信や記録の在り方が問われることになった。経験したことのない未曾有の大きな災害時において、地域福祉の実践が試された時であったが、中でも社協が「どのように」「どんな」情報を適切に発信していくのかが問われる中、手探りの状態で情報発信を進めていった。

事務局も大きな被害をうけたが、震災一週間後には社会福祉関係を主とした被災状況や救援状況等を伝える「兵庫県社協震災対策ニュース」を発行した。当時、私は福祉人材センター所属だったが、臨時体制下では情報センター業務に関わることになった。とりあえず散乱した情報センターの机や椅子、電話などを使える状態にし、八木新緑所長のもと被災地の情報を収集し、ようやく1号の発行にこぎつけた。その後は支援活動やボランティア活動について伝えたニュースは三月の五四号まで続いた。自宅マンションが倒壊したため実家に居候していた私は、交通網がなかなか復旧しない中、乗り継ぎや徒歩などの通勤に疲れ果てて職場に着くとあれこれ不安が膨れ上がって涙がこぼれることもあった。さらに被災地社協との情報のやり取りがスムーズにいかないことも多く、崩れそうな気分の中でのレアなニュースの発行は三〇年の県社協勤務の中でも厳しい業務だった。

「兵庫県社協震災対策ニュース」は災害時においてその実態、現状や経過、救援活動などを伝えた恐らく県社協初めての緊急時対応であったが、その後、救援活動に奮闘する地域社協の姿を伝えるための情報誌『アシスト』に引き継がれた。

『アシスト』は若手職員のプロジェクトチームが被災地に入って歩きまわって掌握した生々しい救援情報を伝えた貴重な記録となった。県社協の情報活動のあるべき姿であったと思う。地域福祉情報は「歩いて稼げ！」である。

『アシスト』の構成は震災発生後の混乱の時期（一月、二月）、救援・復旧の怒涛の時期、自立支援・復興に向けた焦燥の時期、避難所の閉鎖から仮設住宅での暮らしの再建時期など、復興支援の活動を伝え貴重なコミュニティワークの記録となった。

その後『アシスト』は「社会福祉復興本部ニュース」に引き継がれた。

社協（県、市町ともに）にはこのように、緊急時に早急に役立つ情報を必要とする人々に伝えることが大切な役割としてある。しかし、社協としても自らも被災し混沌とした混乱時に情報を集めること、そしてその情報をアレンジし、早急に役立つ形で提供することは大きな困難を伴った。そのためには体制の充実、強化が重要な要であることを学んだのである。

②『大震災と社協』の出版

一方で先述したように情報は記録されること（残すこと）が重要である。大震災の事実、被災の現実、そこで起きた諸問題や出来事、救援活動、支援活動などの情報は記録に残すことが県社協には求められた。震災発生から一年近くが過ぎ、救援活動や復興活動の記録物はいくつか見られたが、県社協はこのような不測の事態に社協や施設など福祉関係者がどう対処し、どのような復興への道順を辿ったのか、どんな成果と課題を抱えているのか、今後想定される長い道程をどう乗り越えていくのか等々、断片的な情報を総合的に纏め、総括（検証、評価）することを目指した。

時間の経過ごとに情報を伝えると同時に、変化する状況や経緯、結果など情報を総合的にまとめ記録として残すことも情報活動として不可欠である。

震災後一〇か月が経った頃「震災の記録」を残す企画が決まった。震災後一周年（一九九六（平成八）年三月）の行事での公開（発表、お披露目）を目標としたため、慌ただしい作業となった。

企画は塚口事務局長の手帳に時系列に記された記録から始まった。混とんとした状況の中で誰が（どこが）どう動き、どのように進め、どのように変化していったのか、何を記録として残すべきなのか……。関係者が不測の事態に対してどう対処し、復旧、復興への道程を辿ったのか。その成果と残る課題は何か、その原因はどこにあるのか等々、様々な側面から振り返り残しておくことが必要だった。

基本的なスタンスは「社協の活動に視点をおくこと」「読みやすい記録にすること」とした。三一九ページにおよぶ本書の主部は、全国からの支援活動、兵庫県社協を軸とした活動、問題点や提言等の八章からなっている。

さらに①県外社協関係者による座談会「県外社協からの支援活動に学ぶこと」、②県内社協、福祉施設職員による座談会「緊急体制から復興に向けて」によって、被災時の社協や福祉関係者の救援活動、復興にむけての活動のあり方を総括した。そして市町社協や福祉施設関係者など救援、復興に関わった一六人の記録、災害救援活動シュミレーション、資料編を加えたことによって、多彩な充実した内容となった。

制作にあたっては随所で神戸新聞総合出版センターの協力があり、全体のレイアウトも洗練されたものになり、また写真やイラストが多用されるなど、私が県社協でかかわった出版物の中で、ビジュアル的にも勝ったものになった。

本書づくりのスタンスどおりに「社協の活動に視点をおいた記録」、そして「読みやすい記録」になったと思っている。

4　思いがけず踏み込んだ世界ではあるが

(1)　やり残したこと

私は一九七七（昭和五二）年、日本生命済生会発行の『地域福祉研究第五集』に「社会福祉資料の集積と情報サービス─兵庫県社会福祉協議会資料室の現状と今後の方向─」と題するレポートを掲載する機会を得た。資料室勤務六年目で当時の上司であった野上氏の勧めであった。社協職員は業務として機関紙や報告書、パンフレット作成などの様々な場面で原稿書きを求められたが、対外的に個人名でレポート原稿を書くことはこれが初めてだった。この時はまだ情報センターの将来への希望や展望を綴っていて、社協の置かれている立場や将来性について悲観していなかった若さが見える。

《レポートの抜粋（『地域福祉研究第五集』より）》

種々の情報サービス機能を完備した社会福祉情報センターの実現は、関係者の多くが願っているところである。しかし、焦ってはならないと思う。必要なことは、資料の集積と体系化の過程を地道に、着実に積み重ねそして、安定した受け入れ態勢の強化─それはとりもなおさず、「体系化された資料の集積」と「人」と「やる気」である─を図ることである。社協資料室としては、この体系化の過程を今確実に踏んでおきたい。

社会福祉の情報活動は、やっと一部で歩みをはじめたところで情報資料を収集することでせいいっぱいの段階である。おそらく、厖大な数になるだろうそれらの埋没した資料を公共化することは、社会福祉資料の整備にとって差し当って必要な作業である。

各種関係団体、施設、行政機関、大学が個人所有や業務用資料を公共化し、それぞれで資料室整備を図るか、センター的機能を持つ情報機関に集中化することが重要であろう。各種の社会福祉の専門分野で整備された資料は、専門図書館間で相互に利用しあう。情報センターは、その中心として、情報交換と整理を行う役割を持つのである。

情報センターは県社協の知的財産であり強みであると確信を持っていた。傍線で示した部分は壮大な夢であった。稚拙ではあるが、当時の県社協資料室の未来（県社協情報活動の将来像）あるべき姿へ向けての展望を自分なりに見つめていたことを思い出す。このレポートでは論及してはいないが、その後、県社協の最終的な（究極）役割り（機能）は地域福祉の情報センター機能にあるのではないかとの思いが強くなっていった。レポート執筆中に何度か近しい人と話題にしたことはあったが、まだ大っぴらに物言う自信はなかった。

レポートが縁で日本生命済生会の『地域福祉研究』とはその後も大切な繋がりを持つことができた。情報センターが一年間に収集してきた社会福祉・地域福祉に関する図書や、資料、文献、論文を紹介掲載する場（「地域福祉文献リスト」）を提供してもらったのである。当時から地域福祉研究誌として関係者の間では貴重な存在であった『地域福祉研究』に情報提供できたことは兵庫県社協の情報センターを広く知っていただく好機になった。

一九七九（昭和五四）年に始まり二〇〇一（平成一三）年まで続いたが、私の他部署への移動や業務上かかわることが困難になったことから、その後は神奈川県社協のOさんに担っていただくことになった。

この「地域福祉文献リスト」の仕事をする中で、雑誌記事や資料（論文）内容から社会福祉・地域福祉のキーワードを検索し、データベース化することへの思いが強くなっていったように思う。

一九八四（昭和五九）年から五年間続いた「福祉情報アンテナ」の発行は、当時のレアなテーマ（中間施設、在宅福祉サービスの供給組織の動き、デイサービスセンターの現状等々）に絞って関連する資料や雑誌記事、新聞記事などを分析、解説、加工し付加価値をつけて提供した情報提供サービスであったが、好評価の手ごたえを感じた。

情報センターらしい積極的な情報提供活動であったが、地味な情報活動への評価は、さらにより迅速で専門的な情報提供手段としてのデータベース化への思いを強くしていった。

しかし、「大宅文庫」（雑誌専門の図書館）が行うような記事検索のためのデータベース化（社会福祉・地域福祉情報のデータベース化）は夢に終わった。在職中の後半には、県社協の情報戦略という私の中のミッションへの諦めというか意欲が薄れ、曖昧なままで見過ごしてしまったことが、情報センターという貴重な財産が今や陽の目をみなくなってしまったという結果を招いたことへの悔いは残る。しかし一縷の望みを残しておきたい。

「県社協に求めることは何ですか?」

「県社協にしかできないことは何ですか?」の質問にどう答えるか? やっぱり「情報」である。県社協にしかできないこと、それは情報センターとしての存在価値を発揮することである。存在感をしめすことである。（社会福祉）地域福祉の数多（あまた）の資料や図書、データを集積する、あそこに行けば地域福祉に関する情報を得ることができる、県社協はそんな社会福祉（地域福祉）情報センターに……。

県社協の存在が軽視されたり、不要論が聞こえてきたりするとなおさらに、生き残り策は情報だと思うのである。

福祉情報に取り組む社協の力を強化すること、そこに県社協の役割りを発揮しなければと思う。

やり残したこととは大層だが、次の二点にもっと前向きに手を付けておけば今日のような無力感、喪失感はこれほどではなかったかもしれない。

・後継者問題の認識（司書資格所持者の採用、専門に従事する職員の設置など県社協内の認識

を浸透させ、実現化すること）

・社協における福祉情報の取り組みに関する組織化

と言いつつ、現実には情報センターの名称が消え、知的財産そのものの存在が隠れたことは、私一人の喪失感や無念より、情報センターを県社協の知的財産とするべく奮闘された朝倉斯道氏、関外余男氏、湯川台平氏、野上文夫氏、塚口伍喜夫氏、八木新緑氏等の先達に申し訳なく、気持ちが暗くなる。私の中では今でも、情報センターこそが県社協に残された砦であると考えている。

(2)　地域福祉の宿題

①　北秋田市・鷹巣福祉のまちづくりへの関心

私は定年を迎える2年前に県社協を退職し、流通科学大学の教員となった。退職後に得た〝人的なつながり〟はやっぱり社協がらみだった。三〇年の県社協勤務を通して得た人脈だった。その人脈によって、私は大学での教員生活や研究活動を大いに後押ししてもらい、助けられることになった。以下に述べる活動はその一端である。

退職後の勤務先であった流通科学大学医療福祉サービス学科に、九州保健福祉大学から塚口伍喜夫氏が学科長として来られた。

県社協時代、塚口氏には全般的な多岐にわたる指導をいただいたが、直属の部下として一緒に仕事をすることはなかった。つまり同じ部局で上司と部下であったことはなかった。大学では同じ学科の長として、私の担当する地域福祉論やコミュニティ・ワーク、社会福祉実習、演習などについてのアドバイスをいただいたり、教育活動や研究活動に一緒に取り組むことができた。

ある時、「秋田の鷹巣のまちづくりは、今どうなってるのかな」と話題になった。

旧鷹巣町（現在は北秋田市）の岩川徹町長については、情報センターの事業であった社会福祉夏季大学（全国に公開していた研修事業）に講師として招いたこともあり、私も若干の知識はあった。いちスタッフとしてかかわっただけだったが、その後の動向が気にはなっていた。

岩川元町長は一九九〇年代「住民参加の福祉のまちづくり」を標榜する東北の小さな町の若き首長として脚光を浴び、デンマークをモデルとした鷹巣町のまちづくりの手法やその成果は全国からも注目されていた。しかし、いつの頃からか鷹巣町や岩川氏の情報を聞かなくなっていた。「鷹巣の福祉が危機に瀕している」との情報を得たのは二〇〇七（平成一九）年七月、そして何とかして実情を知りたいという思いから岩川氏や町社協に連絡を取り八月に現地に入った。塚口氏、岡部氏（元北海道社協）、大友氏（元秋田県社協）、明路の４名である。

この４名は元社協職員であったので、鷹巣町の住民参加のまちづくりに町社協がどうかかわり、崩壊の危機にどう対応していったのかに関心を持って臨んだ。社会福祉協議会、住民参加、住民主体を切り口に問題状況を分析することが主題であった。

町社協への最初のアプローチ（電話）で相手方の露骨な警戒感を感じたことを覚えている。社協が岩川氏とは真逆の立ち位置にあることがうかがえた。

それは社協を訪問し、会長以下事務局職員が待ち受ける会議室の雰囲気でも明白であった。

訪問前に得ていた鷹巣町社協の在宅福祉重視の情報は、会長の語る内容からも明らかであり、在宅サービスの百貨店を豪語する事業体であった。事業型社協といえばそうも見えるが、協議体、運動体としての住民主体をめざす社協とは異質のものであった。岩川元町長が進めた住民参加の福祉のまちづくりとは対極にあったといえる。

岩川氏は一九九一（平成三）年から二〇〇三（平成一五）年まで旧鷹巣町長を務めたが、二〇〇三（平成一五）年四月の町長選で敗退する。平成の大合併の波が鷹巣にも押し寄せ、選挙戦では様々な風評（鷹巣の福祉はお金がかかりすぎる、合併すると一二〇〇億円という特例債が町に入るなど）が飛び交う情報戦の結果、住民は合併推進派の町長を選択した。築いてきた住民参加のまちづくりが合併によって後退することを危惧して合併には唯一反対の姿勢をとった岩川氏が敗れたのである。

身の丈福祉論が、築き上げた福祉のまちづくりにストップをかけ後退、崩壊へとながれていった。

岩川元町長はデンマークモデル（住民参加＝ワーキンググループ）を取り入れ福祉のまちづくりを進めた。福祉分野のワーキンググループは福祉サービスについて論議し行政に意見を言い、議会にもアクションを起こし、行政と協同で福祉のまちづくりを進めた。この時点ではワーキンググループの住民は主役だったといえる。

そして、行政と住民が協同するワーキンググループ方式は、二四時間三六五日ホームヘルプサービスの実施、在宅複合型施設ケアタウンたかのすの建設、介護保険サービスの上乗せ・横出し、高齢者安心条例の制定など高齢者の安心、安全な在宅福祉充実にこだわった政策を実体化していった。

ところが、二〇〇三（平成一五）年町長選、二〇〇五（平成一七）年北秋田市初の市長選で住民は岩川氏を選ばなかった。

ワーキンググループの住民は少数（二〇〇名）であり、住民全体がまちづくりに関わったわけではなかった。したがって、多くの住民がこの先進的な〝福祉のまち〟を自分たちで作り上げたという実感がないため、簡単に身の丈福祉論に傾いたのではないかと思われる。住民参加の貴重な努力の結実（鷹巣福祉システム）がいったん壊れると、その再生がいかに困難か予測できなかったのではないかと思われる。多くの住民自身が創り上げていくプロセスに関わっていないことの脆さを感じた。

住民参加の（住民全体の）まちづくりに関する学習や意識向上の取り組みが進まないまま、選挙戦に入り、そして合併問題の風評など（岩川町長曰く〝複合汚染〟）によって、築かれた福祉のまちは後退し、住民参加で進めたはずの福祉のまちが後退（崩壊）していくのは早かった。

社協はその時どう動いたのか？

社協が社協としての役割を見失ったのか、もとより理解していなかったのか？最初の出会いでその点に疑念を感じたことを思い出す。

在宅福祉重視の視点は社協も同じであった。しかし際立っていたのは、社協が「福祉の百貨店」を豪語するサービス提供事業者であったことである。

福祉のまち（システム）は行政に委ねるだけではなく、住民としてシステムを維持、充実、改善、強化していく役割や責任があること、そのような住民を組織化し住民主体のまちづくりを進めるべき社協がその点で機能していなかったと思われる。ワーキンググループだけでなく一般住民をまきこんだ住民参加が必要であったが、社協の地道な働きが見えなかった。

そしてワーキンググループは住民参加の一つの形ではあったが、グループと一般住民の意識は乖離し一体のものには至らなかった。

結果、住民は〝身の丈にあった福祉で良い〟との判断を下したのだった。

② 北秋田市・鷹巣福祉のまちづくりを支援する活動

我々はその後も何度か北秋田市・鷹巣を訪れ、首長交代後の北秋田市で福祉だけではなく医療においても切り崩しが進む状況を知り、鷹巣の福祉・医療の再生を強く願った。

そして二〇〇七（平成一九）年一二月、鷹巣福祉に関心を持つ全国の関係者や研究者に呼びかけ「北秋田市・鷹巣福祉のまちづくり支援全国連絡会」を立ち上げた。井岡勉先生（当時同志社大学名誉教授）、大友信勝先生（当時龍谷大学教授）を代表に、五〇名の有志が集まった。全国連絡会は、鷹巣福祉の再生や地域医療の健全なあり方を模索する活動を展開した。

以下はその一部である。

（一）北秋田市におけるつどい

二〇〇八（平成二〇）年八月一六日、一七日に、北秋田市の阿仁地域と鷹巣地域において、「北秋田市・鷹巣福祉のまちづくり研究交流のつどい」を開催した。北秋田・鷹巣福祉のまちづくりの教訓と課題を総括すること、北秋田市で問題化している医療や在宅医療・福祉のあり方を問うためであった。

井岡、大友、塚口代表に加えて黒岩卓夫元ゆきぐに大和病院院長、山崎麻耶岩手大学教授、岩川氏などをシンポジストに〝北秋田市における医療と福祉のあり方〟について論議した。全国から四五名、地元北秋田市の住民約三〇名の参加があり、論議や交流を行った。北秋田市の地域の未来に希望を感じたものだった。

(二)　北秋田市の地域福祉再興に向けての関西セミナー

二〇一二(平成二四)年六月一七日、龍谷大学で開催、二〇名参加。

テーマは「北秋田市の地域福祉再興を探る」

シンポジストは井岡氏、大友氏、佐野英司氏（元白梅大学教授)、岩川氏、塚口氏

しかし、これらの再生に向けての活動中の二〇〇九(平成二一)年四月に行われた北秋田市市長選に挑戦した岩川氏は、選挙絡みの謂れのない買収容疑で検挙・収監されることになり拘束は一年にもおよんだ。

連絡会は、予想もしなかった裁判問題が持ち上がり、活動自体が本来めざした鷹巣再生、純粋な地域福祉問題から異なった方向にむかったため、当面の活動を休止せざるを得なくなった。この関西セミナーの開催をもって、連絡会の活動を総括し、今後の福祉のまちづくりの教訓にすることとし、活動の区切りとしたのだった。

③　地域福祉実践研究会—社協のこれからを考えるシンポジウム—

鷹巣を訪れたことがきっかけとなって始めた元社協勤務経験者たちの研究会である。元道県社協の事務局長、職員が顔を合わせて熱く語り合った。どの回にも故渡部剛士先生が講師として参

加してくださり、社協組織はどうあるべきか、社協の新たな方向性はどうあるべきかなど貴重な講義を聞かせてくださった。開催は、第一回　秋田市　二〇〇九（平成二一）年九月五日〜六日、第二回　山形市　二〇一〇（平成二二）年一一月一三日、第三回　神戸市　二〇一一（平成二三）年九月五日であった。

神戸での開催は流通科学大学が会場であったので、現職の兵庫県社協職員や私のゼミ生の参加もあった。学生がどこまで理解したかは疑問だが、社協という現場には渡部剛士先生のような伝説の人・レジェンドがいるということを知り、その講義を直に聴けたことは大いに刺激になったようである。現在、その学生は一年生からの志望であった社協職員として働いている。

私に残された地域福祉の宿題は、教え子がやってくれると思っているのだが……。

(3)　社協への思い

社会福祉を学んできたわけでもなく、むしろ関心が希薄だったにもかかわらず、ただ司書資格を持っていたことから県社協入局を許され、それから三〇年にわたって県社協に在職した。その縁から大学に転職をし、県社協の勤務経験から地域福祉に関連する講義や実習を担当することになった。一三年間の楽しい教員生活を送ることができた。社協とは異質な大変さや苦労はあったが、真剣に学生たちに向き合い地域福祉を語って過ごした時間は楽しく充実していた。

だからこそ少々の後ろめたさ（学生時代の不勉強、ならびに素人としての地域福祉のスタート）を感じながらも感謝の気持ちを持つとともに人生の不思議を思う。

学生時代にマンドリンにのめりこみ、勉学よりもクラブ活動に没頭した四年間は、社会人として、職業人として本来の身につけるべきものを何も習得できなかったのではという後悔がつきまとっていた。また、教育学部にいながら将来の教師としては確たる信念を持った真面目な学生であったのかという内省、自省の念もあった。しかし、他人から見れば気楽で、ある意味不真面目な（気楽な）学生時代の過ごし方が結果的に私を県社協に導いてくれたのであった。持つべきものは友でありそこで培った関係だとつくづく思う。

私が県社協の平職員であった頃には、よき先輩、上司に恵まれた環境にあった。福祉の専門性もない職員の特性を見、活かして育ててやろうという組織であった。

結果的に人生の多くの時間を未知の世界であった県社協で費やしたことに悔いはあるかと言えば決してそれはない。

できなかったことは多くある。福祉の素人として県社協に入って分からなかったことが多くあった。上下関係とも見える行政との関係性や住民との関係性（直接的な接点がない）など、いずれにしても、何にしても社協は難しい、何もかも複雑だ、簡単にはいかない、関係性が難しい、明快に割り切れない世界であるという思いが強く残る。

はからずも社会福祉、地域福祉という世界に身をおいて三〇年を過ごした私に地域福祉を語る資格があったのか、顧みることも多い。県社協の職員であることの自信に揺らぐこともあった。常に社会福祉、地域福祉に対して素人意識が付きまとっていたことに深く自戒する。

しかし、翻って地域福祉には素人であった私の感覚は、むしろ必要な一面でもあり、思い上がり（不遜）かもしれないが、その素人の視点や感覚が役立つこともあったかと思わないでもないが、大きなことは言えないなあ。開き直りにすぎないか？

それでも、社会福祉、地域福祉のジャンルにおいて情報（の在り方と重要性）を意識し続け、言及してきたことは、力不足は否めないがまんざら無駄ではなかったのではないか？今後の県社協の立ち位置を考えるときに、情報（整備や管理も含めて）を抜きに考えられないことを残る時間をかけて言い続けたい。

今の時代、多様で進化したＩＴ機器や通信システムを多くの市民が利用し、災害や事件などの緊急時には即座に情報を発信することができる。

その奔放に流れ出る個々の情報をどのように纏め、整理し、正確な情報のかたまりとして統括し管理し、活用するのかが問われていると思う。

救援、支援の在り方、支援の実態、現状等を断片として伝えるのではなく総合的な全体像を見える形にして、分析、反省、総括から教訓を引き出し、今後の普遍的な道筋を示すことが県社協に課せられた責務ではないかと考える。

【参考文献】

日本生命済生会社会事業局編『地域福祉研究　第五集』昭和五二年六月　日本生命済生会
編集委員会編『地域福祉の歩みⅠ』昭和五七年三月刊　兵庫県社協
編集委員会編『地域福祉の歩みⅡ』平成三年六月刊　兵庫県社協
兵庫県社協編『大震災と社協』平成八年二月刊　兵庫県社協
編集委員会編『地域福祉の歩みⅢ』平成一三年一〇月刊　兵庫県社協
塚口伍喜夫・明路咲子編『地域福祉論説』平成一八年六月　(株)みらい
兵庫県社協編『地域福祉の歩みⅣ』平成二四年三月刊　兵庫県社協
日本生命済生会社会事業局編『地域福祉研究　第45集』平成二九年三月　日本生命済生会
塚口伍喜夫・坂下達男・小林良守監修『地域福祉への挑戦者たち』平成三〇年五月　大学教育出版
明路咲子・塚口伍喜夫『北秋田市・鷹巣における福祉の興亡』平成二一年一月　流通科学大学論集

第2部　政令指定都市社協の部

第1章　政令指定都市社協および区社協をめぐって

坂下達男

1　雪国の山村で生まれ育ち都会へ――私のおいたち――

私は、太平洋戦争開戦まもなくに、富山県西砺波郡宮島村（現小矢部市の一部）の山村農家の長男として生まれた。生まれた時には父親は出征中で実際に父子が対面したのは、それから戦後の五年を経て帰還してからであったという。小学校に入学するまでは幼稚園や保育園といった就学前教育はまったく受けておらず、もっぱら野山を駆けめぐりながら育った。小学校は全校生徒が一五〇人ぐらい、一学年一クラス、同級生は二五人、六年まで組み替えがないので皆兄弟姉妹のようであった。学校では夏休みなどのほか春と秋の農作業の繁忙期には一週間ぐらいの農繁休暇があり、家の農作業の手伝いや下の子の子守りをした。また学校が終わると田畑の手伝いすることが日課であり、子供はもっぱら農作業や家事育児の補助労働力であり、勉強は二の次であった。

小学校の運動会や学芸会は村全体の行事であり、その日だけは村人も一斉に農作業を休み弁当もちで行事に参加して、学童だけでなく大人も参加する競技や演芸を楽しみ、村あげての娯楽と親睦の絶好の場になっていたのである。もちろんテレビもなく娯楽と言えばラジオとたまにくる田舎芝居一座と野外巡回映画会で、夜店屋台で使う小銭を握りしめ遠くであってもよく出掛けたものである。冬になると沢山の雪が降り一本道を転げながら登校したが、組の中でも背が高かったので二階に教室がある雨天体操場での整列では、後ろから風雪が吹き込み大層寒かったことを覚えている。だから私の小学生時代は、海と山の場所や時代は違うものの映画「二十四の瞳」に通じるものがある。

中学校は、一転して一五〇〇人以上のマンモス中学に入学することになった。生徒は町部と周辺の村々から集中しており、町部のものが人数も多く幅を利かせており、村の同窓小学生はクラスに男女一人しかおらず入学当初は寂しい思いもしたものである。小学校の卒業時に、先生から気おくれをするなと激励されたことが良く分かった。私は自転車で通学しており、家の手伝いも期待されていたのでクラブ活動にも参加することもなく、いつの間にかあまり有益とは言えない中学生活を送ってしまった。この頃母親が不治の病で長期入院してしまい、後の高校一年の時に死亡したことも少なからず影響していたかもしれない。

中学の卒業時期を迎えたが、当時は金の卵と中卒生がもてはやされ、関東や関西に同級生の半数以上が就職した。就職組の出発ごとに蒸気機関車に牽かれた集団就職列車を送りにいき、駅で紙テープの別れを惜しんだことが何回かあった。当時の多くの同級生は高度経済成長の礎となっていったのである。幸い私はある程度の成績と家庭の熱心な応援があり、ごく自然に地元の県立高校の普通科に入学したのである。

高校では、入学時には特に目標がはっきりあったわけではなく、将来の見通しを立てていたわけでもないが、クラブ活動は誘われるままに当時九人制の排球部に入部して、二年余り練習や試合に打ち込んだもののあまり良い成績を上げられなかった。また普通科に入学しても必ずしも大学等への進学を目標にしないで、地方の就職先の御三家と言われる県庁や市町村の地方公務員、旧国鉄、旧郵政省（郵便局・旧電電公社）に就職を目指すものが多くみられた。だから卒業後の同級生の半数以上は就職を目指すものであった。

ところで私は、高校二年の二学期の終わりごろに十二指腸潰瘍にかかり、主に食事療法をするために大学付属病院に入院する羽目になった。入院中は時間があり何かと考える時間もあり、進学か就職や将来何をするか思いを巡らしていた。そこで何か人のやらないことをやろう、そして大学へ行こうと受験雑誌の『蛍雪時代』をむさぼり読んだのである。ようやく三年に入り大学進学の意思を固め、とくに慈愛の精神が強くあったわけではなかったが、あまり知られていなかった福祉系（当時福祉系単科は二つの大学と短期大学）に進もうと決めたのである。当時の地方新聞では、大学合格者の大学名・氏名・高校を逐一報道していたため、それを見た周りからは一般大学と違うので好奇の目でみたり、直接どんなことをするのかと質問を受けたりした。福祉系への進学は本人や身内に何か障害があるとの風潮があり誤解するのもいたしかたないが、私にとくにそれがあったわけではない。

なお高校も自転車通学であったが、冬場の雪には悩まされ、歩いて数キロの細い雪道を折角登校しても、雪で汽車が遅れて列車組が着かないため、授業開始が極端に遅れたり休校になることもあった（現在は除雪対策が完備しているのでこのような事態はない）。だから私の高校生活は、地方都市にはまだ受験競争の嵐は穏やかで、どこかのんびりとしていたように思われるが、今でも数年おきにクラス会が開けるほど仲間意識が強いのである。

名古屋の福祉系大学に進学した私は、初めて親元を離れて最初の一年半ぐらいは大学の学寮に入った。学寮は二階が女子学生、三・四階が男子学生という珍しく男女混合であったが不思議と男女間の問題は聞かなかった。大学では学業のほかいろいろ手を出し、四年間も大学祭の実行委員を務めたり、学生情報紙の編集発行も手掛けたりした。部活動では、ＢＢＳ（大兄姉運動）部に所属して日常は非行問題を研究したが、フィールドワークに興味があった。毎年七月には地元の保護観察所と提携して、愛知県内をマイクロバスの宣伝カーで巡回して社会を明るくする運動を啓発するキャラバン隊に参加した。運動では、一〇日間ぐらいをかけて各地で啓発物の配布のほか、非行少年との面談、紡績工場での中学卒業の女子労働者との交流の集いなどを行った。当時の愛知県下には紡績工場が多く、地方からの出稼ぎ年少女子労働者が多く、犯罪に巻き込まれたり、好ましくない異性交遊などの犯罪や非行問題が多発しており、生々しい現実の社会問題の一端に触れることになった。

学業の分野では社会問題を含む社会学に興味がわき、とくに農村地域社会学に関心を持ち始めた。これは生まれ育ちが山村地の出身であることが大きく影響しており、伝統的な地主小作人関係、根拠に乏しい生活上の因習、序列化した人間関係、加えて戦後の農地改革など戦後間もないわが国の農村問題を自ら体感したことによるものと思われる。また大学の二、三年時にはゼミの指導教員の呼びかけで、二つ実際の社会調査に参加できたことは思い出深いものがある。その一つは愛知県内の知多湾に浮かぶ離島の一つである日間賀島《ひまかじま》（現知多郡南知多町）での島民生活実態調査で約五〇〇世帯を対象とする全数調査であり、もうひとつは三重県最北部の東員村《とういん》（現員弁《いなべ》郡東員町）での抽出による村民保健福祉調査である。いずれの調査も調査員学生が現地で合宿して、各自が家庭訪問し直接面接で聞き取りし調査票に記入したが、昼間が不在の場合は夜間に訪問したり訪問を繰り返して実回答数をあげることに努めたが、なかには調査拒否にあったり真面目に答えてくれないことがあったりで、面接調査の難しさも痛感したのである。

この調査活動の実践を通して、東員村社会福祉協議会（以下「社協」）の存在を知ることになるとともに、社会調査の設計・手順・集計・報告など調査票作成に始まる社会調査の一連の方法を体得することができ、また東員村の調査結果をいかして私の卒業論文の作成に引用して論文の質を高めることができた。

このように私の学生生活は、学業とそれ以外でも多くの体験をすることができ、寮生活では濃い人間関係にもまれ、課外活動でも多様な体験をすることができたが、プロ野球場の売り子や郵便局の年賀状仕訳や家庭教師などのアルバイトにも精をだして国内旅行の費用も捻出したりして、変化に富んだ大学生活であったといえる。

2　神戸市の社会福祉協議会へ

私は、学生時代の調査活動で社協の存在を知るとともに、農村の社会福祉意識に関する卒業論文の一部に社協について論述したが、卒論ゼミの指導教員からは社協に就職するよう勧められた。そこで教員から東北地方のある県の社協の紹介を受けたので、四年の年末近くにはるばる名古屋から県社協に面接に赴いたが年が明けても確かな回答がなかったので手紙で問い合わせたところ、今年は新規採用の予算の見込みがたたなくなったので採用できないとの返事があった。当時は落胆と無責任だと頭にきたが、指導教員に相談し再三掛け合ってもらったものの元には戻らなかった。二月になると大学側に神戸市社協の採用試験の案内があり受験することにした。最初は農村型社協が頭にあり神戸のような大都市はまったく知らないので面食らったが、卒業も迫っていたのでとにかく受験することにした。

試験日は大阪梅田から阪神の普通電車に乗ったため神戸の元町まで時間がかかり、随分遠く時間がかかる所だと思ったものである。当時は関西地方の私鉄路線には疎くとんだ失敗であったが、所定の時間に遅れたものの論文作成と面接だけはしてもらえた。首尾よく採用になったが、当時丁度都道府県社協の福祉活動指導員と市町村社協の福祉活動専門員の国庫補助制度がその年から指定都市社協にも適用されることになり、それで神戸市社協では一挙に四人もの福祉系大卒の採用がありそのうちの一人になったのである。しかし神戸市社協を定年まで勤めた同期生は誰もおらず、最後まで残った私自身も定年三年前に職を辞して大学教員に転じている。

ところで私は、学生時代にはわが国の農村生活に関する文献や資料はいくつか当たっていたものの、都市地域の知識がまったく無かったので、古本屋で神戸の地図や歴史本と都市社会学関係の書籍を買いあさり、それを読み込んで当座の知識を詰め込んだ。もともと文字や地図を辿ることは嫌いではなかったが、当時まだ動いていた市電に乗り市街地図を片手にして一日中乗車して土地勘を養った。市電は各停留所に止まり、またゆっくり走るので地名や町の様子を知るには好都合であった。まさに社協活動は地域を知ることからを地で行ったと言えよう。

神戸での最初の住まいは、初任給も安いことから社協経営の簡易宿泊所の宿直室があてがわれた。そういえば採用の募集要項には確かに住居提供と記されてはいたが、当時は万国博の会場建設のために全国から関西方面に労働者が集まり、宿舎に簡易宿泊所が利用されており、その労働者と同じスペースで生活するというものであった。宿泊所の労働者は荒れたりすることが多く、夜中に入所者同士のいさかいや喧嘩が絶えず、時には血を見ることもあり、警察や救急の出動も何回もあった。これらのことは当直職員が担当するものの、人手が足りない時には入所者を鎮めたりと恐々ながら当直者の手伝いをせざるを得なかった。この無料の住居提供の生活は、一年余りで自分から終止符をうち、民間アパートを借りて漸く脱出することになったのである。

入職当時の神戸市社協は、市内の中心部にある区役所の六階部分に独立した事務局を置き十数人の専任職員が在籍し、そのうち新人が四人おりその他も若い人が多く、割合に活気にあふれていた。採用日の四月一日午後には早速新入生の歓迎と親睦のために桜の宴を催してくれたが、途中から宴の会場が児童養護施設の運動場であり、施設長の指示で園生が畳や酒類を運んだことがわかり、申し訳ないやら後ろめたいやらで酔いも醒めてしまったことを今でも覚えており、散々な社協マンの第一日目であった。

3　神戸市社協での私の担当した業務

私は、地方自治法上の政令指定都市である神戸市の社協に、一九六六（昭和四一）年から三五年間在籍したが、この間事務局員として社協の組織活動や地域福祉活動に十数年携わったほか、神戸市の委託事業の市総合児童センター（児童福祉法上の大型児童館）や在宅福祉センター（老人福祉法上の老人デイサービスセンターで、後の介護保険法上の介護支援事業所と通所介護事業所併設）に勤務し、法人運営の総務と経理業務以外の業務のほとんどを担当した。

そこで思い出深い主な担当業務を省みるが、入職当初は新設された福祉活動指導員としてコミュニティオーガニゼーション手法を動員して、地域福祉を高める地域組織化活動に十数年間打ち込んだ。この間の経過や取組みは拙稿「日本最長・真野まちづくりと私」（『地域福祉の挑戦者たち』Ｐ91～・大学教育出版）に詳しい。

調査広報活動では、市社協の月刊機関紙「市民の福祉」の編集発行に携わり機関紙づくりの苦労を味わい、社会調査では、民生委員活動の社会福祉モニター活動の市内編を担当したほか、神戸市内で戦後初めてとされる住民自治組織（自治会・町内会）の実態調査やこどもの遊び場・交通遺児・公害被害などの調査を手掛けた。

ボランティア活動では、ボランティアの養成訓練と受給調整を組織的・系統的に行うためにボランティア情報センターを立ち上げた。当時はボランティアの用語は珍しく善意銀行や奉仕活動という用語が使われていたが、新しい理念と新鮮さを求めて敢てカタカナ英語文字を使ったことを覚えている。

社会福祉施設の振興支援では、市内の福祉施設職員の現任訓練を年間通して企画・実施するとともに、職員の労働条件の改善のための処遇調査や給与改善にはかなり精力をつぎ込んだ。老人・児童養護・保育など九つもの種別協議会の行事や研究に参加したりしたが、福祉利用者の多様性と個別性が高いことを痛感させられた。

低所得者の生活支援策の一つの生活福祉資金（旧世帯更生資金を含む）業務では、貸付の面談や手続きを簡素化できないものかといつも考えていたが、不良償還世帯の対応には難渋したものである。夜討ち朝駆けよろしく滞納世帯を家庭訪問したが不在や居留守が多く、数は少ないもののなかにはケンもほろろに追い返されたり、物を投げられ身に危険が及びかねない世帯もあり、同行した区社協の担当女子職員の苦労が身に染みたものである。

市総合児童センター（愛称「こべっこランド」）は、神戸市が広域の児童健全育成施設として全国に先駆けてハーバーランドに八階建ての大型児童館を建設し、それまで地域児童館を市社協に委託運営していたことから社協委託になったものである。まさか私がこの運営に関わるとは予想だにしていなかったが、開設準備室の事業二課長の命を受け初めて事務局員を離れ異動することになった。センターの運営は、幼児の遊び場はじめ造形、音楽、料理、文芸、創作、軽スポーツ、障害児療育など幅広く、かつての経験や知識はまったく役に立たなかった。当時はこの種の施設がまだ少なく、関東地方まで出かけて類似施設で見学や運営のノウハウを学ぶとともに、スッタフと共に深夜にわたって議論を交わしたりして運営プログラムを作り上げたものである。泊まり込みで迎えた開館日は、好天にも恵まれ最寄りの駅から列ができるほど各地から多くの親子連れが参加してくれ、数カ月にわたる苦労が報われたことを実感したのである。センターは、土日や祝祭日が大入り時であり、職員の勤務も変則勤務になり、文字通り接客サービス業の日々であった。

社協生活で最後となったのは在宅福祉センターの所長である。在宅福祉センターは市が在宅福祉の拠点として行政区ごとに一カ所を建設したもので、内容は老人福祉法上のデイサービスセンターで、その一日は利用者の送迎に始まり健康チェック・入浴・給食・養護などであり、一日約三〇人前後の利用者があり原則週一回の利用で日曜だけは事業は休んでいた。また寝たきり老人のための寝たきり入浴を送迎付きで並行して行った。その後介護保険事業の開始と共に、介護保険法上の通所介護事業になり、あわせて介護支援事業所の指定を受けケアマネジメントの実施事業所となった。私は丁度介護保険法への移行期にあたり、法施行の一年前から介護支援専門員（ケアマネジャー）の確保や介護支援・通所介護の事業所指定条件の整備などに忙殺された。加えて事業所に介護支援専門員が多くおれば介護報酬の増収につながることから、有資格の職員には資格取得を督励し受験学習会の開催を勧めたが、私自身が資格の取得を目指さざるを得ず久し振りの受験学習を仕事の合間を縫って行い、首尾よく合格することができ面目を立てることができた。この事業は介護保険法の移行によって、市委託授業の運営から介護報酬の増収をはかる自前の経営と変化し、まさに各事業所の経営能力が試されていることを実感させられた。その後は在宅福祉センターの運営も指定管理者制度に組み込まれ市社協運営は四カ所のみであるが、いずれの在宅福祉センターも地域包括支援センターの役割をも担い、小地域での高齢者の在宅福祉の情報と調整の拠点になっている。

なお一九九五（平成七）年の阪神・淡路大震災の時は、私は在宅福祉センターの所長を勤めていたが、施設設備の被害は免れたものの電気やガスが停止したため、デイサービスは休止せざるを得なかった。発災時直後は幸い電話が通じていたのと車両を動員して、取りあえず利用者の安否確認を行い全員の無事が確認されホッとした。また全世帯のガスが停止したため家庭入浴ができず、困る利用者が多く出たので明石市の福祉センターに頼み込んだところ快く了解が得られ、大勢の入浴希望者をマイクロバスで運び入浴をしてもらうことができたことは、利用者だけでなく私ども職員も明石市に多いに感謝したものである。その後私は西日本方面からの救援物資の受入れと市内への配送のための救援物資の中継基地の応援を命ぜられたので、急遽西部地方にある市立の体育館に向かった。そこで約一〇日間自宅に帰ることもなく体育館の板間で仮眠を取りながら、運ばれてくる救援物資の受入れと仕分け作業を行った。また刻々と変わる避難所の要望にもとづいて、生活用品・食糧・飲用水などの生活必需品を昼夜を問わず避難所に軽トラやバイク便で送り出した。この中継基地にも多くのボランティアが県下だけでなく西日本各地から駆けつけて仕分け作業に参加してくれ、また仕分け梱包用の段ボールを無料で多数提供していただけた企業もあり、まだ世間に出回っていない携帯電話の提供もあり、多くの善意の申し出にただただ感謝するのみであった。後に阪神・淡路大震災時が、わが国のボランティア元年と言われたことを実感したのである。

このように私の社協業務は、社協活動の原点から出発したが、その後はあらゆる組織事業部局を経験してまさに社協マンとしての道を辿ったと自負でき、体中に社協アカが染みついているともいえる。また神戸市社協をめぐる外部環境から市の委託事業が肥大化する時期に遭遇し、利用・通所型の福祉施設の運営と経営に携わったことから、それまでの補助金（委託金を含む）による事業運営と合わせて、保健福祉事業への経営理念の導入の姿を自ら体感することになったが、この事態は是認できないと今は思っている。

4　政令指定都市社協および区社協をめぐって――私の取組みから――

(1)　指定都市社協の三側面と特徴

政令指定都市社協および区社協は、一九九〇（平成二）年の福祉関係八法改正の一環として旧社会福祉事業法（現社会福祉法）の改正よって法制化された。一九八三（昭和五八）年に市町村社協が法制化されて以来遅れること七年が過ぎていた。また一九九二（平成四）年に新たに全国社会福祉協議会（以下「全社協」）によって策定された「新・社会福祉協議会基本要項」に、初めて「Ⅳ．指定都市社会福祉協議会」の項が設けられ、同社協の事業と組織・財政・事務局を提示するとともに、区社協についても市区町村社協と同様に事業等を位置づけると若干の解説が加えられている。とくに区社協職員については市社協職員との一体的人事を行うこと等として、専任職員体制を確立するとしていることが注目された。

ここでは法制上と新基本要項に照らして、指定都市社協の法的かつ実態的な視点からその機能の性格と特徴を考えてみる。

一つには指定都市社協は都道府県社協的な側面を持つことである。それは広域的社協として双方とも区社協（指定都市の行政区）や市区（東京都の特別区）町村社協の連合会的な性格を持ち、事業でも地域社協への支援、社会福祉施設等の連携、福祉人材の養成と教育訓練、福祉職員の退職共済と福利厚生、利用者の権利擁護など広域社協としての共通点が多いのである。

二つには市区町村社協の側面を持つことである。それは市民として行政区の区社協の地域を超えた地域問題の発見や問題解決のための地域福祉の実践、ボランティア活動の振興、災害支援募金や善意銀行等各種福祉寄金の運営、在宅型（利用通所・小規模型）福祉施設の経営などを全市域的に展開することが多々ある。また問題解決のためには行政上の対応が求められることが多く、その場合交渉や陳情等は地方自治体としての市行政の対応が重要になるのである（政令指定都市の行政区は地方自治体ではないので議会や予算編成等の法的権限はない）。

三つには区社協の連合体性格が都道府県社協よりはより強いことである。区社協は独自性を維持しつつも、同一地方自治体に属しており、市民からは均等性や同一性を求めることから、事業・財政・事務局等で全市的に一体的展開が必須とされる。そのため対市との予算獲得交渉、委託契約等の一元化や統一化、福祉施設の一元的経営、区社協職員の人事給与の市社協職員化などが指定都市社協に求められているのである。

このように指定都市の社協は、やや複雑な課題を内包しつつも、区社協は法定の社協（社会福祉法では地区社会福祉協議会と規定）であり、かつ指定都市の多くの区社協は社会福祉法人を取得して基盤整備とともに組織・事業・財政・事務局等の充実を図っているところであるが、ここでやや感覚的ではあるが、最近の指定都市社協のいくつかの傾向にふれてみたい。

第一に、組織・事業・予算ともますます事業体として肥大化して保健福祉の事業団化していることである。国・地方自治体の行政改革のもとで、公共施設の民営化や指定管理者制度の導入、保健福祉事業への営利企業の参入をはじめ競争原理の取り入れ等により、福祉総合型（一般利用・相談・団体事務・貸室等）や在宅型（利用通所・小規模型）の福祉施設運営が、行政からの委託事業として市区社協に委託され、社協側にも組織・財政の安定策の一環として無批判に受託することが肥大化に輪をかけている。加えて介護保険事業（介護支援・訪問介護等）にも参加することでますます直接事業の輪をひろげており、とくに非常勤や短時間雇用等の不安定な社協職員を増加させる結果になっている。

第二に、社協職員数が巨大化していることである。これは区社協職員を市社協化した指定都市が多いことにも起因するが、これを一概には批判できず職員の人事交流と労働条件の均一化からすればむしろ好ましいと考えられる。ただ各区社協が独立した社会福祉法人化が進んでいることから、組織に関わる役職員の独立性や主体性の確保の観点からするとやや疑問を残すといえよう。また抱える職員数も数百人を超える指定都市社協もあり、著しい異動に伴い職員と地域との関係性や継続性が損なわれたり、当該区社協の所属意識が形成されにくいことが危惧される。

第三に、現在地方自治法上の政令指定都市は二〇市（札幌・仙台・さいたま・千葉・横浜・川崎・相模原・新潟・静岡・浜松・名古屋・京都・大阪・堺・神戸・岡山・広島・福岡・北九州・

熊本）を数え、そこに一七五の行政区があるが、とくに区社協は指定都市になっての年数に差もあることが一因であろうが、各市によって区社協組織の位置づけに大きな相違が見られる。これを三つのタイプに分けることができよう。一つ目には区社協を文字通り独立体として社会福祉法人格も取得して組織・事業・財政・事務局等の基盤整備を進めている区社協である。これは概して指定都市の制度化が図られた時の旧五大都市（横浜・名古屋・京都・大阪・神戸）をはじめかなり年数を重ねた市に多い。二つ目には区社協を組織化はしているものの任意団体のままで法人格の取得を目指さないものである。このことは区社協の社会的信用と責任ある運営を損ねかねないと危惧される。三つ目には区社協独自の組織が無く、市社協の下部組織（支部社協）に位置づけて区の主体性や独自性を組織上で認めていないのである。このことは区域ごとの地域性や組織運営を実態的に保障しておらず、また社協理念や法制上の区社協（地区社会福祉協議会）の意義にも乖離するものと言わざるを得ない。

これらの傾向は、指定都市社協の歴史的経緯や各市の社協役職員あるいは行政等の考え方や実態を反映しているものであり、社協理念からして一概に統一すべきではないとは考えるが、指定都市の人口は全人口の六割に達しており、住民に対する責任と国民生活全体に多大な影響を及ぼすと考えられるので、指定都市が可能な限り同一歩調で市区社協の基盤整備を図ることが緊要に思われる。

(2)　指定都市社協の課題とその解決過程

区社協を含む指定都市社協をめぐるいくつかの課題を組織上の実態や特徴を見る中で問題の提起を試みてきたが、ここではその課題に対していかに解決を図ってきたかを過去の記憶を辿りながらその過程を見てみたい。一口に言えば区社協を含む指定都市社協問題は、法的には指定都市社協を都道府県と同等に位置づけるとともに、区社協を法制化することであった。と同時に区社協を名ばかり社協から市社協主導のもとに組織・事業・財政上の基盤整備を実態的に強化することであった。なお私は、業務の一つとして区社協を含む指定都市社協問題をかなりの時間と労力を費やして取り組んできたが、残念ながらこれに関する正確な記録が手元になく記述にやや正確さに欠けることがあることをお断りしておきたい。

①　指定都市社協民連連絡協議会

一九五六(昭和三一)年の政令指定都市の制度化に伴い、当時の五大市の市社協および市民生委員協議会連合会(「民連」と略)の各市代表および同事務局長により構成する指定都市社協民連連絡協議会が設立され、指定都市固有の社協や民生委員問題の情報交換と旧社会福祉事業法の法改正や福祉施策の都道府県並みの制度改善を目指した恒常的な組織が結成されたのである。

同協議会では指定都市社協の都府県並みの法改正、福祉活動指導員設置等の国庫補助の適用、旧精神薄弱福祉法(現知的障害者福祉法)の権限移譲、民生児童委員の定数や法定民児協数の拡大等に加えて、府県と同様の権限移譲を主眼として福祉関係法の改正と制度改善を国・全社協・国会等に働きかける陳情活動を毎年繰り返し行っている。協議会は毎年各都市社協の持ち回りで事務局を担当し、事務局長会議で議案を事前に整理と協議を行い提出議題を決定し、本会議では課題の討議と解決のための運動の方針が決定され、国等への陳情活動は当番市と東京近辺の市が担当する。私も神戸市の当番の時は、国会議員会館の議員陳情の際には、指定都市を選挙区とする議員との連絡や陳情活動の下働きを努めたことがある。

一方では府県並みの法改正と施策改善のためには、指定都市を包含する当該府県社協との合意も必要との見解から、市社協では兵庫県社協との幹部役職員と協議を何回か重ねて理解を求め県社協ではほぼ了解が得られたが、一部の府県社協からは反対が根強くあると聞かされた。こうした永年かつ粘り強い運動が反映され、ようやく福祉関係八法改正時に一挙に指定都市社協と区社協が法制化されたのである。また国庫補助対象事業等も順次拡大されており、全社協評議員の選出枠には指定都市代表が入っているほか、長らく全社協主催の府県社協事務局長会議や部課長会議には指定都市はオブザーバー参加であったが、これも正規の参加として認められているのである。現在では福祉人材の養成と紹介斡旋、生活福祉資金制度、《共同募金運動》のほかは、ほぼ府県社協と同様に社協活動が展開できるようになっている。

②　大都市社会福祉施設協議会

指定都市に東京都を加えて大都市地域の社会福祉施設の種別協議会代表が集まり大都市社会福祉施設協議会を組織して、大都市地域の固有の福祉施設問題を研究協議するとともに国および各自治体の制度改善を図るための活動を、昭和三〇年代後半から年一回各市持ち回りで開催されており、国の制度改善と各市間の福祉施策のレベルアップに貢献している。

いわゆる福祉六法上で府県との二重行政や監査指導が府県にあったことから指導に一貫性が欠けたり不都合が生じたりしておりその解消のほか、とくに福祉人材問題や老人・障害問題をはじめ各種の福祉問題が都市部に集中多発していることから、問題への対応について自主的に情報交換と研究討議を行っている。また各市の福祉施策の取組み状況を資料として提供して、互いに各市の施策を質量とも向上させるために各市の対市交渉に役立てている。このように協議会は大都市地域における国および各市の福祉施策に問題提起する役割と福祉施設の経営や利用者支援の向上に重要な役割を果たしているといえる。

③　指定都市および区社協の法的位置づけの光と影

前述したように一九八三（昭和五八）年の旧社会福祉事業法の改正によって市町村社協は法制化されたが、指定都市および行政区の社協の位置づけや法制化は見送られてしまった。この時の市町村社協の法制化は、前年から全国の都道府県や市区町村の社協関係者が市町村社協法制化運動を全国的に展開し、各市町村議会や都道府県議会への請願運動と国会議員への陳情運動等の成果が実り、議員立法で法改正が提案され法制化に至ったものである。この時神戸市社協おいて全国的な法制化運動では当初から指定都市および区社協の法的な方向付けが不明確であったため、全国的な社協関係者の運動とはいえ、どう対応するか苦慮した覚えがある。それは全国的な法制化運動を前にして運動の手順や方法を議論するために府県指定市社協業務部課長会議が開かれ私も参加していたが、指定都市社協部会で各市の部課長との協議の結果を、座長を務めていた私は全体会議で次のように報告した。「今回の法制化運動の目標には指定都市社協関係者の意見が反映されておらず、本心では法制化運動に反対の運動を展開すべきと考えるが、それを表立って展開すると今回の法制化運動に水をさし足元から運動を瓦解させることになるので、苦渋の選択ながら反対運動は展開しない。しかしそう遠くない時期に府県社協関係者の理解を得て法改正を行い指定都市および区社協の法的問題を解決するよう要請する」と、苦しい胸の内を参加者に訴えたのである。今にして思えば運動の推進役を果たした全社協をはじめ市町村や府県社協関係者に、事務レベルながら重要な課題を背負わせることになったといえる。

④　指定都市の区社協の実態把握

一九九〇（平成二）年の福祉関係八法改正で旧社会福祉事業法（現社会福祉法）の改正で指定都市および区社協が法制化されてようやく法的根拠をもつに至った。これより先の市町村社協の法制化時に区社協等の法制化が遅れた一因に、指定都市の区社協の存在やその組織や活動が良く見えないとの指摘もあり、事実先にふれた指定都市社協民連連絡協議会が神戸で開催された本会議に、オブザーバーとして参加していた厚生省（現厚生労働省）のある中堅幹部からも同様の見解が示されたことがある。そこで当時は十一指定都市の区社協の実態把握と強化の方向を図るため、初めての指定都市社協（区社協）総合実態調査を自ら実施することになり、社協民連連絡協議会の事務局長会議の指示の下で当番市であった神戸市が主担し、私はその膨大な調査業務の中心を担った。府県および市町村社協の実態調査は通常は全社協が担うが、同社協は府県社協単位の組織参加を原則としているため、当時は微妙な関係にあった府県と指定都市の関係から、指定都市内の市区社協には深入りしない傾向があり、この種の実態調査は指定都市社協が知識・資金・労力とも自ら持ち寄りで調査を実施せざるを得なかったのである。各市社協の中堅職員には多くの労力を煩わし、また神戸にわざわざ出向いてもらい調査票の聞き取りや補足質問を行って正確な実態の把握に努めた。また私は調査結果を札幌市で開かれていた指定都市市社協事務局長会議で報告するため、出来上がったばかりの報告書を布袋に詰め朝一番の飛行機に乗り、会場に直接持ち込んで概要を説明してとんぼ返りしたことを覚えている。この調査報告書は、他都市の状況もわかることから、その後各市の市区社協活動に役立てているとの評判も聞くことができた。

(3) 区社協の基盤整備

神戸市内の区社協は、昭和五〇年代後半まではその基盤は弱く組織・活動・財政とも多くの問題を抱えており、任意団体として市社協の出先的であり、事業も下請け化が著しい状況にあった。しかし事態を漫然と手をこまねいていたわけではなく、一九七五(昭和五〇)年には「区社協のあり方(試案)」をだして、区社協強化の方向性を探っていたが具体的な方策は進んではいなかった。その後ひとりぐらし友愛訪問活動の展開や各種調査や児童館運営の再委託等に伴う事業拡大があり、また市町村社協の法制化も追い風になり、一九八五(昭和六〇)年には区社協実態調査を実施して全般にわたって正確な実態把握に努めるとともに、一九八七(昭和六二)年には、それをもとに第三者機関の区社協問題検討委員会による一年間を費やした「区社協の方向と具体的方策について」の答申を受けた。今度はこの答申を活かして区社協の本格的な基盤整備に乗り出し、当面は社会福祉法人格の取得と独立の事務局の設置および基礎的な基盤整備のための行政支援を主軸としてその強化方策の具体化に着手した。この間一九九〇(平成二)年には福祉関係八法の改正により指定都市および区社協が法制化されていることも大きな影響を与えている。その結果一九九三(平成五)年までに、九区すべての区社協が社会福祉法人化を達成したのである。とくに先の答申では基盤整備には行政支援を強く打ち出し、その実現のため市区社協役員が市に陳情も行っている。その結果一九九一(平成三)年には、一区社協当たり三〇〇万円の基本財産分と三〇〇〇万円の社会福祉基金が公費補助されることになり、法人化達成ごとに直接に公的な財政基盤の支援が行われたのである。また独立した事務局は直ちには見通しが立たないため、当面行政財産の区役所の一部を占有する無償賃貸の契約を市長と各区社協代表の間で締結して専有の事務局を確保することになった。

このようにわが社協人生では、昭和五〇年代後半から十数年間にわたって、旧社会福祉事業法（現社会福祉法）上の社協理念の変化と組織問題としての市町村社協と指定都市および区社協の法的位置づけに関して、その動向を注視し自ら法的問題に関わるとともに、実務上でも区社協の法人化と基盤整備に積極的に関わり、区社協関係者をはじめ兵庫県や神戸市の法人担当課との相談・協議にも加わって、一定の役割を果たすことができたと自認している。とくにこの種の問題を担当したのが、社協歴も二〇年近く経験したころであり、年齢的にも四〇歳代の半ばであったことから体力と知力ともに頑張りがきき、また職場でも中堅どころであったことが、内外ともに区社協強化の具体案の企画立案と調整には幸いであったと思うところである。

5　社協でやり残したこと

神戸市という指定都市社協に籍を置いていた私は、法的かつ実態的にも未整備の時代に遭遇したが、旧社会福祉事業法改正や社会福祉法の制定により法的には社協の性格や事業が明確にされるとともに、指定都市および区社協の法的位置づけも一応の決着がついている。この間私は他の指定都市社協の仲間とともに、当面解決を要する区社協を含む指定都市社協問題の解決のために鋭意努力を重ねてきたつもりである。それは初めから意図はしないものの社協活動らしく、調査・集団討議・社会行動を自ら自主的かつ組織的に展開する活動でもあった。最近の市区社協の活動を側聞すると、この問題の解決後二十数年経過しているにもかかわらずいくつかの課題を抱えているといわれている。そこで現在は部外者であり無責任な批判は避けるべきと考えられるが、批判を恐れず幾つかの課題を考えてみたいと思う。

第一には、区社協が社会福祉法人とした独立した組織ではあるが、組織・事業や活動・財政構成等が画一的であり、各行政区ごとの地域性や独自性に欠けることである。これは財源の多くを市の委託金や補助金に頼っていることから活動に独自性が発揮しにくいことと、住民も同一地域内の市民であり同一性や均一性を求める傾向があることに起因していると思われる。この社協の財政的自立は全国の永遠の課題ではあるが、自主財源の確保と行政の委託補助事業が安上がりでなく、必要な人件費と事業費を正当な対価として確保することである。

また役員や構成団体の組織が任意団体時代をそのまま引き継いでいることから、社協組織に活力が欠けておりその結果から機動的な組織運営と新しい風の吹き込みに乏しい状態にあるように思われる。この点では各社協の歴史的経緯や地域事情が反映していると思われるが、今一度今日的な時代に即した理事評議員の組織構成やその人数等を大胆に見直して区社協組織の機能強化を図ることが求められる。

ついで区社協事務局の所在場所の問題であるが、法人化当初は当面は各区役所内に置くことになったが、三〇年近く経過したにもかかわらず依然として同じ状態のままである。行政とは一線を引く社協の立場を見える化するためには、当然独立した事務局が必要であり区役所とは離れた区民センターや勤労市民センターなどの公共施設や在宅福祉センターなどの保健福祉施設等に置くことも一考である。

さらには区社協職員の雇用関係のあり方で、現在は区社協職員も市社協職員と同一の身分で市区社協の人事交流も盛んに行われているが、区社協の独立性から考えると議論の余地があることは前述したところである。

第二には、市区社協の事業のあり方に関する問題である。近年市区社協では、市委託や補助事業（利用・通所型福祉施設や保健体育施設等を含む）の増加により、いきおい財政や雇用職員も増加の一途を辿っていることは先にふれたが、公的入所施設を経営する社会福祉事業団とは異なった特異な福祉事業体としてその役割を背負っており、非常勤職員も多い中で職員集団は日夜業務に忙殺されているのである。よく〝調査なくして発言権なし〟と言われ、いきおい社協の神髄とされる社会調査も疎かになり、問題の発見に始まる広域や小地域の地域福祉活動やソーシャルコミュニティワークの取組みが弱く、また世論を喚起する広報啓発や世論への訴えも弱いと言わざるを得ない。残念ながら昨今は、全国の災害（地震・水害・火災）発生時に、災害基金の募集や泥出しや水運びの災害ボランティア募集が新聞などのマスコミで市区社協が報道されるのが目立つのみである。時には神戸市内の市区社協のホームページを見ているが各地とも情報の更新が十分でなく、また生き生きとした情報が少ないように感じるので、情報化社会のもとでは多様な情報ツールを駆使した情報提供を期待したい。

このように現在も神戸市の市区社協は重い課題を背負っている。その課題は全国的に共通するものも見られるが、神戸市独自の知恵や力で改革できるものもあろう。すでに私は定年以前に市社協を退職しており、いくつかの課題を背負っていながら解決を見てないことは責任を全うしてないと批判されても止むを得ないと思うし、やり残したことと言えるかもしれない。

なお幸いにもかつて私と共に業務を担当した職員の多くが辞めることもなく、今では市区社協の幹部や中堅の職員として育っているので、諸課題の解決のためには彼らの積極果敢な挑戦に期待するほかはないのである。

6　わが社協人生を省みる

三五年間の神戸市社協での社協生活は、私にとっては最初の社会人生活の職場であり、かつ大学で学んだことを活かす実践の場でもあったが、途中何度か落伍しそうながらも勢いと惰性でほぼ社協人生を全うしたと思っている。もちろんかつての社協仲間や地域指導者等の第三者からの評価はわからない。この間に幸いにも病気その他で長期に職場を離れたこともなく、逆に海外に三回ほど長期の研修や見学の派遣の機会が与えられたことは外の空気を吸い気分を変える絶好の場にもなった。ここではわが社協人生を振り返り、いまの生活の糧になっていると思われることをいくつかを考えてみたい。

第一には、社協人生を通して幅広い知識と多様な経験を体感したことである。知的には理論としての社協論を含む地域福祉論のほか都市社会学・社会調査・地区診断の方法・広報技術・社会行動を含む行財政・会議や集団討議法含む組織運営・福祉施設経営・児童文化等多岐にわたる理論を学ぶとともに、これらを実践的にも体験してまさに理論と実践が学べたのである。また写真や録音録画を含む記録の重要さを知るとともに、自ら記録し文章力も求められ、文章化・体系化の力量を高めることができた。さらに地域や福祉施設のほか国際児童年記念国際キャンプ・ユニバーシアード（学生の国際的スポーツ大会）・ポートピア’81（国際的な地方博）等の諸行事のボランティア関係の企画運営の諸行事は、苦労も多かったが国際的に視野を広げるとともに、住民や利用者の理解や生活習慣等の違いを体得でき、得るものが多かったのである。

第二には、多彩な人とのコミュニケーションと支援方法を学んだことである。社協のいろいろな会議や行事を通して、また青少年・学生・成年・単親（単身）・高齢者・女性等あらゆる階層の住民と接することで、様々な思い・意見・主張を見聞することができた。これを通して自らの意見、主張、思想に磨きをかけることの大切さを感じたのである。また障害者や難病患者等の交流を通して会話やコミュニケーション手段を理解するとともに、介護保険事業を通して介助法や福祉機器の操作法も体得できたことは、自らの老後生活や介護に役立てたいと思っている。

第三には、社協で獲得した価値・知識・能力・技術を社協退職後の人生に活かすことができたことである。私は神戸市社協を定年三年（嘱託期間を含むと八年）前に円満に自主退職して、神戸市内にある女子大学の社会福祉学科の専任教員に転職した。大学は社会福祉士および精神保健福祉士と介護福祉士の養成コースがあり、各福祉士必修指定科目の地域福祉論を担当したほか援助技術実習指導や実習訪問も担当した。ここでは社協経験が多いに役立ち、地域福祉の理論のほか実践や経験を活かして生きた厚みのある授業を展開することができた。また現場実習では、社協時代に培った密接な福祉施設との人間関係を駆使して迅速かつ適切に実習を行うことができ、実習学生や同僚教員からも大いに喜ばれたものである。また福祉施設の実態を学生に正確に伝えることで、適切な就職の相談助言と紹介につながった。今福祉人材の養成と確保が社会的要請になっているが、各養成機関では人材養成のためにも長期に福祉実践を経験した教職員を配することが痛感された。なお大学では若い学生とともに学び張り合いのある一三年間を過ごし、今度は中途退職ではなく定年退職である。

ところで二〇一五（平成二七）年九月に、全国で初めてと思われる社協共募職員のＯＢ・ＯＧ組織の「兵庫県内社会福祉協議会・共同募金会事務局退職会（通称『トアロード会』）」が四〇余名で発足した。これは神戸市内を含む兵庫県内の県・市区町〈注：兵庫県下には村は無い〉社協や共募職員としておおむね一〇年以上勤務し、現在は退職した者をもって組織したものである。通称の『トアロード会』は、かつて兵庫県社協等が入居していた兵庫県社会事業会館が所在していた通りがトア（東亜）ロードと呼ばれていたことに由来するものである。

会の設立趣旨は、二〇一〇年代頃から社協職員等に定年を迎えた者が多くなり、なかには物故者になりかつての仲間を惜しむ声が上がるなかで、有志によって相互に親睦を図るとともに、県内の地域福祉の推進に側面から寄与しようと退職者会を設立することになったものである。会では年一回会員の交流を兼ねた総会のほか、県下を巡る一泊親睦会・タウンミーティング・慶弔等の事業を行い、行事の際は会員の近況や発題の機会を設けて活き活きとした退職後の日々を送るよう互いに励まし合っている。なお二〇一八（平成三〇）年五月には特別事業として前出の、塚口伍喜夫・坂下達男・小林良守監修による『地域福祉への挑戦者たち』（Ａ五版　三三八頁　大学教育出版）の書籍を一〇〇〇冊出版している。この図書では、出版に至る鼎談のほか、社協活動体験記（二三編）と物故者の追悼記（一三編）を所収し、とくに体験記では、旧社協基本要項制定以降から協議体・運動体・事業体と社協の性格の変遷を現場の立場から赤裸々に著しているなど社協の文献資料としても貴重なものとなっている。またこの書は筆者たちの生きた証しと激動の社会に生きた社協マン（ウーマンを含む）のホンネを語るとともに、後輩の社協マン達への何らかの提言と激励のメッセージの願いをも込めているのである。

なお末尾にはなるが、私は神戸市社協を退職してすでに二〇年近くが経過しており、現在は社協に直接に関わっているわけでもなく事務局を訪ねることもしてはいない。ただ市広報紙や自宅に投函される地元区社協たよりを読んだり、市や各区社協のホームページを時々閲覧するのみであり、最近の市区社協の動静には鈍感であると言わざるを得ないが、陰ながら心の中では後輩たちに激励のエールを送っている自分がいるのである。

第2章　社協らしさを求め続けて

堀田　稔

1　私の生い立ち

(1) モノ不足の〝団塊の世代〟

①　学齢期

終戦後の一九四七（昭和二二）年六月、私は広島の地で誕生した。戦後のベビーブームで出生児約二七〇万人の一人として後に〝団塊の世代〟と呼ばれ、今や二〇二五年問題の〝厄介者〟と揶揄される世代である。私たちの世代は、とにかく人数の多い中で育ち、通った小学校は全校児童数が四〇〇〇人弱で、当時全国屈指のマンモス小学校であった。中学校も生徒数が多く、一クラス六〇名くらいで教室の後ろまで座席があり、参観日には保護者は教室には入れず、廊下から参観するような状況であった。中学校入学時が丁度「六十年安保改定」で騒然としていた時代であった。私は社会科の授業が好きで、担当教諭は新聞を読むことを勧め社会への関心を高め、複眼的な視点を与えてくれた恩師であった。

高校は自宅から自転車で一〇分の公立校に入学したが、この頃ベトナム戦争が激化していく中で、「ベトナムに平和を！市民連合（べ平連）」などの反戦市民運動のうねりも大きくなっていく時代でもあった。高校のホームルームでベトナム戦争について議論したり、政治や社会への関心を高めていった時期である。

② 大学生活

ジャーナリストに憧れて、社会学を学びたく立命館大学産業社会学部に入学した。当時はマスプロ教育と言われ、五〇〇人以上が大講義室で一斉授業を受けていた。私は現在大学教員であるが、今の大学のように毎回出席をとるわけでもなく、期末試験に合格すれば単位が取得できるという、実に学生の主体性？を尊重した授業であった。当然、授業を聞きたくない学生は教室にはおらず、〝私語〟を注意する必要もなかった良き時代であった。大学三年後半から日大、東大、京大で始まった全共闘運動は、立命館大学にも波及し全学バリケード封鎖で授業は休講となり、セミナーを自主開講し学生同士で議論をした。特定のセクトに属さず、ノンセクトという自由で無責任な立場ではあったが、真剣に大学のありかた、政治や経済、社会のありかた等について口角泡を飛ばして議論したことが今は懐かしい。自主ゼミや先輩、友人、他大学の学生達と議論し気づかされたことが多かった。

その中で、暴力は物理的なものだけでなく、「民主主義には多数決という〝数の暴力〟という裏面を見なければいけないこと」「行動を伴わない専門性は役に立たないこと」の二つのことを学ぶことができた。

(2) 社会人一年生　ホテルマンからのスタート

就職先は地場のホテルを経営する観光会社であった。選択した理由は、人と関わる仕事であり、転勤がないという実に消極的な理由であった。華やかに見えるホテル業界は裏方に回ってみると、実に多くの人が汗にまみれて役割分担しながら、お客様により良いサービスを提供するという、ただ一つの目的のために協働している姿であった。今風に表現すると〝異業種協働体制〟そのものである。しかし、当時のこの業界の体質は古く、仕事内容もかなり技量の部分が多く、上司と部下という関係よりも、〝師匠〟と〝弟子〟の関係に近いものであった。戦後の民主主義を学び、学園闘争を経験した〝青二才〟の若者にとって、働く者は〝労働者〟という意識を持っていたこともあり、職場や仕事の進め方に疑問を持つことが多くなってきた。入社後五カ月が経った頃、同期入社の六人の内四人と共に退職する道を選択することになった。

２　社協マンとなる

(1)　再就職先が社協

失業中の私に、広島市役所を退職して広島市社協に再就職（今で言う天下り）していた伯父から「今職員を一名求めているがどうか」と誘いがあった。伯父からは社協というところは「給料が安く、仕事も面白くはないが、景気には左右されず安定した職場」という話であった。その時は社協についての予備知識はまったくなく、福祉の事務職くらいの認識で、まさか三三年間も勤務し、これくらい社会に必要な組織、仕事はないと確信するようになるとは思いもよらなかった。

(2)　最初の仕事は貸付事業

①　年金業務からのスタート

私が広島市社協に入職したのは一九七〇（昭和四五）年一〇月であった。当時市町村社協の大半が役所の片隅に申し訳なさそうに？　机を置いて、行政職員が兼務で細々と事務を執っているというのが一般的で、独立した事務局を持っている社協は少なかった。社協職員も高齢退職した公務員ＯＢが大半で、若手の職員は数える程しかいなかった。最初に与えられた仕事は、新規事業である「国民年金保険料追納資金貸付事業」であった。この事業は、年金制度が開始されて加入期間二五年を満たすことができない低所得高齢者に未納分の保険料を貸付け、「一〇年年金」という国の特例救済措置の年金を受給できるようにする事業で、その資金は広島市が出資し市社協の低所得者対策事業として実施された。

② 初めての相談受付業務

大学時代に社会保障を真面目に学習していたわけでもなく、いわんや年金制度などまったく門外漢であった自分に、老後の生活を左右するような重要な仕事ができるのか不安でいっぱいであった。この事業を担当して衝撃であったのが、来所する高齢者の中に文字の読み書きができない人が少なからずいたことである。これまでの私の人生の中で出会った人はすべて字が読めて書ける人であり、それが当たり前と思ってきた。しかし、来所者の中には制度説明の書類を見せても理解できず、また、申請書に記載できない人が多くいた。「幼少期に貧しくて、また戦時で学校に行けなかったため読み書きを学ぶことができなかった」と、呟いた人がいた。万博景気に沸く時代に、このような人たちが存在していたことは大きな驚きであり、私にとって初めての福祉の仕事に、何か決意じみたことを感じたことを今でも覚えている。

③ 県社協初任者研修での出会い

新任職員研修もなく、いきなり福祉現場に放り込まれ不安の日々であったが、入職二カ月後くらいに広島県社協で市町村社協新任職員研修会が開催され、初めて職員研修会に参加した。やはりそこも新任とはいえ、公務員や教員のＯＢ・ＯＧが大半であったが、若手職員も含まれていた。研修会の冒頭で、当時の県社協組織課の宮本秀夫氏（故人）が社協の現状と課題について、「社協基本要項」「住民運動」「公害問題」などのキーワードで熱く基調説明を行った。社協は〝眠れる組織〟になっている、若い力で組織を覚醒させてほしい旨の檄を発したこと。何かよくわからなかったが、住民運動や公害問題に関心を持っていた私は、社協という組織が自分の関心領域に近い組織であることを確認できた研修会であった。そして、何よりも宮本氏との出会いが私が〝社協道〟を歩むスタートとなった。

３　住民主体を具現化する営み

私の社協人生三三年間は、中途二年間を除いて事業畑で仕事をし、社協の基盤づくりの時期でもあり、未開拓の分野も多く様々なことに挑戦できる、ある意味恵まれた時期でもあった。重点を置いて取り組んだことは次項に譲り、ここではひとりの社協マンとして関心を持ってきたこと、関わってきたことなどを整理してみたい。

(1)　活動の検証とまとめの作業

日常生活自立支援事業や災害救援活動などで、社協の認知度は高まってきた。私が社協に入職した頃は、社協の住民認知度は低く、役所の一部と見られていたり、行政職員の中にも外郭団体と認識している人がほとんどであった。住民主体を標榜しながら、そのギャップは大きなものがあった。私は、まず取り組まねばならないことは、社協の認知度、理解度を高めること、そして民間性を強調することであると考えた。広報予算も不十分な中で住民向けの広報誌やパンフレットの作成もしたが、それよりも重視したことは、モデル事業や重点事業の活動検証と、そのまとめの作業としての報告書作成であった。私の所属していた福祉課は市社協〝出版部〟を自認するくらいで、毎年のように活動報告書、提言書を作成した。特に重視したのは、行政職員や議員、専門機関職員の人たちで、身近なところから意識啓発を図ることに傾注した。これは私が社協を退職するまで継続して行ったことである。

(2) 住民座談会、集いの重視

最近のソーシャルワークで強調される〈アウトリーチ〉という手法は、私たちの時代の社協では誰もが行っていたことである。地域から、当事者から要請があって行くのではなく、こちらから〝押しかけて〟行くことを日常的に行っていた。それは、社協マンとして何をすればよいのか、地域の福祉ニーズ、当事者の思いや願いを把握するという、必要性があって行う〝仕事探し〟〝役割探し〟でもあった。

(3) 地域組織化活動の重視

社協らしさの基本は地域を大切に地域にこだわり続けることだと思う。福祉制度改革 の中で、事業型社協に多くの社協が傾斜していき、それが社協の大勢となっていった。

そんな中で、在宅福祉サービス事業を主要事業とせず、介護保険サービス事業にも参入しないで〝地域組織化路線〟を選択してきたことは、時代の流れに抗する営みであったかもしれない。

(4) 当事者の組織化、居場所づくり

私は在宅福祉サービスを否定するわけではないが、その活動エネルギーを当事者の組織化、居場所づくりに注いだ。それは、当事者との出会い、当事者の抱えている問題やニーズから学び、その気づきから社協活動は始まるという、ひとつの確信に近いものがあったことだと思う。当事者の組織化は仲間づくりにとどまらず、地域の中に居場所を作り住民として認知され、メンバーの連帯を強め、生活の質を向上させることが可能となる取り組みである。それは、専門機関職員との連携を必要とし、行政施策への反映、制度化という道筋へとつながっていく。当事者の組織化なくして、住民主体の社協活動は具現化できなし、これが社協らしさの神髄ではないかと思って取り組んできた。

4　社協に刻んだ小さな足跡

(1)　地区社協の育成、小地域福祉活動の推進

①　地区社協の組織化、育成

(一)　地区社協に福祉路線を

私が入職した当時の地区社協は、ほぼ連合町内会（連合自治会）と表裏一体であり、活動内容も住民の親睦活動が主であった。まず取り組んだことは、なぜ地区社協組織が必要なのか、それは町内会・自治会とどこがどのように異なるのかを理解してもらうことであった。全市四三地区を夜間、休日巡回訪問し地区役員に説明し理解を求めた。その甲斐あって地区社協不要論は次第に影を潜めていったが、議論の中心は、「福祉は行政の責任で、それをなぜ住民が担わなければならないのか」という、住民主体論に関わることであった。私の住民主体重視の考え方は、地区役員との議論の中で培われていった。

(二)　協議体から実践体へ

「理屈はわかるが、どのように取り組めばよいのか」、地区役員の思いを形にし地区社協の実践機能を強化するため、〈調査〉〈研修〉〈広報〉の三つの実践プログラムを用意し希望地区社協と協働して行う取り組みに着手した。この事業を実施した地区社協のフォローアップとして、三カ

年のモデル地区指定を行いその成果の波及に努めた。モデル地区活動の成果として、①地区レベルで障害者の仲間づくり、交流の場づくり、②ひとり暮らし高齢者の見守り活動で、医師会や保健所との連携などが生まれ、親睦活動と行事に終始していた地区社協が、大きく変貌を遂げる時期であった。

②　小地域福祉活動の推進

（一）福祉のまちづくり事業への取り組み

《小地域福祉活動推進の新たな指針策定》

先進地区の活動を他地区に波及させていくという〝モデル地区方式〟は、広域で地区数が多く、過疎的地域から新興団地や都心部などを含む地域特性が多様な市域社協では限界が見えてきた。そこで、一九八七（昭和六二）年に地域福祉計画「市社協地域福祉推進第一次五ヵ年計画」を策定し、その中で新たな小地域福祉活動の展開を図るため「共に暮らせるまちづくりを進めるために〜地区社協の福祉推進機能の強化をめざして〜」の活動指針を示した。

《〝モデル地区〟方式から〝全地区底上げ〟方式へ》

新たに「福祉のまちづくり事業」として、予め用意された活動メニューから地区社協の力量に応じて選択、実施する〝メニュー方式〟で、「一地区社協一福祉実践！」をスローガンに、すべての地区社協で取り組む〝全地区底上げ方式〟に転換して全市展開を図った。この事業は、〈見守り活動〉〈サロン事業〉〈地区ボランティアバンク事業〉と、形を変えながら現在まで三〇年以上にわたって地区社協の看板事業として取り組まれ、介護保険制度改正に伴う「総合事業」に位置づけられ小地域福祉活動として定着している。社協の後輩たちからは、現在にも通じる普遍的な事業として、その先見性が評価されている。

(2)　当事者の組織化、社会参加の促進支援

①　障害児の地域での仲間づくり

（一）見えにくい子どもたち

《自主保育「土曜教室」の開設》

重い障害を持っている子どもたちは、地域の学校ではなく遠く離れた養護学校（当時）にスクールバスに乗って通学していた。地域行事にも参加できず、地域には友達もなく、親も地域からは孤立した状態に置かれていた。土・日曜日、夏休みや春休みなどの長期休暇は家で寂しく家族と過ごすしかない状態であった。「せめて月に一回でも土曜日に子ども達と保護者が集える場があれば」という保護者のささやかな願いが社協によせられた。会場提供とボランティアの支援から着手し、障害児の自主保育活動「土曜教室」の取り組みが始まった。

《小学校のプールで泳ぎたい》

夏休みには地域の子どもたちは通学している自校のプールで泳ぐ。このごく当たり前のことが養護学校に通学している子どもには許されていなかった。「私たちも地域の小学校のプールで泳ぎたい」この子どもたちや親の願いを叶えるべく、地元の小学校に交渉してプール開放日を設定してもらい、ボランティアのお兄さんやお姉さんと一緒にプールで楽しく泳ぐことができた。この取り組みも、各地域で「夏休みプール教室」として広がっていった。この取り組みは、小学校や地区社協、民生委員児童委員協議会に障害児とその保護者の存在と、関係性が芽生えたことが何よりの成果であった。

（二）地域の障害児と保護者のネットワークづくり

《全市的な集い、連絡会の開催》

障害児の自主保育活動が地域で広がりを見せる中、一九八〇（昭和五五）年に市内の一五グループに呼びかけて「地域の障害児とお母さんの仲間づくりを進める集い」を開催した。初めて市域のグループが一堂に会し相互の情報交換と抱えている問題、課題が話し合われた。この席に教育委員会や行政の障害福祉関係者も招聘し、行政への要望も多く出された。時期的にも国際障害者年にあたり、まさに〝完全参加と平等〟にふさわしい実践であり、これぞ社協の役割と実感した取り組みであった。

《障害児の地域参加が政策課題に》

障害児と親の仲間づくりの実践は、県社協の支援もあり県内に広がりを見せていた。一九九四（平成六）年に広島県教育委員会で、翌一九九五（平成七）年には広島市教育委員会で調査研究委員会が設置され、私も運営委員として参画した。そして「養護学校（当時）児童生徒の地域活動促進事業」として行政施策に反映されることになった。そして、二〇〇四（平成一五）年には市立養護学校（当時）の児童生徒の六割が地域活動グループに所属し、約三〇のグループが活動する状況となっていた。

（三）障害青年の行き場づくりと作業所づくり運動へ

障害児の保護者達は、養護学校（当時）の高等養護部に進級した子ども達の卒後という新たな課題に直面していた。市社協は保護者たちの取り組みを支援しながら、「障害青年教室」の開設と行政との橋渡しを担った。そのような中で「障害青年教室」以降の取り組みについて、連絡会では障害青年の〈集団の場〉〈労働の場〉〈学習の場〉を確保することの必要性を確認し、「作業所」の開設に取り組むことになった。現在市域にある作業所の多くは、この当時に障害児と保護者の仲間作り運動に参画した関係者によって設立されたものであり、市社協は地域や関係者との調整、行政との連絡調整役を担うことができた。

② 要援護高齢者の組織化

（一）脳血管疾患等中途障害高齢者の組織化

《一人の高齢者の思いから》

この取り組みは一九八〇（昭和五五）年、中央老人福祉センターを利用していた、脳卒中後遺症により右麻痺がある一人の高齢女性の「互いに励まし合う仲間が欲しい」という思いから始まった。病院の理学療法士から退院後リハビリができなくて寝たきりになる高齢者が多く、退院後のリハビリの必要性を聞いていたこともあり、中区社協と連携して中央老人福祉センターを活用して月二回、リハビリ相談会を開催することにした。

《地域での自主的なリハビリ教室の開設》

脳卒中後遺症高齢者の対象把握とニーズ把握を行うため、〈脳卒中生活相談会〉を開催した。相談会に訪れた高齢者から様々な悩みやニーズが寄せられた。「家でどのようにリハビリをしてよいか不安である」「悩みを話し合う仲間が欲しい」など。早速、県理学療法士会と相談し社協事業としてのリハビリ教室を開催することにした。健康チェックを中区保健センターに依頼し保健師の派遣を要請した。当時は医療系以外では、全国でも稀な地域での自主的なリハビリ教室の開設となった。

《脳卒中後遺症者友の会の組織化》

リハビリ教室の開設に合わせ、「楽しく生き生きとリハビリを行うこと」をモットーにリハビリ教室利用者を中心に自主組織（リハビリ友の会）の立ち上げを支援した。メンバーには元板前職人や生け花の師匠など様々な技術や知識を持っていた人たちが多くいた。友の会は〝昔の名人〟を講師に、料理教室や生け花教室、レク活動や社会見学、健康学習などに取り組み、前向きに生きていく姿勢にはこちらも学ぶことが多くあった。

（二）認知症介護家族の支援

一九八〇（昭和五五）年当時は、介護保険制度もなく妻や嫁の立場にある女性が介護を担い、社会的支援はほとんどない中で孤独な介護を行っていた。とりわけ認知症介護者は厳しい状況に置かれていた。私は、家族の会の組織化に関わり、介護体験記の編集・発行、それをベースにした研修会の開催、家族の会大会などイベントの援助を行った。また、家族の会と協働して行った会員へのニーズ調査により、認知症本人の居場所が自宅以外にないこと、介護家族の休息の時間がないことなどが明らかとなった。そこで、社協が受託管理していた老人憩いの家を活用して家族の会と協働して「認知症高齢者託老事業」を開始し、当時としては先駆的な認知症高齢者のミニデイサービスに着手した。

③　父子家庭への支援

(一)　父子の集いの開催

《ひろしま父子会の組織化》

父子福祉法もなく母子会のような組織もない父子家庭は、制度の谷間に埋もれた問題であった。安佐南区に居住する子育てに悩む一人の父親の相談からこの取り組みは始まった。安佐南区の社協ワーカーからの問題提起を受け、それまで児童問題への取り組みの弱さを痛感していた私は、区社協と協働してこの問題に取り組むこととした。まず、同様の問題を抱える父子家庭があるのではないかということで一九八四(昭和五九)年に「父子の集い」を開催し、毎月定例会を開き、父子家庭の父親が抱える悩みや問題を出し合い、相互の交流を図っていった。その中で父子家庭の中でも離別父子家庭は死別父子家庭に比べて、親族からの支援や地域からの支援もほとんどなく〝孤立無縁〟の状態にあることが明らかとなった。父子家庭の抱えている問題を社会に明らかにし、行政等へ必要な支援を求めるため、県内では初めての父子家庭の当事者組織として一九八六(昭和六一)年に「ひろしま父子会」を組織した。

《他府県父子会との連携》

父子会で父親たちは子育てについての情報交換を行い孤独な子育てから徐々に解放されていった。同様の取り組みをしているところが大阪府枚方市、島根県益田市や京都府舞鶴市、福井県福井市にあり、他地域の父子会と交流してみたいという思いが強くなった。平野隆之（現・日本福祉大学教授）先生の助言も得て、一九九二（平成四）年にキリン福祉財団の助成を受けて、当時の父子家庭を描いた映画名にちなんで「クレーマー、クレーマ全国交流会.in広島」として開催し、各地からの参加もあり父子会の交流の輪が広がった。この取り組みは父子家庭の抱える問題を広く訴えることができ、また父子会の全国ネットワークづくりのスタートとなったこと、さらには、行政の父子福祉施策への取り組みにつながっていった。この広島での取り組みはその後一九九三（平成五）年に大阪府社協、一九九四（平成六）年に京都府社協、一九九五（平成七）年に福井県社協へと引き継がれていった。

(3)　国の方針転換を促した区社協法人化

①　政令指定都市移行に向けて

（一）周辺町村との合併、再編

《合併町社協法人化による事務局体制強化作戦》

広島市は市制九〇周年を期して一九八〇（昭和五五）年、全国一〇番目の政令指定都市に昇格した。市社協も行政合併に合わせて対応を迫られていたが、市社協としては行政合併までに県社協の支援を受け町村社協を法人化し、事務局体制を整備する戦略を立てた。当時、法人社協には県単補助と国庫補助の職員設置補助があり、町村社協を法人化することにより二名の専任職員を確保できる状況にあった。行政合併前に県社協と協働して町村社協法人化を行い、事務局体制整備を行ったことは広域社協体制整備の上での第一歩であった。

（二）市域に異例の八法人町社協の併存

《行政合併しても社協は存続》

行政合併が急ピッチで進む中、県社協の支援で合併町村社協の大半が法人化、存続し、一九七九（昭和五四）年時点で広島市域に八法人町社協が存続していた。このような状況の中、市社協としても政令指定都市社協としての体制整備に迫られ、市行政と連携して理事会内に法人町社協会長と市社協正副会長、常務理事（市民生局長）で構成する「政令指定都市調査研究委員会」が設置され、私が事務調整を担当することになった。

《政令指定都市社協としての体制整備》

設置された委員会で国、県、市、全社協、県社協など各方面に働きかけを行うことになり、①市域社協の組織系統を市、区、地区の三段階とする、②法人町社協は相互合併または、昇格により法人区社協に統合整備する、③法人町社協職員数は現状を維持する、④区社協事務局は区役所所在地に置くの四つの基本方針を確認した。

②　区社協設立そして法人化

（一）区社協設立

《区社協法人認可がカギ！》

区社協設立でネックになっていたのが旧法人町社協の法人格の扱いと区社協の法人認可の問題であった。当時の厚生省は〈一市町村一社協一法人〉が大原則であり、一部の例外を除いて区社協法人化を認めていなかった。そのような中、私は県社協の助言を受け、法人認可を担当する広島県や国との調整窓口として全社協地域組織部を通して何度も厚生省（当時）に説明に通った。厚生省も広域都市社協の中域での地域福祉の推進拠点として区社協設立の必要性と、事務局体制整備としての法人化をようやく理解し、正に〝岩盤規制〟を改め、政令指定都市の区社協法人化を認める大転換となった。

《三方式での区社協設立、法人化》

ようやく厚生省の方針転換を確認し、いよいよ区社協設立、法人化を①地区社協連合方式、②法人町社協合併方式、③法人町社協昇格方式の三方式で区社協の設立、法人化を申請し、一九八〇（昭和五五）年二月に厚生省は方針変更を打ち出し、申請通り法人化が認められた。一九八三（昭和五八）年に三カ年の活動実績を基に、旧市内の三区社協が法人認可され、全国の政令指定都市で初めて〝全区社協法人化〟を達成することができた。これは一九九〇（平成二）年の社会福祉法において、政令指定都市社協の区社協が「地区社会福祉協議会」として法定化されたことにつながっていく。その後市行政により区地域福祉センターが設置され、その中に福祉事務所、保健センターと区社協が同居し、協働体制を可能とする体制が取られていることは、区社協法人化なくしては成し得なかったことであろう。

5　社協でやり残したこと

市社協事務局体制が整備される時期に入職し、環境の変化、政策動向に影響されつつの取り組みであったが、振り返ってみるとやり残したことも多い。問題対象と推進方法から反省の意味を込めて整理してみたい。

(1)　取り組めなかった問題対象

子ども家庭福祉問題

多くの社協で高齢者や障害者の福祉問題に比べて、児童福祉問題への取り組みの弱さが指摘されている。広島市社協で私が取り組んだ児童関係の取り組みと言えば、民間の空き地を活用してブランコや鉄棒などを設置する「ちびっこ広場遊具貸付事業」くらいであった。この事業は地域の遊び場づくりの取り組みであったが、遊具設置とその安全管理に止まり、地域の遊び場づくり運動を展開できなかったことは未だに心残りである。また、前述した父子会の組織化支援への取り組みはあったものの、地域の子育て支援の取り組みはできなかった。子育て支援の対象が障害児に特化してしまったことも、地域への広がりを欠いた要因として反省材料の一つである。

(2)　推進方法、活動展開における反省点

①　地域組織とNPO組織の地域での協働

（一）地区レベルでは連携できず

社協は地縁組織を中心に地域をベースに実践活動に取り組んできたが、住民参加型在宅福祉サービス団体やNPO団体はどちらかというと、人やサービスを中心に取り組みを進めており、地域エリアは必ずしも前提ではない。さらに、活動に伴う費用や経費を徴収する有償性などが、これまでの社協活動とは大きく異なり、社協マンの中にも違和感を抱くものが多かった。具体的な実践場面である地区社協では、活動範囲の異なる住民参加型在宅福祉サービス団体やNPO団体等との連携は困難であり、両者の違いを認めつつ相互理解を進めていくことはできなかった。

（二）まず区レベルでのプラットホームづくりを

一気に地区社協レベルでの連携は難しいとしても、区社協段階での協働体制づくりが必要である。社協こそ、コミュニティ組織とアソシエーション組織の協働体制作りが可能であると思い、

地区組織などへの働きかけを行ってきたが具体化には至らなかった。いくつか理由が考えられるが、①両者の違いを認め合うという〝相互理解〟が不十分であったこと、②互いに組織にこだわり〝対等な関係〟が築けなかったこと、③協働して問題解決に当たらなければならないという〝課題設定〟と〝必然性〟が乏しかったことなどが反省点としてあげられる。

②　住民参画、ボトムアップの地域福祉推進計画策定

(一)　実態はトップダウン

一貫して市社協の地域福祉推進計画策定にかかわってきたが、計画策定において最も重要な住民参画で策定することが具現化できず、結果としてトップダウンの計画策定に終始したことは大きな反省点である。その要因は、①計画策定期間が一カ年という期間設定にあること、②次期計画策定では、策定作業が〝更新〟作業と化していること、③地域福祉計画の内容が社協強化計画と同化していることなどを要因として挙げることができる。

(二)　なぜ積み上げができなかったか

広島市社協では三層構造の計画策定を構想した。〈地区社協計画〉が、〈区社協地域福祉活動計画〉に集約され、区社協地域福祉活動計画が〈市社協地域福祉推進計画〉に集約、反映されなければ三層計画の意義はない。住民参画、ボトムアップの計画策定には、地区レベルでの策定支援を徹底して行う必要があり、計画策定を支援できるスキルを社協職員が習得することが不可欠で

ある。住民とともに地域の福祉問題、住民ニーズを明らかにし、それを共有し計画的な取り組みの重要性を住民に認識してもらう、地道な取り組みなくしては、ボトムアップの計画策定は不可能であることを思い知らされた計画策定作業であった。

6　我が社協人生を振り返って

私は一九七〇（昭和四五）年に社協に入職し、二〇〇三（平成一五）年まで三三年間在職した。五五歳で地元の大学に転職したが、それ以降も広島市社協地域福祉推進計画策定委員や総合企画委員会委員として現在まで、市社協との関わりは途切れることなく継続している。〝職員〟としての社協と、〝委員〟としての社協の立場を変えて関わることができる幸運に恵まれている。社協人生を「社協の中での自分」「自分の中での社協」に分けて振り返り、終わりに後輩へのメッセージを送ることとしたい。

(1)　地の人、木の人、風の人

残念ながら社協は、行政と財政・人事の面で完全に自主独立の民間団体になりきれない現実がある。社協の職員構成は当該自治体からの退職職員と派遣職員、そして少数のプロパー職員の〝三種混合〟の組織が一般的であった。そのような組織体制の中で〝社協らしさ〟を求め具現化していくことは大変厳しいことであった。私の経験の中から思うことは、古参プロパー職員は組織基盤をより強固に滋養豊かに若手を育てる〈地の人〉であり、そこから若手プロパーが育ち次代を担う〈木の人〉として社協を発展させる原動力に、そして、その若手プロパーを、派遣職員や高齢退職職員が社協以外の経験知や実践知で揺さぶり鍛える〈風の人〉と役割を分けて考えてきた。私は、その中の〈地の人〉の一人として一定の役割は果たせたかと思う。

(2)　自分を鍛え磨く社協組織

社協の仕事ほど生活そのもので地域に密着した仕事は他にない。考えてみれば、このような仕事、職場で過ごせたことは何と貴重で幸運であったことであろう。住民座談会の後、地区役員と居酒屋での戦時の話や地域愛を語る話の中に人生そのものを学ぶことができた。当事者の怒り、悲しみ、求めを聞くことで、福祉に携わる者として、社協マンとして、考え取り組まなければならない課題を直接学ぶことができた。最近の社協事務局を見ると、黙々とパソコンの画面とにらめっこし、職員同士の会話もあまりなく静寂の中にあるスマートな？ 事務局。忙しくて地域に出る暇もない？ と嘆く職員の多いこと。専門分化した業務をセクションごとに処理しているとすれば、社協事務局内からプラットホームづくりが必要なのではないかと思う。私は当事者、住民・市民から学んできたことが、社協マンとしての自分、そして今の自分を形作ってきたと思っている。

(3) 後輩へのメッセージ

終わりにこれからの社協を担い支える若手社協マン・ウーマンに、老婆心ながら期待を込めて10項目のメッセージを託し今後の健闘を祈りたい。

① 相談事業、直接事業の中から地域へ

相談事業、直接事業はニーズを見つける〝打出の小槌〟。

② 調査なくして活動なし

〝勘〟〝経験〟〝思い込み〟ではなく、定期調査、定点調査、ミニ調査（アンケート）が客観性、科学性の根拠。

③ 組織内プラットホームから始める

縦割り、専門分化した社協ではなく、組織横断的な協働体制づくりをまず社協組織内に設定すること。これができずに社協はプラットホームを語る資格なし。

④ 組織としてのジェネリックソーシャルワークを

日常業務の中で援用している様々な組織内の援助技術を動員、総合化して〝専門力〟アップを。

⑤　個人ではなく組織としての専門性を
社協に〝巨匠〟〝職人〟〝人間国宝〟は不要。チームプレイに徹すべし。
⑥〈組織化〉〈地域化〉〈福祉化〉〈計画化〉を行動規範に
どんな時も、何をやる時もこの四つを行動規範とする。
⑦　地域組織を足場に、地域組織の支援、政策提言を
役員の高齢化、疲弊する地域組織を見切ることなく、日常的・継続的に組織活動を支援し、社協の基盤強化を図る。
⑧　行政とのパートナーシップを大切にする
〝行政の社協知らず〟や〈外郭団体〉観の認識を覆す〝社協教育〟を絶えず行い、日常的には〝批判的協力関係〟、最終的には行政を下支えする。
⑨　地域福祉活動計画は行政との〝約束手形〟
計画のメンテナスはこまめに行い、計画策定は行政と住民を取り結び、政策・制度、資源調整を行い、社協の中間支援機能を発揮する最強のツール
⑩　政策提言機能を果たさなければ単なる〝下請け機関〟
当事者、サービス利用者、住民、ボランティア等のニーズの組織化、代弁を通して、行政・専門機関への政策提言、実験的事業への取り組みを行うことが社協の民間性、開拓性を発揮し、

社会的信頼を高めることになる。

【参考文献】

『広島市社会福祉協議会50周年記念誌』２００３（平成15）年９月　社会福祉法人広島市社会福祉協議会

第3部　市町社協の部

第１章　地域住民と共に確かな一歩前を目指して

中野孝士

１　社会福祉への胎動

私は、北海道釧路市生まれの「団塊の世代」である。両親は富山県人で、釧路市に渡り水産加工所を経営し、苦労しながら四人兄弟を育ててくれた。父は養子であった。育母が富山に居たので、幼児期、小学生まで、春、夏、秋は釧路市で過ごし、冬に富山に戻る生活史であった。中学生に入ると転校せずに冬季は兄と共に親戚にお世話になった。高校では、ホワイトカラーを嫌い工業高校（電気科）に進学した。勉学よりバスケットボールに熱中する青春時代であった。兄が大学に進学し、親から独立する意志で東京の木材会社に就職した。寮生活であった。そこで、少しの知的遅滞とアル中で孤立していたＡさんと出会いがあり、借金を背負い働く彼を支援した。借金を返済し故郷（十勝）に帰省させることができた。しかし、生活規制も多く窮屈な生活であったのか元の借金生活に戻ってしまった。この経験を含め社会人三年目に、教育学と社会福祉を学びたく、半年の浪人生活をへて日本福祉大学に進学した。夜間生であり製造業、セールスマン、日雇い労働者、電気工事等の多くの職場経験をした。後に、その経験は福祉活動での貴重な財産となった。大学時代では、「何のために学ぶのか」「科学とヒューマニズム」を基盤に精力的に勉学した。社会福祉よりも教育に関心があった。教育発達論をベースに広い視野と洞察力を習得できたと思う。さらに、ハンディキャップを持ち学ぶ仲間との出会いと交流があり、ノーマライゼーション理念を感性で体験できた。大学時代は、友人づくりと生きる素材を蓄積した。単位不足になり、養護教員資格を得るため卒業に五年を有した。

2　社協活動への第一歩

志した教員試験に合格せず、釧路市に戻り自営業を手伝い教諭（養護）になる挑戦を続けていた。狭き門で再挑戦中に、釧路市社会福祉協議会（以下社協）で臨時職員の募集があり軽い気持ちで面接に行った。正直に、社協や地域福祉への関心は薄く腰掛けの気持ちが第一歩であった気がする。

一九七七（昭和五二）年六月、社協に入局（福祉専門職）した。事務局は、市役所の福祉部に間借りしていた。事務局体制は六名で、生活支援と敬老大会等の行事型社協であった。主務は、ボランティア活動を担い社協全般の仕事に関わっていた。この時期は、ボランティア活動が点から線となるボランティア連絡協議会が結成される創設期であった。代表者会議の会場確保、研修の取り組み、市民啓発パンフレットづくり等、ボランティア仲間と共に、釧路市の福祉のまちづくりについて、熱く語り合い奔走していた。やがてボランティア活動が大きく花開き、社協活動と協働する地域福祉の担い手になっていった。そうして、気づけば社協活動に熱中する私がいた。これが社協への第一歩であった。

3　社協で歩き続けた足跡

一九八一（昭和五六）年、福祉行政と民間福祉の協働を目的に、地域福祉の拠点として全国初の釧路市総合福祉センターが設置された。運営は社協が担い、老人クラブ、民協、身体障害者、日赤、遺族会等の事務局も、行政から独立する機会となった。社協活動拠点の確立により地域福祉、在宅福祉への挑戦や、よりいっそうの行政支援体制の確立、各種事業の拡大と事務局体制の整備強化が実施された。以後は、絶えず新しい道なき道にチャレンジが始まり、幾多の課題を抱え「歩きながら考え実行していく」こととなった。

翌年には、社協組織基盤強化を目的に、財政増強計画による「社協会員会費制」創設と「社協運営基金」造成等の自主財源確立運動を展開した。社協が自主性・主体性を発揮する必須事項であった。また、社協活動の協力者の拡大を目指すものであった。

一九八三（昭和五八）年、釧路市家庭奉仕員派遣事業を受託し本格的な在宅福祉を担った。社協が現場（ケース）を持つ意義は大きかった。個別の生活課題から地域課題になる岩石を知り、課題解決に知恵を出す必要が生まれた。また、福祉の人材発掘する契機となった。さらに、一九八四（昭和五九）年、釧路勤労身体障害者教養文化体育施設（全国で二番目）を事業委託した。障害者スポーツ・障害者文化活動の拠点として、車いすバスケットボール、同アーチェリー、同ダンス等が誕生し活発になり、パラリンピック競技の金メダリストとして活躍する選手も誕生した。前後するが、釧路市が障害福祉都市宣言し、翌年に国際障害者年（一九八一年）を契機に、障害者の社会参加促進と市民交流の促進を図るために「市民ふれあい広場」事業や「釧路湿原車いすマラソン大会」等の諸事業を展開した。障害者の社会参加の拡大とボランティア活動や市民参加の場の拡大で、社協がノーマライゼーション普及・啓発に果たした役割は極めて大きかった。

本格的な高齢化社会を前に、道社協主催のヨーロッパ視察研修（スウェーデン・オランダ・ドイツ・イギリス）に参加する機会を得た。在宅福祉の展開、住居や文化とのかかわり等を学び、私にとって大きな示唆と知的財産となった。

一九八七（昭和六二）年、国の「福祉ボランティアの町づくり（ボラントピア事業）」指定を受けて、ボランティアセンター機能充実に着手し、ボランティア講座等を通じてグループ組織化、新たに福祉教育推進や企業等の社会貢献活動（フィランソロピー）等の時代要請の芽を育てる契機となった。

一九九二（平成四）年、訪問入浴車の寄贈を受け、ホームヘルプサービス事業と連動する訪問入浴サービス事業を受託した。寝たきりで何年も入浴できなかったＢさんが、死ぬ前にゆっくり入浴したいと願った。入浴後に血行が良くなり病状が少し改善され喜ばれた笑顔が忘れられない。また、同年に「ふれあいのまちづくり事業」指定を受け、住民参加で問題解決型の総合的な地域福祉活動を大きく展開した。この事業では、当時者団体「釧路地区障害老人を支える会（通称：たんぽぽの会）」と社協、ボランティア、保健師等の専門職との連携・協働とネットワーク形成による認知症家族を対象に、住民参加型の「わたぼうし託老（ミニデイサービス）」を全市的に展開した。また、町内会を母体に地区社協の組織化を図り新たな小地域福祉ネットワークづくりを促進する大きな契機となった。住民参加による地域福祉の基盤づくりの促進を実施した。

本格的な少子高齢化社会を迎え一九九三（平成五）年、国の高齢者保健福祉十ケ年計画に基づき、釧路市高齢者保健福祉が策定された。この計画で社協は、在宅福祉サービス事業の活動実績が評価され整備目標の三本柱である①ホームヘルプサービス事業②在宅介護支援センター事業③デイサービスセンターが、社協に事業委託された。地域住民の生活に密接する在宅福祉サービス事業の最前線を担い、地域特性と住民参加による事業展開が求められた。

一九九五（平成七）年、在宅介護支援センターとデイサービスセンター（従来のＤ型、Ｅ型）

機能を持つ地域拠点施設二カ所が開設され、翌年、同施設一カ所を加えて三カ所を受託した。加えて、ホームヘルプサービス事業も、利用者増加にともないホームヘルパー増員ならびにサービスの質の向上と効率的運営を図るために、ホームヘルパーステーション（本部含めて四カ所）を設置した。これにより、地域型拠点施設として、在宅サービスの総合力を発揮することになった。社協の住民福祉活動やボランティア活動、当事者団体等支援活動と結合する社協運営体制強化しつつ、総合的な地域福祉の事業展開を目指すことになった。

同年、ゴールドプランである「北海道地域介護実習普及センター事業」を道社協よりブランチ委託事業として開始した。十勝、オホーツク、釧根地区の広域事業であった。介護の社会化、介護技術の普及・啓発に大きな役割を果たし、生活リハビリテーションに基づき介護の質の向上に寄与した。また、「社会福祉協議会全国会議」が釧路市で初めて地方開催された。学術的運営と実践発表による研究協議が深い印象として残っている。

一九九七（平成九）年、在宅重度介護者を支援するために、二四時間巡回型ホームヘルプサービス事業を試行錯誤しながら実施した。在宅ケアの確立と挑戦を合言葉に、社会的な使命感を持って、利用者を尊重しサービス供給体制を拡大する運営努力を重ねた。

少子高齢化社会を迎え、社会福祉の構造改革の集大成である介護保険制度導入前に、住民福祉活動、ボランティア活動に加えて、在宅福祉サービス提供を含めた総合的な地域福祉の確立に向けた基盤整備と事業展開を積極的に展開した。

社協発展史の原動力の一つは、行政とのパートナーシップ形成であった。社協は、非営利団体として、地域の福祉課題に対して住民福祉参加を促進し解決する役割がある。行政からの指示でなく、地域住民の福祉ニーズと「福祉現場」が必要とする諸課題に基づき、社協が実施した方がよい事業を選択してきた。また、事業運営体制は、活動理論や体制整備も重要であるが、先ずは行動力と実践活動を優先した。その意味で、歩きながら行動し考えることになった。地域課題や問題があるからこそ、利用者や住民が協力してくれる原理があり、職員も事業を通して、創意工夫や知恵を出し改善点や社会的使命を持って仕事を展開する姿勢が形成されていった。社協職員は、在宅福祉サービスを担う現場スタッフを含めて二〇〇名を超える体制になり、介護保険制度を迎えた。

介護保険制度開始前に「介護保険制度導入に伴う、基本的な方針と計画」を役職員で策定した。社協の公的な在宅福祉は、補助金・委託金等で事業運営する体質から、介護保険事業の介護報酬等の自主財源で経営運営する財政構造改革となった。社協活動の特性と機能を生かした「介護課題等」への社会的使命を実現させる試金石となった。基本課題について、次の九項目を掲げ目標設定と運営指針により実践した。

一、居宅介護サービス事業者ならびに居宅介護支援事業者の指定認可

二、居宅介護サービス事業者等の経営基盤の確立と運営体制の強化
三、ボランティア活動・小地域福祉活動の基盤整備と促進（地域生活支援活動）
四、介護保険制度に対応する事務処理ＯＡ化促進
五、介護保険制度の市民啓発活動の促進
六、地域福祉権利擁護制度の導入（成年後見制度の普及と実践）
七、介護サービス業者等のネットワークづくり
八、社協の組織体制の強化
九、社協の自主財源確保

社協の介護保険事業は、居宅訪問介護サービス事業（一）、居宅訪問介護入浴サービス事業（二）、居宅通所介護サービス事業（三）、居宅介護支援事業（四）の指定認可を受けて事業をスタートした。人材確保については、ホームヘルプサービス責任者、介護支援専門員等の専門職を内部登用と一部兼務体制で整備を実施した。利用者は、訪問介護事業四二〇名、通所介護事業一七〇名、訪問入浴事業二五名の方々で、サービス重複利用者を含めて五五〇世帯以上の利用者が介護保険制度前からの移行者であった。また、新規の利用者は市内で毎年五〇〇名を超える状況であった。公的介護保険の運用の「要」である介護支援専門員は、釧路市で三三居宅介護支援事業所の約一〇〇名（専任六割、兼任四割）でスタートした。社協の介護支援専門員は、事務局長

（私）・在宅福祉課長を含めた一一名体制、四二〇件の上限設定で展開した。制度移行期で職員は肉体的・精神的限界まで奮闘し、多くの実践的体験を重ねながら社会的な使命を担ってくれた。利用者も介護保険制度に不慣れなので説明を重視し不安解消に努めた。制度導入前に、高齢社会福祉助成事業（日本生命財団）により専門職の組織化として、釧路地区介護支援専門員連絡協議会の結成を支援した。社協は非営利団体の経営運営体制を強化し、行政と連携を図り介護保険制度の定着・発展に大きく寄与した。

二〇〇五（平成一七）年には、行政合併（釧路市・阿寒町・音別町）に伴い、社協も合併協議会と幹事会を設置し、精力的に組織、事業、財政、事務局体制等を協議、調整し社協合併を果たした。大きな組織変革であるが役職員一丸となり地域福祉の推進体制を維持し発展させる契機となった。事務局は、二八二名体制になっていた。

二〇〇六（平成一八）年、介護保険制度と地域福祉の推進に重要な機能と役割を持つ「地域包括支援センター（六）」の一つを担うことになった。行政との連携により、地域の社会資源情報提供や調整を含めて他の地域包括支援センターの基盤形成の支援と連携に努めた。

二〇〇八（平成二〇）年には、念願であった行政「地域福祉計画」に対して、地域懇談会の協働等を含めて積極的に参画し、社協地域福祉実践計画と連動する計画策定となった。加えて、地域密着型サービスとして夜間対応型介護事業に着手した。在宅で安心して暮らせるシステムを発展させる使命に挑戦し続けた。夜間勤務者確保が難しい時代であるが、熱意と知恵でもって切り開いていくと期待している。

二〇〇九（平成二一）年三月に定年退職を迎えた。絶えず新たな課題に向かって挑戦し続けた足跡であった。社協活動の最前線からバックアップをする立場になり、三二年間を閉じた。

4　熱い思いを込めて創造した行政とのパートナーシップの構築と発展

社協発展に行政の理解と支援が欠かせない。私が社協に入局した頃から、独居老人、寝たきり老人、障害者の社会参加等、福祉行政だけでは限界があり、社協を含めた民間福祉活動と連動する地域福祉の必要性が高まっていた。地域福祉ならびに民間福祉の拠点として、総合福祉センターの設置・運営を社協が担うことになった。次いで、家庭奉仕員派遣事業、訪問入浴事業、介護支援センター事業、デイサービス事業等の「要」に社協が位置付けられ、在宅福祉の展開・構築の最前線を走った。また、住民参加の福祉のまちづくりのために、「ボラントピア事業」や「ふれあいのまちづくり事業」の国指定事業にも積極的に支援を受けた。加えて、社協全国会議開催や第九回地域福祉実践研究セミナー開催等の全国規模の研修会にバックアップを頂き、地域福祉の啓発と基盤形成を図ることができた。

介護保険制度では、高齢者保健福祉・介護保険事業策定委員会や介護認定審査会等に参画し、現場に根付いた提言や制度の定着に社協は貢献したと思う。また、制度運用の「要」である介護支援専門員について、高齢社会福祉助成指定事業（日本生命財団）等の社会資源活用で釧路地区介護支援専門員連絡協議会の組織化を図り研修体制や質の向上に努めた。

その後も、地域密着型サービスや地域包括支援センターの新たな事業展開でも行政と一体となり事業推進を図っている。

地域福祉計画は、行政合併等の諸課題で遅れていた。社協の地域福祉実践計画（三次）が先行していた。よりいっそうの地域福祉の推進を図るために、計画策定を行政に働きかけ続けた。そして、念願であった地域福祉計画が、社協の地域福祉実践計画改定と整合性と連携を保ち策定することができた（市民策定委員会や地域懇談会等のプロセスでも協働した）。

社協と行政は、地域の福祉課題に対して一緒になって取り組み続けている。行政のお荷物にならず、新たな福祉課題に対して半歩前を心がけ、信頼と支援によるパートナーシップを大事にしている。余談であるが、社協の事務局長は、私の前まで八代の事務局長を迎えた。福祉部次長の立場で、知力や行政調整を図り大きな功績を残してくれた。様々な部長職に昇格され社協応援団として支えて頂いた。それほど、行政から社協は期待され大切にされたと感じている。

(1)　ホームヘルパーの輝きと在宅福祉サービスの戦略

わが社協の発展史にホームヘルパーの果たした役割と活躍は極めて大きかった。

釧路市の家庭奉仕員制度は、母子家庭の就労支援を含めて老人福祉法制定の前年度から開始された。在宅福祉の未整備にあって、家庭奉仕員（八名）は定年を迎え新たなシステムに変更するか岐路に立っていた。行政の労使協議を経て、家庭奉仕員の配置転換により段階的（三年）に、行政の役割を維持しつつ社協へ移行する方針が示された。

社協雇用の定時ヘルパーは、子育てを終えた主婦中心で社会貢献ができる職種としてたくさんの人々が応募した。採用倍率は五倍を超える状況が続いた。採用時研修として、二級ホームヘルパー資格習得を実施し資質向上に努めた。事業運営は、班チーム編成（七名程度）により、自宅から派遣世帯へ直行直帰であった。また、定例会（週一回）で業務報告、派遣調整、新規ケース、困難ケース対応等を行い効率的な運営に努めた。活性化を図るために班編成替え（年一回）と派遣世帯替え（年二回）を実施した。さらに、資質向上を図るため全体研修、期別研修（経験年数別）宿泊研修や外部研修派遣など創意工夫を図った。社協ホームヘルパーは、利用者、関係者から高く評価され、誇りを持って業務遂行にあたった。行政直営では、老人世帯、身体障害者世帯で四八世帯の派遣が限界であったが、社協定時ヘルパーにより一〇年後に、派遣世帯は約三〇〇世帯へと体制強化された。訪問入浴サービス事業でもホームヘルパーで担い、以後専門チームに引継いだ。ホームヘルパーも一〇〇名体制になり定例会の場所も手狭になっていた。次いで、社協が事業受託した介護支援センターならびにデイサービスの拠点施設にホームヘルパーステーション（四）を併設した。在宅福祉の拠点を拡大する組織変革を実施し効率化と常勤職員を増員した。

さらに、介護保険制度導入前、在宅の重度介護者への早朝ケア、睡眠前ケア、深夜ケア等の介護ニーズに対応する必要があった。サービス供給体制に利用者が制限されるのでなく、利用者ニーズをベースにする挑戦であった。主婦中心のヘルパーが夜間勤務可能か心配したが、熱意と使命感で「二十四時間巡回型ホームヘルプサービス」事業を開始することができた。専門チームを全体がバックアップする体制づくりを構築した。介護の新たな時代を切り開く挑戦になった。主婦パートで出発した社協ホームヘルパーは、時代に対応する介護職の専門職員になっていた。スキルアップして介護福祉士、介護支援専門員の資格を有する職能集団に変化発展していた。介護保険制度開始の直前で、サービス利用者は五五〇世帯を超え、ホームヘルパーは一五〇名を超える運営体制になっていた。

介護保険制度の対応で居宅訪問介護事業者指定の運営体制を整備した。介護支援専門員を兼務した主任、サービス責任者の配置（常勤職員増員）等を含めて内部登用で人材確保ができた。また、社協内で介護支援専門員への配置や、常勤職員として他事業所に転職し介護支援専門員やサービス責任者として活躍して制度を支えた。介護保険制度移行での激務を含めて社協の使命感と役割を発揮し頑張ってもらった。人材育成により制度定着への貢献は誇りとなった。

以後も、地域密着型サービスとして夜間対応型訪問介護事業へも挑戦し続けている。現在は、介護職員の人材確保が難しく体制を縮小しながらも、社協らしい居宅訪問介護事業に誇りと使命感をもって事業運営を継承している。人々の人生を支える、生きる喜びの灯を照らし、一人ひとり違う個性の人生に対応する能力を発揮しつつ、自己研鑽と利用者から学ぶ姿勢を維持するホームヘルパーに、今も共に課題を共有した仲間に深く感謝している。

(2)「たんぽぽの会」と共に築いた地域福祉

私は、地域福祉の重要性を当事者団体から学び積極的な支援と事業協働を実施した。

在宅福祉の不十分な時に、当事者と家族の切実な苦悩や苦闘を涙ながらに語らう姿……当事者団体の必要性、認知症への正しい理解の促進、福祉施策への要望・提言を目的に一九八五(昭和六〇)年「釧路地区呆け老人を抱える会」が発足された。当時の社協副会長(女性)から、〝呆け老人〟を抱える方々に活動拠点と支援をお願いされた。総合福祉センターを当事者団体の例会、活動拠点として提供した。その後、役員と顔見知りになり、社協が主催する「在宅福祉フォーラム」等で実態報告や課題提言で活躍してくれた。在宅福祉を推進するゴールドプランの三本柱を中心に、社協もその最前線で頑張っていた。加えて、地域福祉の推進が必要であったので「地域福祉講演会」を、たんぽぽの会、精神保健協会、社協で協働事業として開始した。講師の確保、参加者の呼びかけ等、当事者の活動エネルギーは素晴らしかった。その結果、地域福祉の必要性、認知症への啓発等の事業目的を浸透することができた。現実は厳しい課題が山積しているのに、明るさと笑いに満ちた姿に感動した。一九九〇(平成二)年、名称を「釧路地区障害老人を支える会（たんぽぽの会)」に変更された。在宅重度障害者の対象拡大を図り地域住民の支援体制を築く方向性を時代変化と共に形成された。同年に、「介護者リフレッシュ事業」を共催した。過酷な日々の介護が続き何年も温泉に入ることがない介護者に、一日であるが温泉に入り休息してもらう願いを実現する試みであった。留守中のケア確保調整……当日の認知症の方々のケア……介護者に代わり移動、排せつ、入浴、食事、睡眠等の介助は、スタッフ(保健師、社協職員、ボランティア等)が悪戦苦闘しながら担った。準備から当日運営まで、大変貴重な学びと経験をさせてもらった。介護者には笑顔と社会が介護を支える支援への少しの光明がともされたと信じている。

一九九二(平成四)年、社協は「ふれあいのまちづくり事業」で、地域福祉の総合的な展開を目指した。ニーズ把握と地域支援を図るために「ふれあい福祉相談センター」に介護相談を加え、たんぽぽの会に担ってもらった。また、たんぽぽの会の「わたぼうし託老」に、行政と社協が参画し協働事業に発展させた。デイサービスが少なく重度介護者の行き場がなかった時期に、重要な役割を果たした。実施三地区、年一〇回開催に拡大を図り、利用者が一地区三〇名で約一〇〇名近い方々に在宅支援ができた。運営主体は、たんぽぽの会が利用者に寄り添った温かい企画に満ちていた。送迎介助、食事作り、入浴介助、散髪、レクリエーション、介護相談等……多くの地域ボランティアと専門職が参加し、住民参加の在宅福祉の充実・拡大に繋がった。「わたぼうし託老」は、介護保険制度前まで継続された。たんぽぽの会は、認知症の方が、冬季に徘徊し亡くなるなどの悲惨な経験をもとに、関係者の協力をえて「徘徊老人ＳＯＳネットワーク」を全国に先駆けて形成した。さらには、若年性認知症への取り組み、社協と連携で学校や地域で「絵本コンサート」を開催して、認知症の啓発活動を展開している。当事者団体として、輝かしい実績と誇りを築いている。

社協は、当事者団体と事業協働を実施して在宅福祉への道程を市民と共に築くことができた。また、地域課題に対して、住民参加型の地域福祉を展開する大きな契機になった。

社協は、先駆的事業を支援・協働して、行政や地域住民の橋渡しとなる役割を果たした。

5　後輩へのバトンタッチ

私は、社協を退職し一〇年が経過した。退職時にも課題は山積みであった。後輩達は、継承し新たな発想で地域住民の福祉力を生かし権利擁護と成年後見制度のシステム等を形成して頑張っている。ただ、地区社協を全市に設置できなかった。地域福祉を推進するために社協・連町・民協で三者懇談会や地域福祉リーダー養成講座、地域福祉講演会を継続しながら地域福祉の種を蒔き耕してきた。地区社協は、地区連町を基盤に促進したが、組織に組織を重ねる難しい課題であった。未組織地区にも単位町内会の福祉部を網羅して地域福祉を推進している。地域エリアは、町内会、民生委員児童委員協議会、学校区・青少年健全育成、老人クラブ等の地区割りにより活動がバラバラになっている。地域福祉を推進するためにも、再編成する必要を感じている。地域福祉計画策定で地区エリア整備を課題提起してあるが未解決である。町内会活動や老人クラブ活動が岐路に立っている現状も含めて地域福祉エリアの課題は大きい。その意味で地域包括支援センターエリアを起点に、再編成されることを期待している。また、専門職として質の高いコミュニティワーカーの育成と配置が重要と思っている。

もう一つは、介護保険事業者連絡協議会（仮称）の未結成である。

介護保険制度は、公共性と公益性を高めて発展させる必要がある。民間事業者等参入は、サービスの活性化を図るが、経営優先の傾向も含む。採算性と人材確保が難しい分野は手薄になりやすく知恵と工夫が必要となる。夜間対応型訪問介護事業でも社協だけで支えることが難しくなりつつある。地域包括ケアシステムでも、行政と連携し介護事業者が公共性を維持、発展させるためにも情報交換とシステムづくりに寄与して欲しいと願っている。

6　生涯をかけた仕事を終えて

私は、社会福祉の構造転換期の時代に、社協の地域福祉の展開に関われた。その意味で恵まれた環境であった。社協に腰掛けで入局したのに、ボランティア活動、障害者運動、在宅福祉の創設、介護福祉制度の創設期、発展期、さらに、地域福祉の発展を最前線で、道なき道を開拓し、使命と誇りと感謝を今も抱いている。

私は、社協活動を通じて、四代の社協会長をはじめ、多くの関係機関・団体の方々から社協活動への理解と協力を頂いた。地域福祉、在宅福祉で関わったボランティア、地域住民、利用者と家族の方々から事業や実践活動を通じて多くを共有し現場から学んだ。また、道社協の仲間から温かい支援を頂き、情報提供と学識者の紹介、先進地視察研修等を通じて視野と見聞を拡げる機会を得た。学識者から、社協フィールドを基盤に多くの示唆と共に研究助成事業等の支援を頂いた。きっと地域福祉の確立に挑戦し続けた評価であったと思う。

私は、改めて福祉は人なりを痛感する。個人とし人的な財産を築くことはもちろんのこと、社協として、現場を知りそこで頑張っている人々とネットワーク形成を維持できる組織力が必須と思う。社会資源を生かす社協の中でも人的資源は中核を占めると思っている。

最後に、社協の特性と機能・役割は、住民主体で地域福祉を築くことである。戦後に誕生した社協は諸先輩の苦難の道を引継ぎ今日に至っている。時代の変化の中で、社協の果たす役割と期待は変化するが、行政的な側面を内包しつつ固有の特徴を発揮し、外部環境と内部環境を的確にとらえ、地域福祉の推進を続けて欲しいと願う。

現在、地域包括ケアシステムと地域福祉の在り方など課題はあるが、地域特性を踏まえて、地域に根差して生活を豊かにする福祉文化を築き、社協伝統をさらに深めてほしいと願っている。

第2章　社協の出会い、そして今

岡　野　英　一

1　福岡で生まれ育ち、京都で暮らす

私は福岡県福岡市の生まれであるが、幼いときは祖父や父が炭鉱関係の会社に勤めていた関係で一時期、福岡県の筑豊地方で暮らしていた。国のエネルギー政策の転換に伴い、石炭産業は急速に衰退の一途をたどっていた時期であった。祖父が会社の役員を務めていたため、当時、幾度となく労働争議が起こり、私が住んでいた家は毎日のようにデモや糾弾の嵐に見舞われ、そのたびに母は私を抱いて逃げていたと聞かされていた。いまさらながらピラミッドのようなボタ山の風景は記憶の中に強く残っている。高校生までは福岡市（中央区）に居住していた。福岡という町は明治期に、博多と福岡が合併してできた都市である。博多は江戸時代から商人のまちとして栄え、「どんたく」や「博多祇園山笠」等のまつりも盛んで派手なのに対し、福岡は黒田五二萬石の城下町として威厳をもった地域であったという。私は福岡側のまちに育ったが、昔からの

気風か、どことなくよそよそしさもあったような気がしている。

そうした中、一九七〇（昭和四五）年に同志社大学文学部社会学科社会福祉学専攻に入学した。この年は、大阪で万国博覧会が開催されたのをはじめ、「よど号」ハイジャック事件、作家三島由紀夫の割腹自殺等があり、高度経済成長期の終焉を迎えつつある時代の中で、記憶に残る出来事が多く起こった年でもあった。当時、大学においては試験の期間を目前にするとバリケードストライキで、学生生活において試験を受けたのは半分くらいではなかったかと記憶している。私もご多聞に漏れず、労働者階級の広がりや社会変革のあり方について熱く議論し、様々な影響を受けた。

そうした中、当時専任講師として同志社大学に赴任された井岡勉先生のコミュニティオーガニゼーションの講義を受け、そのダイナミズムや面白さに段々と惹かれるようになっていった。井岡先生からは講義のほか、京都府三和町（現　福知山市三和町）や神戸市長田区苅藻地区（現真野地区）等に同行させていただき、地域懇談会や地域リーダーのインタビュー等、貴重な体験をさせていただくことができた。そのときこの体験がその後の人生に大きな影響を与えることになるとは露ほども考えてはいなかった。

2　私と社協の出会い

私は一九七四（昭和四九）年の学部卒業と同時に、同志社大学文学部社会福祉学修士課程で二年間の大学院生活を送ることとなった。それは、大学時代に学んだコミュニティオーガニゼーションの理論を学び、当時語られはじめた「地域福祉」を日本に根づかせていくことが、次代の日本を築く礎になると思ったからであった。

しかし、現実の大学院生活は壁に直面したこともあって、思うに任せず何とか社協の実践現場で働いてみたいと考えていたところ、京都府宇治市社協（以下「市社協」）において職員採用の話をいただき、一九七六（昭和五一）年に入職させていただいた。実際に社協現場に入ってみると、コミュニティオーガニゼーションの専門機関というよりは、行政にとって「なんとなく設置しなければならないので設置した」期待感の薄い職場ではないかとの感覚を抱かざるを得なかった。私は事務局長、専任職員（会計担当）に続く第三番目の職員として採用されたのであったが、コミュニティオーガニゼーションの旗手であると思い込んでいたイメージとは大きくかけ離れた、牧歌的な雰囲気の職場であった。

私の最初の仕事は一九七六（昭和五一）年二月に市社協ボランティアセンターの開設式が市民会館で行われることとなり、四月採用予定であった私は事前研修として参加することを求められたことからはじまった。そのとき「これからボランティアセンターを任す」と当時の事務局長から言い渡されたのであった。三〇～四〇名のボランティア志願者が来場し、大阪市立大学の柴田善守先生のお話しを伺ったあと、それぞれボランティアを志す気持ちの交流が行われた。柴田先生のお話で思い出すのは、「ボランティアは民主主義の学校」であると述べられ、そのときボランティアに対する認識を新たにしたことであった。

そうして四月一日から正式に市社協の職員として働くこととなった。当時の市社協事務局があったのは「市役所分庁舎」とはいうものの、戦前からあった郵便局を改造した建物で、淀川木津川水防事務組合、山城学校建設公社と同居し、様々な事務機器を貸し借りするなかでの業務遂行であった。

着任してすぐ机を開けると、鉛筆、ボールペン、定規、印肉などが入っていた。一番驚いたのは真ん中の引き出しに算盤が一つだけ入っていたことである。算盤は小学校四年の時以来触ったこともなかったので、一カ月ほど毎晩家に持ち帰って、練習を始めていたところ、タイミングよく電卓が急速に普及し、事なきを得た思い出がある。

最初の三カ月間は会員募集、資材の準備と地域の民生委員宅や自治会・町内会長宅への会員募集、資材の配送、そして集まった会費をいただきに回ることから始まった。その中でも特に時間を割いた仕事は、会員の個人カードに会員会費納入済みの確認印を押す仕事であった。当時で二万数千の会員の確認作業は思いのほか労力を要する仕事であった。

当時の市社協は国庫補助に基づく補助金以外の人件費補助はなく、その分、会員会費の重要性は高く、当時の事務局長からは「給料をもらいたいなら会費を増やせ！」と発破をかけられていた。幸い当時の社会状況は今日とは違い、年ごとに会員は増加し、会費の額も嬉しくなるほど延びをみせ、意欲も高まっていく日々であった。

３　社協で自分が刻んだと思える足跡

市社協ボランティアセンターは、一九七五（昭和五〇）年度から国が社会奉仕活動センター補助金制度を設けたことで市社協に設置されたものであった。当初、私はこの国の政策は、一九七三（昭和四八）年に起こった第一次オイルショックの影響をきっかけに打ち出されていた「福祉見直し論」とのセットで進められているものとして、正直なところあまり乗り気のしない仕事であった。福祉の切り捨ての補完策を受け持つという矛盾を実感した社協人生の船出であった。しかし私にとってはかけがえのない地域福祉実践の第一歩であったと考えている。

以下、ここでは私が現役時代に担当した業務の中でも、直接に地域と向き合って進めてきた取り組みを二点紹介したい。

(1)　当事者組織活動支援とボランティア活動の推進

私が市社協に就職した年である一九七六（昭和五一）年の七月、当時の京都府社協事業部長の間哲朗氏から、「宇治でこつこつと一人暮らし老人宅を訪問している高校教師のＹ氏が、〝一人暮らし老人の会〟結成を呼び掛けている。市社協としてその支援ができないだろうか」との打診があった。間もなく京都府社協でＹ氏（故人）が訪問活動を行っているエリアである三市町社協の担当者会議が開かれ私も出席した。そうしたことをきっかけに、私はＹ氏の取り組みをサポートすることとなった（他の二市は府社協の提案を辞退した）。その後、Ｙ氏と連携しながら、全国で初の「宇治市一人暮らし老人の会」を発足することができた。しかし、今から考えてみると、組織的手続きや合意形成努力などを軽視した動きでもあったため、対外的には大いに評価を受けることとなったが、対内（市社協）的には様々な火種を残し、様々な関係者からの批判やバッシングを受けることにもなった。

しかし今から考えてみると、未熟なところは多々あったとしても、「宇治市一人暮らし老人の会」の取り組みは間違いではなかったと思えるし、今日の地域福祉的観点からみると、当然の取り組みであったとも考えている。そのように評価できるということは、それだけ今日の地域福祉実践がオープンになっているとともに、専門性に対する理解度も高まってきている側面があるとも言えるのではないかという感慨がある。

この「宇治市一人暮らし老人の会」組織化の経験をもとに、宇治市内の障がい者当事者団体や家族会等の組織活動や結成支援に積極的にかかわり、同時にボランティアグループの結成にもつなげていくことを進めていくことができていった。私の中では当事者団体とボランティアグループ活動は両輪関係にあると定式化していた。

こうして、一九七七（昭和五二）年には音訳サークル「宇治リーディングボランティア」「車椅子で歩ける街づくり調査委員会」、一九七八（昭和五三）年には点訳宅サークル「宇治川」や「宇治市一人暮らし老人の会」を支える活動の中からボランティア「青梅グループ」が結成された。また一九八一（昭和五六）年には障がい児を対象に「第一回サマースクール」が開催されるなど、当事者組織活動とボランティアグループ活動を中心に活動が展開されてきた。

そうした中、地域福祉に関係する一三団体を結集して一九七九（昭和五四）年度から市行政に設置を働き掛けてきた「総合福祉会館」が一九八三（昭和五八）年に竣工し、市社協がその管理運営を受託するとともに、活動と事業推進の拠点とすることになった。このとき、市社協事務局も市役所分庁舎から事務所を同館内に移転した。

同年に総合福祉会館を拠点に開催された「第一回市民ボランティア教室」には多くの受講者が来られ、これからの地域福祉活動の発展が予感された。一九八四（昭和五九）年度から「身体障害者デイサービス事業」、おもちゃ図書館「宇治おもちゃ箱」も取り組みを始め、同名のボランティアサークルも結成された。その後、一九八五（昭和六〇）年には国の「ボラントピア事業」の指定を受け、「宇治市ボラントピア事業推進協議会」を結成、福祉の枠を超えたボランティアの街づくりを始める基礎ができた。この推進協議会の取り組みはその後、「宇治福祉まつり」や

「災害ボランティアセンター」に引き継がれている。またこの年には身体障害者デイ事業の中から、宇治市で二つ目の手話サークル「太陽」（宇治市には一九七四（昭和四九）年に宇治手話の会、現在の「宇治手話の会茶だんご」が結成されている）が結成された。一九八六（昭和六一）年には要約筆記サークル「やまびこ」の結成（一九九四（平成六）年には二つ目の要約筆記サークル「エコー」も結成されている）のほか、「第一回宇治福祉まつり」が開催された。一九八七（昭和六二）年には「宇治ボランティア基金」を設置するとともに、「宇治市ボラントピア事業推進協議会」を「宇治市ボランティア活動推進協議会」に再組織し、より市民に根づいたものとすることになった。このように一九七〇年代後半から一九八〇年代中盤にかけては、当事者組織活動支援とボランティア活動の推進に力を注いだ時期であった。

現在、このボランティアセンターは一九九五（平成七）年に起きた「阪神・淡路大震災」をきっかけに自主的ボランティアセンターの動きが芽生え、市社協から独立した組織として市民が主体となって運営している。ただ独立したとはいえ、市社協との協力関係は維持発展されている。

(2)　小地域福祉活動の展開

宇治市では一九七〇年代の後半に当事者組織やボランティア活動の花が咲き始めた。しかし、一九六〇年代の後半から人口が急増したまち柄もあって、小地域の取り組みは育つことができなかった。ようやく、一九八〇年代の後半から宇治に移り住んだ人々を中心にまちづくりの機運が高まり、地域での福祉活動に取り組もうという動きが胎動してきた。

一九八五（昭和六〇）年に「西小倉地区社協」が三小学校区の地域組織を網羅するかたちで誕生したことは大きな転機を迎えることとなった。しかし、その流れは一気に進むことはなく一九九〇（平成二）年に神明学区福祉委員会、一九九一（平成三）年に大久保学区福祉委員会と少しずつ結成された。そうしたとき、一九九一（平成三）年の国の「ふれあいのまちづくり事業」（通称「ふれまち事業」）の指定を受けることとなった。市社協ではこれに合わせて市行政が直営していたホームヘルプ事業のうち、登録ヘルパー派遣事業を「宇治市ホームヘルプセンター」として受託実施することになった。この年、市社協として初めて「高齢者を支える地域福祉活動計画」を策定したほか、一九九三（平成五）年に「宇治市社会福祉協議会長期方針策定委員会」（座長　井岡　勉同志社大学教授）を発足させ、地域福祉推進の基礎地域を小学校区と定め、名称を「学区福祉委員会」として、その広がりを計画化した。

これを契機に、同年に「南部学区福祉推進委員会」「菟道学区福祉委員会」「三室戸学区福祉委員会」「笠取学区福祉委員会」「伊勢田学区福祉委員会」「槇島学区福祉委員会」が結成された。翌一九九四（平成六）年には「木幡学区福祉委員会」「菟道第二学区福祉委員会」「小倉学区福祉委員会」「大開学区福祉委員会」、一九九五（平成七）年には「北槇島学区福祉委員会」「西大久保

学区福祉委員会」「平盛学区福祉委員会」「御蔵山学区福祉委員会」「笠取第二学区福祉委員会」「宇治学区福祉委員会」「岡屋学区福祉委員会」と二二の小学校区すべてになだれを打つように組織化が進んでいった。

こうして市社協は事業型（総合型）社協への歩みを遅ればせながら開始したが、市行政は、高齢者保健福祉計画を具体化する中、専門的で総合的な保健・福祉サービス供給組織を新たに設立していく必要があるとの認識に立っていた。そして市長の諮問機関として一九九四（平成六）年に「宇治市在宅福祉サービス供給組織設立検討委員会」（会長岡本民夫同志社大学教授）が設置され、保健・医療・福祉の推進に関係する各機関・団体の性格規定とこれから果たしていく役割の明確化が検討された。

同委員会が一九九六（平成八）年に示された最終報告書は、在宅の保健福祉サービスを総合的に提供する中核的専門機関として「福祉サービス公社」の設立を求めたものであった。この報告書の中で市社協は、「地域福祉システムにおいて、地域社会がもつ福祉機能を拡充、強化していくことに責任を持つ。地域社会において主役は住民であり、住民自らが主体となり地域福祉社会の実現をめざしていかなければならないことは明白である。社協は、こうした住民の社会活動を調整し促進を行い、地域住民の協働を進め、様々な社会資源の育成とネットワーク化を推進し、住民主体による地域福祉社会の実現をコーディネートする機能を果たす」と示されていた。こうしてホームヘルプセンター事業は、開始から五年後の一九九六（平成八）年に発足した財団法人宇治市福祉サービス公社に市行政の常勤ヘルパー派遣業務と登録ヘルパー派遣業務が一本化されるかたちで統合化されたのである。

市社協は一九九一（平成三）年から一九九五（平成七）年にかけて模索してきた事業型社協への志向を転換し、地域住民に立脚した新たな地域福祉展開を試みることとなった。その結果、「ふれあいサロン」や「地域参加型（Bタイプ）リハビリ」の推進に力を注ぐことになった。

その後社会福祉基礎構造改革を経て、①福祉多元化のもと競争の原理導入、②公的責任よりも個人の責任によるサービス選択制度の導入、③権利としての社会福祉から助け合い（住民参加）の強調の時代に突入していった。

いずれにしても、社会福祉基礎構造改革を経た今日の地域福祉は、住民自治の発露としての住民主体の地域実践は、「有力な社会資源」の一つとして相対化され、政策主導の地域福祉の展開の中で、「公私分離の原則」を犯す形で「住民主体」という言葉とともに持ち上げられるようになっていることに危機感を覚えずにはいられない。

私自身、二〇〇〇年代に入るころには、管理職（当時は事務局次長、二〇〇三（平成一五）年度からは事務局長）となり、地域とかかわる機会も減ってきてしまった。

一九七九（昭和五四）年に全社協から出版された『在宅福祉サービスの戦略』以降、全国の社

協においては、在宅福祉サービスの先駆的開発や行政からの受託等が進められ、大きな転換期で
あったように思われる。しかし私が所属した市社協は先に述べたように一九九〇年代初頭にその
方向を目指した時期もあったが、福祉サービス公社と市社協とが別々の役割をもって運営される
ことととなった。この体制は今も継続されているが、これから両者がしっかりと協働関係を築いて
宇治市の地域福祉を推進していく期待も大きい。

4　社協でやりのこしたと思うこと——社協の財政的課題と人材の養成——

社協に在籍した人の共通の思いである「何の制約もなく自由に使える自主財源の確保」は長きにわたる課題であり、未だに解決をみていないテーマである。ただ、私のこだわりには「社協らしい」自主財源獲得でなければならないというところへの思いがある。「財源が入れば何でもいい」という考え方より、「しっかり地域に根を張った組織づくりと、そこから生まれてくる財源の獲得」というものである。その鍵はやはり会員会費の仕組みにこだわってほしいと思う。多くの社協において推進されてきている自治会・町内会に依存した会員会費の募集は、地域社会の変貌とともに困難の度合いを増している。そうした中、社協に関係する各種団体や機関がそれぞれの働きに応じた区分によって組織的にまとまりながら、多様なかたちで組織と事業に参画する「組織構成会員制度」に取り組む社協も増加している。とても積極的な試みだと思う。ただしこ

の仕組みは、組織だった体制として明確になり、さらには会費収入の確実性が一定程度向上することが望めるが、社協組織の固定化（利益集団化）や閉鎖的体制に陥らないような配慮が必要である。

いずれにしても、様々な分野に地域福祉の輪を広げながら関係を築いた個人、団体、機関等の「参画的会員」制度と組織の体制づくりは私が果たしえなかった課題だろう。使途目的を明示して取り組む共同募金の「テーマ型募金」等とともに地道な実践の中からしっかりと築き上げなければならないのだろう。また善意銀行の取り組みとして、「休眠預金」等の活用法や遺贈寄付などを積極的に呼び込むことも必要だろう。

個人の選択によって生きる営みが形成される「選択社会」となった今、「支えあい」という抽象的なスローガンは通用しにくくなっている。社協会費や共同募金への協力が自らに確実にメリットがあるものであることを具体的かつ明確に示して「見せる」ことが重要である。それは目先のメリットではなく、自らの暮らしにとって、あるいは人生の選択において「必要なもの」「価値あるもの」として映り、人々に確信させるものでなくてはならない。「百の説得より一つの納得」といわれる時代の中、まさに「価値観の戦い」でもあるのだろう。目先の技術論にのみ陥ることなく、新しい形の組織の仕組みと財源のあり方を構想することで、高い公共性を持った組織としての社協づくりを通して存在価値を示していくことを期待したい。

社協ワーカーには、福祉サービスの利用者としての住民に寄り添いきる出力型の実践と、地域福祉の担い手としての住民の黒子となり、その力を育む入力型の実践の双方を兼ね備えることが期待されていると思う。それは実践経験なしには培われないだろう。

5　社協に人生をかけたことへの自己評価

私は、はからずも社協という組織に出会えた幸せと感謝を覚えている。ある意味で私は社協の〝良き時代〟に生きてきたのかもしれない。

確かに「支える側」と「支えられる側」に隔てる時代は過ぎたのかもしれない。そうであるならばともに主権者である「住民」が主体となった地域づくりとして「地域福祉」をとらえ返さなければならないと考える。

社会福祉法第四条で「地域住民（中略）は地域福祉の推進に努めなければならない」と記されている。また、二〇一八（平成三〇）年度施行の改正社会福祉法第六条には地域福祉に対する行政の責務まで追加された。私はこんなことを法律で規定することではないと考えている。「住民主体」の取り組みは奨励されることはあってもお上から「推進に努めなければならない」と言われる筋合いのものではないと思うからである。

人口減少と少子高齢化の時代に入り「地域福祉」への期待が広まる一方で、「社協だけが地域福祉の担い手ではない」という状況にもなってきている。近年災害が多発する中、「災害ボランティアセンター」を通じて発せられる報道で〝社会福祉協議会〟を知る人も多くなった。それは災害の悲惨の中で、すがすがしい思いを与えてくれる。しかしどこか歯がゆい感じを持ってしまう。社協の現場は一人ひとりの日々の暮らしの中にあり、それが多くの人に実感される地域社会になることを目指している。そのため、「地域福祉」のゴールは、「草の根民主主義が息づいた地域社会の実現」であるという志を持って、奮闘されることを願っている。今回執筆の機会を与えていただいた方々に、心からお礼を申し上げたい。

第３章　住民主体の協議体を担保する社協マネジメント

佐藤寿一

はじめに

団塊の世代の後、それほど個性も主張も強くなく目立たない世代として生まれ、平凡なサラリーマン家庭で育った。高校では超進学校に紛れ込んでしまい、落ちこぼれとして三年間を過ごした。進学校にありがちな超のつく管理教育の下でドロップアウトもせず、かといって反発もできず、クラブ活動を拠り所に高校生活を送った。本多勝一の『極限の民族』三部作に影響を受け、文化人類学がやりたくて社会学部へ入学した。しかし、社会心理学の先生の話がとても面白く社会心理学を専攻して、達成動機や集団力学、社会的態度等について学んだ。このゼミでは小集団活動を活用して研究および社会人としてのスキルを厳しく仕込まれた。社会心理学を学んだことで、人の心は理屈では解き明かせないと確信を持った一方、人とかかわる仕事がしたいと思うようになった。

1　就職、そして転職

就職難の時代でなかなか就職が決まらず、友人に誘われて受験した陶磁器質タイルのメーカーに採用され、営業マンとして社会人のスタートを切った。人と同じことをしていては売上げは維持できないから常に新しいことに取り組むこと、また、たとえ自分が悪くなくても誠心誠意頭を下げて場を納めることを仕事を始めて早々に学んだ。九年目に企画部門に異動し、新製品開発プロジェクトチームの事務局を担当した。営業職では疎かった書類や会議資料のつくり方、プランニングの手法等、スタッフとして必要な仕事術を身に付けることができた。一方、本社で仕事をしたことで自分の能力の限界と会社のメーカーとしての姿勢が見え、転職を考えるようになった。一〇年間の企業での経験を活かして、何かもっと人の役に立つ仕事はできないかと漠然と新聞の求人欄を眺めていたとき、宝塚市社会福祉協議会（以下、市社協）の管理・監督職員募集の小さな求人広告が目に飛び込んできた。社会福祉と銘打った組織なので人のためになることをしているに違いないと、社会福祉協議会がどのような組織であるか十分に調べもしないままに応募し、なぜか採用された。仕事を変わることについて、当然家族には反対されたが押し切って転職に踏み切った。人生の転機となった記念にと残しておいた求人広告の黄色くなった切り抜きを、社会人になったばかりの娘が見て「二人の幼子を抱えて、この小さな広告の先にいったい何を見て転職に踏み切ったのかね」とつぶやいたことが忘れられない。

2　計画に基づく実践の展開と組織マネジメント

(1)　在宅福祉サービス事業の展開と転機〈第一次計画〉

一九八九（平成元）年、市社協は、ゴールドプランに従って在宅福祉サービスを整備する必要に迫られた宝塚市から、ヘルパー事業とデイサービス事業を受託し、事業開始に向け介護職員とともに管理・監督職員を募集していた。昭和五〇年代から住民ニーズに基づく在宅福祉サービスの開発・実施を推進してきた兵庫県社会福祉協議会（以下、県社協）の指導の下、住民参加型有償福祉サービスや移動入浴サービスを実施していたことが基盤となったものである。当時、管理職は行政出向者が占めていたが、将来的にはプロパー職員で事業運営ができるようにと管理・監督職を募集し、その枠で採用されていた。早く組織の全体像をつかむようにという配慮から総務課に配属され、決算事務や事業報告書の作成補助、文書処理や団体事務等を担当した。また、県社協が推し進めていた発展計画方式を受けて策定中であった第一次の宝塚市地域福祉計画（地域福祉活動計画・社協発展計画　一九九〇（平成二）～一九九九（平成一一）年）の策定作業に事務局の一員として加わった。この時に強く感じたのは、これまで仕事をしてきた企業とはまったく異なる論理でこの組織が動いているということであった。仕事の評価は成果でなく支出予算の執行率によること、費用対効果という考え方がないこと、新たなことをやるより前年踏襲が無難なこと、中でも驚いたのは、管理職として行政出向者やOBが短期間で異動することが仕事ができていない言い訳となっていることだった。民間企業でも何かあれば上司は異動し、それによって仕事のやり方は変わるが、そのことは社員個々の仕事のできない言い訳にはなりえない。この時に周りの職員と自分との仕事に対する価値基準に差があると感じて以来、今もその感覚は消えずにそのままで残っている。

翌一九九〇（平成二）年には事業課に異動し、地域福祉担当として地域福祉活動推進や講座、イベント、団体事務等を担当した。一九八八（昭和六三）年からモデル地区を指定して自治会単位での地域福祉活動の推進を図っていたが、この時点でモデル地区はまだ一カ所のみであった。二〇〇以上ある自治会に対して兼務の担当者一人がどれだけ動いても年に二〜三カ所の指定を増やしていくことが精いっぱいであった。一九九三（平成五）年には事業課長補佐、一九九四（平成六）年には事業課長を拝命し、社協の抱える事業の多くをマネジメントしていく立場になった。特に、ゴールドプランによって毎年サービス量が大幅に増えていた在宅福祉サービス事業の対応に翻弄された。

この時期に、県社協の「社協の在宅福祉サービス開発推進事業に関する研究会」（一九九三（平成五）年〜一九九四（平成六）年）の委員に選任された。民間企業出身で社協事業について費用対効果や支出予算管理型の事業管理について意見を言うおもしろい職員がいるということで、実績もない転職四年目の若造が県内社協精鋭メンバーの末席を汚すことになった。県社協としては、これまでの六次にわたる発展計画方式での市町社協支援の状況を、在宅福祉サービス開発の実践を評価することで浮き彫りにし、次期の発展計画の提起につなげようというものであった。研究会への参加は、昭和五〇年代以後の県内社協の取り組みを俯瞰しつつ、今後の社協のあるべき展開を考える非常に良い機会となった。また、研究者や県内市町社協の先輩諸氏、県社協職員とのやり取りを通じ、市社協内では得難い幅広い知識や経験の蓄積による知見を得ることができた。中でも一番の収穫は、社協が住民主体の協議体であるということを強く意識するようになったことであった。

そして、一九九五（平成七）年一月、社協での今後の仕事を左右する大変な出来事が起きた。阪神・淡路大震災である。宝塚市内でも多数の死傷者が出るとともに、全半壊の家屋が二万戸近くにものぼる大きな被害を受けた。市社協も、在宅要支援者の安否確認と避難支援、避難生活支援、避難所・福祉避難所の運営、災害ボランティアセンターの運営、生活福祉資金や義援金の対応等、県内・県外の社協、各種団体等からの支援を受けて、復旧、復興の業務に追われることになる。当時、在宅福祉サービスを市社協がほぼ一元的に提供していたため、在宅要支援者の安否確認、避難支援、避難所・在宅での生活支援、福祉避難所の開設運営まで何とか対応することができた。一方で、地域福祉への取り組みの遅れから、被災市民に向けた避難生活支援はほとんど手を付けることができず、地域とのつながりの弱さを露呈することになった。日常的な取り組みができていない状況では、非常時に適切な対応はできないことを痛感し、地域福祉のすすめ方を根本的に見直す大きな転機となった。また、同時期に介護保険制度の導入が見えてきたことも、在宅福祉サービスによって事業を拡大し続けてきた市社協にとって、在宅福祉偏重の見直しを迫られる大きな要因となった。

(2)　総合型社協を目指して〈第二次～第四次計画〉

第一次計画の期間が一九九九(平成一一)年度まで残る中、前述の問題意識から一九九六(平成八)年一月には、次期計画の繰り上げ策定に向けて委員会を発足させるとともに、介護保険制度導入の影響を調べて対応策を講じる委員会を並行して立ち上げた。一九九七(平成九)年五月には、二〇〇〇(平成一二)年度までの新地域福祉計画(第二次計画)を発表し、地域福祉を総合的に推進する新たな市社協の姿を提案した。地域福祉を推進するために、人口三万人規模の七つのサービスブロックごとに社協地区センターと地区担当ワーカーを置き、小学校区ごとのまちづくり協議会の福祉活動支援を進めること、在宅福祉サービスは、社協の役割分担を明確にして介護保険制度下でも事業を継続実施していくことを打ち出した。この計画は現在の市社協の姿を示す優れたもので、続く二〇〇一（平成一三）年からの第三次計画も項目をそのまま引き継いだ。計画に基づき行政との協議を進め、七つの社協地区センターの開設と地区担当者の配置を一九九九（平成一一）年までの三年かけて実現した。

一九九七（平成九）年度には事業課を地域福祉課と在宅福祉課に分け、私は在宅福祉課長として前年から検討してきた介護保険制度移行への対応策に基づき、コストダウンとサービスの質の向上、新規事業（訪問看護事業、居宅介護支援事業）の実施に取り組んだ。一九九九（平成一一）年には在宅福祉担当次長となり、市社協事業の移行準備だけでなく、介護保険事業者連絡会（のちに介護保険事業者協会に改編）の設立やケアマネジャー連絡会の組織化等の、介護保険制度下でも事業者間で連携の取れるネットワーク体制づくりに取り組みを広げた。

二〇〇〇（平成一二）年の制度移行を乗り切り、二年目には黒字計上ができるようになった。二〇〇二（平成一四）年には地域福祉部門も合わせて担当し、以後話し合いの場づくりや事業の総合化に向けた取り組みを中心に組織マネジメントに取り組んだ。特に、話し合いの場づくりについては後述するように、社協が住民主体の協議体としての機能を発揮できるような事業の推進方法を意識して、様々な形で働きかけを行った。また、二〇〇三（平成一五）年には機会を得て大学院に社会人入学し、社会福祉について研究する機会を得た。当時全国で展開されていた宅老所実践に注目し、地域住民と専門職が共同してケアを行う小規模多機能ケアを研究テーマとした。

研究の成果を反映させながら、地域住民とともに作る民家を活用した小規模デイサービスを事業化（二〇〇五（平成一七）年～）して市内で順次展開した。研究的視点を持つことや研究者、先駆的な実践者とのつながり等、大学院で得るものは大きかった。

二〇〇四（平成一六）年からは総務担当次長となり、介護保険制度導入後に民間事業者との競合の中で必要性を感じていた組織マネジメントの改善に取り組んだ。介護保険制度に続いて障害福祉分野も支援費支給方式へ移行、行政改革による補助金の見直しや施設の管理運営事業の指定管理制度への移行等の動きの中で、事務局の経営体制強化が急がれる状況となっていた。人事労務管理制度の刷新（独自の給与体系、人事考課制度、目標管理制度の導入等二〇〇五（平成一七）年～）や、財務会計システムの見直し（オンライン化や管理会計への対応等二〇〇六（平成一八）年～）をプロジェクトチームによって進め、組織体制の強化を図った。同時に、理事会・評議員会の活性化による住民主体の協議体としての機能強化、住民意思の事業への反映がスムーズにいくような協議の場づくりにも取り組んだ。

社協内の事業の総合化は、二〇〇六（平成一八）年からの第四次計画の大きな柱となるもので、総合型社協と言っても事業の種類が多様なだけで、個々の事業が連携して対応する仕組みにはなっていないとの指摘に対応したものであった。加えて第四次計画では日本生命財団の高齢社会先駆的事業助成（二〇〇五（平成一七）年）を受けて、日常生活圏域と定めた小学校区での話し合い・住民活動、地域ケアの場づくりを進めた。

二〇〇八（平成二〇）年には事務局長を拝命、これまでの行政出向者・OBのポストをプロパー職員としていかに務めるかが問われることを意識しながら、組織マネジメントに取り組んだ。

(3) 社協マネジメントから地域福祉マネジメントへ〈第五次計画〜〉

続く第五次計画（二〇一一（平成二三）年〜二〇一六（平成二八）年）では、全市、サービスブロック、小学校区に自治会エリアを加えた四層構造のエリア設定を行い、それぞれのエリアごとで協議・協働の場づくりを行うとともに、生活課題の解決に向けたセーフティネットの仕組みを提案し実践してきた。また、第四次計画によるプロジェクト型の対応ではうまくいかなかった社協内の総合化については、事務局組織を事業ごとのタテ割りから、エリアを基本にした多職種混成のヨコ割りに変えることによって地域と向き合う体制をつくった。また、この間に、安心サポートセンター開設（生活福祉資金と日常生活自立支援事業、心配事相談事業の一体的運用）や高齢者・障害者権利擁護支援センターの受託（二〇一一（平成二三）年）、生活困窮者自立支援事業における自立相談支援事業の受託（二〇一五（平成二七）年）等、総合相談支援体制づくりにつながる権利擁護関連事業の充実を図った。二〇一五（平成二七）年の介護保険法改正による生活支援コーディネーターの配置にあたっては、動きの鈍い県社協に代わって県内社協の事務局長間で自主勉強会の組織化を働きかけ、二〇一四(平成二六)年に三回の勉強会を開催した。行政の担当者と社協事務局長が同席して制度の主旨と内容を共有し、市町社協が行政に積極的に働きかけたことで、多くの市町社協が生活支援コーディネーター業務を受託している。

二〇一五(平成二七)年からは常務理事を兼務、二〇一七(平成二九)年には常務理事専任となり、これまでと異なる立ち位置で住民主体の協議体である社協マネジメント、地域福祉のマネジメントに取り組んでいる。

3　住民主体の協議体をいかに担保するのか　社協マネジメントの在り方

宝塚市社協の地域福祉実践の特徴は、地域福祉計画に基づく地域福祉の推進を継続的に図ってきたことと、住民主体を社協実践と組織運営の根幹に据えて協議体としての社協マネジメントを模索してきたことである。計画に基づく継続的な地域福祉の推進については、前項で説明してきたので、この項では住民主体の協議体を担保するために取り組んだ社協マネジメントについて説明する。

住民が参加・参画する多様な協議の場を作り、そこでの議論や意思決定をいかに事業活動に反映させて展開していくかが社協マネジメントの重要なポイントとなる。市社協においても、一九八九(平成元)年以後在宅福祉サービス事業の比重が増加し急速に事務局組織が拡大、合わせてサービス事業の財源比率が高くなり、事業経営を適切に行うことが求められるようになった。第二次計画に基づき総合型社協を目指して広範な事業を展開しようとした際には、社協マネジメントの在り方が大きな課題となった。

(1) 理事会・評議員会の活性化

住民主体を担保するための第一歩は、理事会と評議員会が、協議の場、協働の場としてその機能を十分に発揮することにある。しかし、あて職が多く、開催頻度の少なさや実施事業が幅広くその内容を把握しにくいこと等もあって、実際には十分な機能を果たしているとは言い難い。いきおい、事業計画や予算、人事といった重要案件についても、事務局が完成された案を提示し、理事会、評議員会では承認を得るだけという形態が一般化していた。そこで、理事会は事業体としての対応が可能な執行体制を作るとともに、住民主体の協議体としての参加・参画の機能を高める評議員会を志向することとした。一九九八(平成一〇)年四月の役員改選に向けて、理事と評議員の兼務をなくすこと、理事は個人委嘱を基本として執行機関としての多様性の強化を図ること、副理事長を増員し事業経営体制を強化すること、評議員の半数を住民代表として地域福祉の推進体制の強化を図ることを入れた理事・評議員選出のガイドラインを定め、これに則した対応を行った。二〇〇五(平成一七)年には、事務局の体制強化に合わせて理事・評議員構成を再度見直した。理事は、組織代表者だけでなく組織に属さない知識経験者などの個人委嘱を拡大し、評議員は、住民組織・福祉専門機関・当事者団体・関連分野団体・社会奉仕団体などの代表をバランスよく構成したものとした。二〇〇七（平成一九）年度には、理事会と評議員会の同日開催を改め、理事会での協議内容を反映させた議案を評議員会に提案できるようにした。また、評議員会で活動計画や事業計画・予算の策定段階から協議を行い、その内容を案づくりに反映させることで住民主体の協議体である社協の評議員会としての役割を担保した。これらは、理事会、評議員会の開催頻度を多くすることや議論の活性化につながった。

(2)　事業における住民主体の意思決定プロセスづくり

理事会、評議員会の機能強化に加えて、課題別や地域別の話し合いの場（専門部会、運営委員会等）を設定し、その結果を社協事業やそれぞれの活動に反映させていくことが必要である。市社協においても、第二次計画によって総合型社協を目指すように転換した後、様々な事業を推進する中で、これまでの事務局主導から住民主導・当事者主導へと主体を転換する動きを進めた。地域福祉推進事業にあっては、小学校区ごとのまちづくり協議会の福祉部という住民の手によるコミュニティ組織主体の取り組みで進め、その支援プログラムも住民の主体的な取り組みによって進められるようにしてきた。また、事業の運営委員会があるものは、これを活用して住民の意思が事業に反映できるように努めている。民家型小規模デイサービスでは、事業運営だけでなく利用者の対応、地域の福祉課題についても運営委員会の中で話し合って事業を進めている。また、行政からの委託事業においても同様の取り組みで当事者・利用者や市民の意見が事業に反映できるようにしている。そしてこれらの動きが理事会・評議員会の活性化にもつながってきた。

4　地域福祉の政策化の中での社協マネジメント

社会福祉の政策化が進む中で、これまで社協が担ってきた地域福祉推進の事業が制度に基づく委託事業となるものが出てきている。介護保険制度による生活支援コーディネーターしかり、生活困窮者自立支援事業の自立相談支援事業しかりである。これまで住民主体の協議体として住民のニーズに基づいて取り組んできたこれらの事業が、制度という枠組みに入ったときに、社協としていかにこれをマネジメントしていくのかがまだ見えていない。これまでの民間性と公共性のバランス、協議体・運動体と事業体のバランスとは異なったバランスのとり方を考える必要があると思われるが、明確な立ち位置を提案できるところには至っていない。介護サービス事業の展開過程から明らかなように、制度の持つ力は大きい。住民主体の協議体としての地域福祉のマネジメントを確立しておかないと、知らず知らずのうちに地域福祉の主体が事業体としての社協事務局や行政に移動しないかと危惧している。

５　おわりに　外人部隊の立ち位置から思うこと

転職して市社協で最初に感じた仕事に対する基本的な価値基準の差による違和感は、その後も薄れることなく、今も同じ思いを抱いている。私の後に採用された若い職員たちが、ものの見事にもともとこの組織が持つ価値基準に染まっていくことを見るにつけ、どうも自分はどこまで行っても外人部隊で、本隊にはなれないと思っている。だからこそ外人部隊である自分の役割は、少し離れた立ち位置から、それが悪い方向に向かわないように注意したり、側面援助したりすることだと考え実践してきた。行政でもない、民間企業でもない社会福祉協議会としての組織風土、仕事に対する価値基準を、これまでの自分の立ち位置も入れてバランスの良いものとして再構築できないかと思ってきたが、実現はできなかった。今はこれは大切な組織風土で、私のように外側から無理やり手を突っ込んで変えるべきものではないと思うようになった。その中にいる人たちが、内発的に不具合のある部分を修正していくことが望ましい。何年か先に変わったと感じることができる市社協になっていることを秘かに期待している。

【参考文献】
藤井博志監修　宝塚市社会福祉協議会編（２０１８）『改訂版　市民がつくる地域福祉のすすめ方』全国コミュニティライフサポートセンター

第4章　舞台を創るので一緒に踊ろうや！

影石公昭

1　プロフィール

(1) 徳島県海南町に生まれ育つ

一九五二(昭和二七)年一二月、高校教師の父親と専業主婦（のちに家電店の事業主となる）の母親の間に二人兄弟の長男として生まれる。

小中高は、徳島県南部の穏やかな海南町（のちの海陽町）で過ごす。小学生の時は、蒸気機関車の運転士に憧れ、アメリカのTVドラマ、SFもの、ドキュメントや兼高かおる世界の旅やNHKの日本紀行は大好きでよく見ていた。そして漫画はよく読んだ。

中学生の頃に、色覚異常のため、交通、医療・化学分野には進めないことが分かり、断念する。ただ、男は理系へという文化のなかで、高校時代には工学部機械工学科へでも行くかと思ってはみたが、物理と数学Ⅲでつまづき、目標がしぼんでしまった。受験勉強でもするかと陸上部を辞めたが、結局勉強もせず、時間を持て余し、音楽ばかり聴いていた。歌謡曲からベンチャーズまでなんでも聴いたが、フォークソング派である。加山雄三の若大将シリーズの「大学生活」に憧れ、祖父や親の後を継いで、教員にでもなるかと漠然と思っていた。

(2)　故郷を離れる

当時はまだ学生運動がピークを過ぎたとは言え、授業のボイコットやロックアウトもあったが、興味はなく、学生の街京都で一年間の浪人生活を送る。親元を離れた解放感からか、予備校を三カ月で早々と自主退学し、ラジオ局のサテライトスタジオや公開放送をめぐるフォークソング三昧の生活を送る。国公立は教科が多いので、私立の三教科でいいやと勝手に私立文系に鞍替えした。

もともと歴史や地理は好きなので、歴史学、考古学、経済学、社会学、心理学でも勉強できればいいかなという漠然としたものであった。ただ、福祉学は考えたこともなかった。結局、一九七二(昭和四七)年東京の私立大学の法学部政治学科に進学した。

(3)　ワンゲル時代

ワンダーフォーゲル部との出会いにより、大学生活が一変する。陸上競技に未練があり、陸上部を訪ねたがちょうど留守、その帰り、ワンゲル部の勧誘を受け、「夏合宿は北海道」というので入部した。一年生から五年生まで総勢五〇名を超す大所帯、北海道から九州までほとんど日本の全域をフィールドに活動しているサークルであった。

部の雰囲気はおおらかで、冒険心をくすぐる探検部的要素もあり、山に登るだけではなく、興味のあった山岳宗教　民俗学　文化人類学をベースに、古い文献をあさりながら里山や古道、廃村、廃道を訪ねたりした。授業も出ず、「部室と山」の往復で結局五年間在籍することになる。

(4)　故郷へ帰ることに

一九七七(昭和五二)年三月になんとか卒業し、これからの時代は健康産業が成長するのではないかと考え、ベンチャー企業に入ったものの、販売方法に納得が行かず、約半年で退職した。次の音楽関連の会社でも、労務管理に疑問を持ち、ここも一年半で辞めた。

こうして、二度の失敗を経て、家業を継ぐこととなったが、家電についての知識や修理技術も無いので、メーカー系列の研修センターに入り、ここで、修理技術や家電店の経営について学ぶことになる。一九八〇(昭和五五)年、半年の研修を終え、実家に帰る。地域一番店を目指し、休みもなく働いた。何の肩書きもないただの「電気屋のお兄ちゃん」になり、居心地が良かったが、田舎なので「先生の息子」という形容詞が付くことになる。

2　社協との出会い

(1)　社協入局のきっかけ

一九八二(昭和五七)年、当時の社協の理事宅のテレビ工事をする機会があり、これが縁で、社協の仕事をしてみないかと誘われた。店の経営も軌道に乗りつつあったし面白かったが、サラリーマンを二度失敗し、店を継がざるを得なくなったという一種の「負け犬」感と親の敷いたレールを走るって、男としてどうなんだという気持ちがあったものだから、この誘いには心が揺れた。

そうは言っても、肝心の社協がどんなところかさっぱり分からない。役場職員の叔父に調べてもらったが、やはりなんだかよく分からない。しかし、かえって何か未知なるものに対する魅力に心が動かされ、入局を決意する。

(2)　社協に入ったものの

こうして、一九八三(昭和五八)年に入局したが、当時社協はすでに法人化はしていたものの、事務所は役場二階の一室にあり、専従職員は元郵政職員の事務局長とホームヘルパー（以下「ヘルパー」と言う）二名の合計三名であった。町村ではどこも似たり寄ったりの状況であったが、町長が会長の小さい組織であった。

事務局長はもともと半年の引継ぎでバトンタッチを考えていたようで、九月までの半年間、社協の業務についていろいろ教えていただいたが、店との掛け持ちを現にやっており、二足の草鞋の感覚であって、まだ社協一本で食べていこうという気持ちはなかった。

引継ぎも終わったが、朝出勤すると「今日一日何をしようかな」から始まるという感じである。これをしなければならない決められた業務というものは格別なかったと言ってよい。その中で業務らしい業務と言えるものは、身体障がい者会の事務局業務、日赤の社費の募集、赤い羽根共同募金の事務、心配ごと相談、そして貸付中件数が一四〇件ほどあった世帯更生資金の償還管理であった。

半年が経ったが、いまだに具体的な社協業務がイメージできないでいた。今だったらインターネットで、必要な情報も得られるのであろうが、当時は『月刊福祉』と社協情報が唯一の情報源であった。そこに掲載されていた社協にお願いして、たくさんの広報誌を送ってもらった。「あぁっ、社協ってこんなことをやっているんや」と、だんだんに具体的な社協像が結べるようになった。

ヘルパーに関しても、一応訪問するところがあったが、同期入局のヘルパーにはまだまだ行くところが少なく、「おはようございます。今日は何をしましょうか?」というのが、一日の始まりであった。措置の時代なので、勝手に利用者を開拓するわけには行かなかったが、二人で考えた結果、派遣先に行ったついでに隣近所の家に声をかけ、ヘルパーのＰＲをしてくるという、いわゆる「予備軍まわり」がここから始まる。当時、ヘルパーは主婦の延長線上ぐらいの評価しかなかったものだから、まずはヘルパーについての理解を図ろうとの考えである。

(3)　まずは介護サービスの充実を目指そう

当時役場の保健師は軽の公用車で町内をくまなく巡回していたが、ヘルパーは自転車で訪問活動をしていた。海南町は徳島県下でも屈指の広い町で、役場から一番遠い地区まで車でも一時間もかかるため、当然、事務所から遠い地区には入れていなかった。そういう時期に車の免許を持ったヘルパーの増員と原付カブの導入により、活動範囲がグンと拡がり、片道一時間の中山間地まで入れるようになった。利用者は「よくまあこんな遠くまで来てくれた、ありがとう」と喜んでくれた。

そういう中で予備軍まわりは功を奏した。この活動によりずいぶん介護や福祉のことについてのたくさんの相談を受けるようになっていた。過疎高齢化が進んだ田舎町だから、体調のこと、病気についての相談が目立ち、医療的ニーズや身体的介護ニーズが高いことが分かった。同時にヘルパーが相談に足る存在として、住民に浸透していった。

このような地道な訪問活動が町議会でも議題にのぼるようになり、ヘルパーの世代交代と相まって、軽自動車を購入していただくことになる。病院まで一時間もかかるし、当時は救急車もなかったので、布団ごと寝かして運べるワンボックスのバンを購入することにした。車体には「海南町社会福祉協議会」と名前も入れた。ユニフォームもそろえた。俄然、ヘルパー自身のモチベーションも高まったし、何よりもヘルパーに対する住民の関心が高まってきた。

そんな時、知的障がいの子どもを持つ母親から相談があった。地元の企業に就労した息子がアパートで一人暮らし生活をしていたが、洗濯機の水を止めるのを忘れたため、階下まで水浸しにしてしまい、大家さんから出ていくように言われたというのだ。当時は軽度の知的障がい者に対するヘルパーの派遣なんてなかったが、調理と水や火の始末についての支援をすることにした。この支援はしばらく続いたが、この経験は私にとって、軽度の障がい者への支援は自立につながるし、むしろ積極的にするべきであるとのコペルニクス的転回点となった。

このように公用車も入り、ヘルパーの業務は順調に推移していたが、一九九〇（平成二）年に、デイサービス事業を町から受託する際に、ヘルパーとして准看護師を一名採用した。この時にはすでに、身体介護のサービスが生活支援を上回っており、当時の町立海南病院の院長の配慮により、受診時のヘルパーの付き添いが可能になっていた。介護と医療をつなげる人材を求めていたので、タイムリーであった。

さて、デイサービス事業については、全国的にも珍しい単独型のデイサービスを受託することとなった。新たに採用したデイの職員に介護福祉士や保健師の資格を持った者がおり、専門性に裏打ちされた在宅福祉サービスが始まることになった。ヘルパーとデイの在宅福祉サービスの二大柱が揃ったわけだ。

(4)　事業型に脱皮を図り、見える化を進めよう

デイサービス事業の受託の際に、デイサービスセンターに社協の事務所を移転した。一つの事業所としての認知も進み、デイサービス事業も順調に軌道に乗ったため、次のステップとして、事業型社協を目指すことになる。

いわゆる「協議」だけでは、社協の存在そのものと存在意義が伝わらない。解決機能をもったサービスをきちんと届ける、そんなことから始めようと、まずは既存事業の見直しと機能強化を目指した。まず心配ごと相談については、橋渡し機能のみでは来談者の「よかった」にはならないと考え、弁護士による法律相談を加えることにした。月一回の相談としたが、相談予約時に相談内容を整理しておくことで、一人三〇分の相談が無駄なくスムーズに受けられるよう工夫した。弁護士は徳島市から二時間ほどかかるので、裁判が休みの第三土曜日に開設した。待つ間にお茶を出し、世間話や相談内容の整理をした。依頼により一緒に相談に入ることもあった。一年で六

〇件ぐらいの相談を受けることになる。

生活福祉資金の貸付については、資金融資という「実弾」を生かしたいと考え、広報にも努め、修学資金を中心に積極的に貸付けた。二〇〇五（平成一七）年の合併までに、貸付中件数約二七〇件余り、貸付中融資額が二億数千万円となっていた。自分なりに毎年三〇件、三〇〇〇万円の目標を掲げ、この「ノルマ」は合併まで連続で達成した。

(5)　一つひとつの点をつなぎ面に拡げよう

続いて、ボラセン事業からふれまち事業までの通算八年をかけて、既存ではない新しい事業、特にボランティア養成について取り組もうと、専任の職員を採用した。小中高にも働きかけ、授業に福祉教育を取り入れていただき、車いす講習や高齢者疑似体験、アイマスク体験、手話講座等いろいろとやった。私も教壇に立った。

また、「子どもは地域の宝物」として位置づけ、地域の方々を先生役とした子育て事業「びっくり箱」を立ち上げ、毎月たくさんの子どもたちがこのボランティア先生といろいろな体験を学ぶことになる。その後、長じた子どもたちがお兄さん、お姉さんとしてこのびっくり箱を支えてくれることになる。二四時間テレビにも積極的に協力した。

また、介護保険では対象にならない方々を対象にした「いきいきサロン」の全町的展開を目指した。地域を回って協力してくださる方を発掘し、サロンの目的について説明し話し合い、合併までに都合一一カ所のサロンを開設した。その後、配食サービス、シルバー人材センター事業と事業の多角化を図ることになる。

その中で、「海部郡」を単位とした町を超えた障がい者に対する事業に取り組んだ。徳島県からの委託事業であったが、海南町社協が幹事となり、海部郡社協連絡会を母体としたプロジェクト事業だった。移送サービスや運動会や日帰りの旅行等の交流事業をはじめ、手話、点字・点訳、朗読、要約筆記を担ってくれるボランティアを養成することになる。

この間に障がい児の下校の支援を行った。週に一回の下校時の送迎をお願いできないかとの依頼である。中学校とも相談し、福祉車両による片道二五分の送迎にあたった。

これらの活動を通して、郡域の障がい者を対象とした共同作業所「虹」を立ち上げる。この作業所も障がい児者の母親たちの熱い思いがあり、実現したものである。行政の支援も嬉しかった。障がい者の集う場、働く場が一つできたわけだ。

一方、当事者団体の会員の高齢化が進み、会員数や活動がだんだんに縮小する中で、郡域を単位とした障がい者の交流を図ることを目的とした「海部郡障がい者のつどい」を主宰し、二〇一五（平成二七）年まで二〇回のつどいを続けることになる。

3　しあわせ実現の宝石箱

(1)　自分にとって理想の社協とは

一九八三(昭和五八)年から二〇一三(平成二五)年まで、合併を挟み都合三〇年間社協職員として勤めてきたが、一貫してやってきたのは、「福祉」を推進するというより、生活の支援、応援である。「生活会議や生活学校」の思想や活動も大いに参考にしつつ、社協は良き相談者、舞台を創る裏方として、主役である住民の方々が舞台で踊ることを支援する、自立についても、社協は「自転車の補助輪」として、倒れないようにサポートする、いつしかそういうことを理想とするようになった。

さて、生活には「お金」が必要、しかし構造的不況業種では現金収入が厳しい。山や田畑、土地、自宅という財産は持っているが低所得、貯えも乏しい。自給自足的生活も無いではないが、何をするにもやはりお金である。社協には世帯更生資金貸付制度がある。資金の融資をすれば、子どもの夢、親の思いを支援できるかもしれない。

これは、福祉的に困っている者をターゲットにしたものではない。当時の厚生課長、民生委員協議会の会長も貸付について理解と協力をしてくれた。結果、人口六〇〇〇人の町で貸付累計六億数千万円を誇った。もちろん「焦げ付き」はあり、夜、休みの時に償還についての相談、償還指導をしてきたが、償還困難のケースは二〇件にも満たないものであった。

この借入相談や生活相談が、心配ごと相談の在り方や意義について再考するきっかけとなり、解決手段を持つということにつながり、弁護士の無料法律相談や司法書士の法律相談を整備していくことになる。そして、今でも、「困ったときの社協頼み」に応え、手を差し伸べるのが社協だと思っている。

(2)　他力を頼み、自力に変える

このように相談事業の整備を図ってきたが、相談に来れない、あるいは来ない者にどうアプローチするのかが大きな課題となった。アウトリーチにも限界がある。相談所にではなく、普段着の相談が入ってくるかたちを作らないとだめだと考え、まずは職員一人ひとりにニーズキャッチのレーダーとしての役割をお願いした。

それでもまだ自前で不十分なところは、民生委員、児童委員やボランティアはもちろんのこと、出入りのある業者等の外部の耳目に頼った。外部とのチャンネルをいかに創るか、ここに心血を注いだ。明るい和やかな事務所でなければ、入って来にくいし、寄り付かないと思い、気安く遊びに来れる社協を目指した。来るもの拒まず、だれでもウエルカムの雰囲気づくりにも気を使ったが、ヘルパーもデイの職員もとても良い雰囲気、空気感を持っていた。

(3)　原点とこだわり

たくさんの理解者のおかげで、結構好きなようにやったが、今から思うと極めて適当で、ずいぶんでたらめなことをしてきたと思う。若気の至りと言ってしまえばそうかもしれないが、無知ゆえに怖いものがなかった。ただ、片時も心を離れなかったのは、一九八七（昭和六二）年の『月刊福祉』一〇月号の「特集　新たな社協像を求めて」という座談会で、当時の兵庫県社協の沢田清方氏の「住民から見える活動が不十分、なおかつ社協は肝心な命を支える、暮らしを支えるという点に迫り切っていないのではないか」との指摘である。そして、富士福祉事業団の枝見静樹氏との出会いや兵庫県社協の夏季福祉大学で聞いた伊藤隆二先生のお話、長野県佐久総合病院の若月俊一先生の先駆的な地域医療への取り組み、乳児死亡率ゼロを目指した岩手県沢内村の深沢晟雄村長の取り組み等が私の社協の原点になっている。

ヘルプサービスの予備軍まわり、心配ごと相談の機能強化も、生活福祉資金の貸付を頑張ったのも、まずはサービスにつなげること、その上で肝心の「命」をいかに守るか、生活をいかに支えるかという沢田氏の「宿題」を意識した結果である。「見える化」も同様である。数字として表せるものは、その成果を数値化した。ヘルパーの派遣件数、デイサービスの利用者数、心配ごと・法律相談の件数、生活福祉資金の貸付件数等は特に重要視した。職員の頑張りを表すことにもなるし、行政との予算折衝するときの強みになった。

もう一点は専門性の向上と資格取得である。ヘルパーの医療関係者との関わりの中で、介護の専門職としてもっと自信とプライドを持ってほしいと考えていたが、ちょうどそういう時期に、社会福祉士・介護福祉士の資格制度ができ、専門性の向上と専門職としての社会的評価を獲得するべく、資格取得に向けて支援することにした。社会福祉主事の任用資格から三年で介護福祉士、五年でケアマネジャーと段階を追って計画的に取得させた。職員のほとんどが介護福祉士、ケアマネジャーを取得した。私自身も社会福祉士を取ることになる。

これによって地域包括支援センターの運営を受けることになり、ここに名実ともに高齢者福祉・介護の拠点が誕生する。また、組織の拡大により、ケアワーカーからケアマネジャーへの異動が可能になり、ワーカーの経験をケアプランに活かせるようになった。若い時はヘルパーとして、ベテランになってケアマネジャーとしてそれを活かす、資格の取得によってそういう循環も可能になった。「体力」から「知力（経験）」へである。

(4)　社協でやり残したと思うこと

障がい者や認知症の高齢者と接する中で、日常生活自立支援事業については早くから取り組み、法人後見の必要性を感じていたが、社協という組織を生かした法人後見にまでこぎつけることができなかった。

事業については在宅福祉の充実、地域福祉の増進、福祉教育の推進を計画的に展開をしてきたが、事業に相応しい組織づくり、体制整備については中途半端の状態で終わってしまった。特に、法人事務局の体制整備が不十分だった。平成の大合併でスリム化のベクトルが働き、体制の整備・強化は夢物語となった。職員の処遇の改善もやり残した。職員には申し訳ない思いでいっぱいである。

4　自分を支え育ててくれた仲間

三〇歳で入局してすぐさま事務局長、腰掛け程度の気持ちで社協に入ったものの、どうにか無事に定年まで勤めることができたのは、優秀で強烈な個性を持つ優しい職員との邂逅《かいこう》、これに尽きると思うが、職員の頑張りはもちろんのこと、民生児童委員の皆さん、ボランティアの皆さん、町や県の行政職員の皆さんのご協力やご支援等が全部うまく機能したからだと思う。

仕事は一人では何もできない。協力支援をいかに取り付けるか、大きな理想を掲げ、弛まなく突き進んできた。そんな思いでやってきて、まちがってなかったと思う。人のつながりのすごさ、つながっていく面白さを実感させていただいた本当に素晴らしい三〇年間であった。何事も中途半端であった自分が、曲がりなりにも最後まで勤め上げることができた、それだけで価値のあることだと思っている。

事業を通して毎年毎年友人や知り合い、仲間が増え、そして今でもお付き合いできる友人がいる。こんな幸せな人生はないと思う。感謝、感謝である。

家業との二刀流というわけには行かなかったが、子どもや孫から「じいちゃんが頑張ってくれたもんな」という声が上がれば最高である。ただ、今のところそんな評価はもらっていない、残念ながら。

第5章　社協に魅了された一人として

川﨑順子

1　与えられた環境から

私は、母子家庭として育った。私が一歳半の時に父親を交通事後で亡くし、父親の存在を知ることなく、母一人子一人の生活であった。母親は、父親の役割も果たそうと懸命に生きてきたに違いない。そんな母親の生き様は、今もなお私の人生に大きく影響し続けている。世間から見れば母親の手一つで大変だろうにという同情は、母親にとっては不甲斐なかったであろうと想像する。しかし、その渦中にいた私にとっては、惨めな思いをすることなく育ったように記憶している。それは、祖父母や親戚等から物心両面の支援があったからだと考える。とは言っても、経済的に苦慮したであろうことは否めない。しかるに母親は、私に女性であろうとも生計を立てられる人間になることを切望した。自分の二の舞をさせたくないという意味でも、私の人生設計の道筋を考え、大学進学の道を拓いてくれた。

私自身はといえば、具体的な将来を描いていたわけではないが、経済的に厳しいこともあり、学費の工面ができる範囲の大学を選別した。偶然にも道が拓けた大学が、社会福祉学部であった。大学では、多様な学生に出会った。車椅子利用者、視力障がい者、聴覚障がい者、生活に何らかの事情がある人など当事者と言われる学生が多く存在した。しかし、特に違和感を持つことなく、学生生活の中でごく当たり前に助け合いの関係は存在した。そういう私自身もその当事者の一人である。学友がたくましく生きる姿から、当事者こそが環境をつくり出すことを学びえたことは大きい。

大学卒業後は、帰郷することが前提であったため、地元の就職先を探した。その就職先が、町役場である。これは母親への恩返しの一つのカタチとなった。

2　社協入局のきっかけは「地域保健福祉計画」策定から

一九八三（昭和五八）年四月に役場に入庁し、住民課に配属された。窓口業務を経て、生活保護、母子福祉、障害者、そして高齢者など幅広の福祉業務を担う立場に就いた。その時代は、ハード事業も一段落したところであり、ソフト事業への施策転換期と重なった。それは、福祉のまちづくりへと進む道である。その時の首長が施策の旗を振られたことが後押しとなった。一九九一（平成三）年に地域福祉に関する住民意識調査や高齢者等の実態調査を行い、一九九二（平成四）年に「地域保健福祉計画」の策定に関わった。福祉施策の方向性が定められ、福祉と保健の一体的事業を推進するための拠点として「総合福祉センター」を整備することとなった。その推進団体の中核として、社会福祉協議会（以下、「社協」と記す）の強化策を掲げた。

一九九三（平成五）年四月には総合福祉センターが開所され、町職員四名の出向人事が行われた。局長、次長、在宅福祉専門員、保健師である。この人事がきっかけとなり、在宅福祉専門員という職名で社協に従事することとなった。

３　町職員でありながら社協職員として

一九九三（平成五）年四月から二〇〇四（平成一六）年三月の一一年間、在宅福祉専門員からはじまり、在宅福祉係長、生活支援係長、事務局次長という任を経て社協事業に関わり続けてきた。当初四人いた出向職員は順次戻り、最後まで残ったのが私である。私自身、町に戻ることより、むしろ社協に従事している方が楽しいとさえ思えていた。なぜならば、社協は必要なことを必要に応じて打ち出していくことが可能であること、そしてその場面に関わることができるからである。つまり、柔軟性、先駆性、開拓性を経験できたことによって、社協に魅了されたといえる。その経緯については、具体的に関わってきた事業を辿りながら触れてみたい。

4　在宅福祉サービスの充実と地域福祉推進事業に関わって

(1)　二四時間三六五日の在宅福祉サービス体制整備と介護保険事業への転換に向けて

一九九三(平成五)年四月「総合福祉センター」開所と同時に、高齢者・障害者のデイサービス事業を実施することとなり、その運営を社協に委ねられた。そもそも「社協とは」については無知状態であった。とにかく在宅福祉サービスの提供体制を作り上げることに専念した。それまで実施されていた在宅福祉サービスでは九時~五時、土日祝日休みの提供体制であった。それが本当に利用者の生活を支えるサービスと言えるのか、疑問を持つことになる。

一九九四(平成六)年には訪問給食サービスの実施に向け、在宅福祉専門員として保健師と組み、地域の高齢者の生活実態把握のため全世帯を訪問した。一軒一軒の訪問活動は、アウトリーチの重要性に気づかされた。まさしく「百聞は一見にしかず」である。その実績もあり一九九五(平成七)年には在宅介護支援センターを受託するとともに、県社協の「住民参加型在宅福祉サービスのモデル事業」の指定を受けた。そして一九九六(平成八)年には、住民参加型在宅福祉サービス「たんぽぽ会」と在宅介護者の会「ほのぼの会」を立ち上げた。

また、同年四月には、保健・医療・福祉等関係機関主任連絡会議を発足し、毎月一回事例検討会を実施した。在宅介護支援センターの実態把握において、ニーズに適したサービスが不十分であることやサービス事業所に従事する関係者の支援の方向性が違い、利用者本人や家族を混乱させていることがあった。そこで関係者が同じテーブルについて話し合うことが必要ではないかというのが始まりである。回を重ねていくに従い、問題点などの共通認識ができるようになり、実施主体は異なるが地域のサービスのあり様を共に考える場に成長していくことができたと考える。

一九九六（平成八）年には、在宅福祉サービスの提供状況を見直すため、町民の福祉ニーズや福祉意識を把握することを目的として、二〇歳から六四歳までの住民意識調査、高齢者（一人暮らし、寝たきり、認知症）生活実態調査、デイサービス、ホームヘルプサービス、給食サービス利用に対する要望調査、幼稚園・保育園利用時以外の育児に関しての調査等を実施した。調査には社協職員をはじめ、民生委員・児童委員の協力を得た。回収率七八・五％の一九三五名からの回答を得て、次の施策への検討材料とした。一九九八（平成一〇）年には、二四時間対応巡回型ホームヘルプサービス事業、一九九九（平成一一）年には三六五日型デイサービス実施へと順次事業を充実させた。また、ホームヘルパー養成講座（二・三級）を開講し、住民参加型の協力会員や登録ヘルパーとしての担い手養成を行った。

この在宅福祉サービス充実への取り組みは、一九九三（平成五）年から五年の間のことである。このことが実現できたのも、その根拠となる「地域保健福祉計画」によって、社協が在宅福祉サービスの中核となる方針が打ち出されていたからだと考える。また、施設福祉サービスは、他の社会福祉法人が高齢者福祉総合施設として、一九九九（平成一一）年に総合福祉センターに隣接して開所された。特別養護老人ホーム、養護老人ホーム、ケアハウスの三つの機能を有する。以前も施設は存在したが、老朽化と実施主体の変更により、新たな施設福祉サービスの始まりであった。このことで、在宅福祉と施設福祉の総合的な枠組みを作り上げ、高齢者の生活を支えるサービスシステムとして機能することとなる。

二〇〇〇（平成一二）年の介護保険法施行を前に、体制を整備してきたことが功を奏してか、慌てることなく介護保険制度移行となる。介護保険制度移行への対応に関しては、一九九八（平成一〇）年九月に「介護保険対策検討委員会」を組織した。委員は、住民代表、民生委員・児童委員、議員、行政職員、県社協職員である。下部組織には、主任レベルの社協職員による実務者部会を置いた。これまでの社協事業の総点検を行い、スムーズな制度移行への課題整理を行った。他のサービス提供事業所が少ない地域性を踏まえ、社協が介護保険事業を推進する方向性を打ち出した。しかし、採算性の問題もある。そこでサービス提供状況を介護報酬で試算した。結果、問題なくというより、むしろ黒字の数字が算出されたことは驚きでもあった。一九九九（平成一一年）三月には検討結果をまとめ、翌年度の事業計画へ反映させた。この取り組みから、これまでの社協事業の展開に自信を持ち得たことを覚えている。それは、利用者や住民のニーズに応じることを基本としてきた結果だと考える。

介護保険制度が開始され、二〇〇一（平成一三）年には、基幹型在宅介護支援センターに移行し、さらに、二〇〇六（平成一八）年には地域包括支援センターの受託へと進んだ。

障害者、児童に関する事業にも関わらせていただいたが紙幅の関係でやむなく省くこととする。典型的な事業型社協として取り組んできたが、この時期だったからこそ在宅福祉サービスの基盤づくりができたのだと考える。さらに、介護保険制度への移行に不安なく転換できたのもそのおかげだと考えている。そして何よりも当事者の意向を大事にすることを徹底し、制度に惑わされないサービスのあり方を社協職員に限らず、地域の関係事業所と協議し合う関係をつくっていった。そのことで、事業所からも頼りにされる社協として成長していったと考える。その環境づくりに関われたことはかけがえないものとなっている。

(2)　福祉ネットワーク事業の体制確立からふれあいのまちづくり事業との関わり

在宅福祉サービスの充実と相まって、社協本来の地域福祉活動の推進にも関わってきた。一九九三（平成五）年には、福祉ネットワーク事業（福祉ニーズ情報キャッチシステム）の推進体制を検討した。この事業の開始にあたり、実現を促進したエピソードがある。住民参加による福祉活動組織化の必要性を掲げ、当時三九地区の代表者（区長）を招集し、本事業の趣旨説明会を開いた。社協事務局としては、賛同が得られる数カ所の地区にモデル事業としての実施を提案した。ところが、一人の区長が発した「どうせ実施するのであるならば、全地区で一斉に取り組んでみてはどうか」という言葉である。この発言があったこともあり、福祉ネットワーク事業は翌年の一九九四（平成六）年に全地区で本格始動への運びとなった。この区長の一言によって地域が大きく動くきっかけとなった。その瞬間は、今なお鮮烈に印象に残っている一コマである。

福祉ネットワーク事業の推進にあたっては、福祉推進委員の設置が行われた。町内全地区三八〇名の委員委嘱である。その推進委員の役割を理解していただくために、社協職員を総動員して三九全地区に赴いた。そこでは地域住民と膝を交えての意見交換や地域課題を共有していった。いわゆる地区座談会である。地域住民と社協職員との関係が近くなり、福祉推進委員の訪問活動による地域ニーズは、社協にスムーズに流れてくるというシステムが起動していくこととなった。

一九九四（平成六）年には、本格的に地域福祉推進施策を実施していくために、「地域福祉活動計画」を策定した。一九九九（平成一一）年度までの五カ年計画である。「町民参加と公私協働によりやすらぎと生きがいのある福祉の町づくり」を掲げ、六つの重点項目と一七の活動方針で編成した。この活動計画策定に関わったことで、遅ればせながら、ようやく社協の歴史、役割や機能を深く学ぶ機会を得た。さらに、地域福祉活動計画の意味や策定手法等を模索する中、地域福祉学識者との出会いが始まった時期でもある。

時を同じくして、一九九四（平成六）年には、ボランティアセンター事業三カ年の指定を受け、一九九五（平成七）年には、ボランティア連絡協議会を設立した。続いて、一九九七（平成九）年には、ふれあいのまちづくり事業五カ年の指定を受け、「基盤強化」「総合相談事業」「地域生活支援事業」「住民参加による地域福祉事業」「福祉施設協働事業」の五本柱を推進することとなった。この事業の指定申請の際には、五年間の事業をどう組み立てるか、職員と夢を語り合い、五年後の社協や町を創造することに楽しみさえ感じ得た。

一九九五（平成七）年に受託した在宅介護支援センター事業は、このふれあいのまちづくり事業の指定によって、総合相談から住民参加による地域福祉活動との連動性をもたらした。

ここで一つの取り組みを紹介したい。在宅介護者の会の会員である家族から、地区座談会や地域福祉推進大会で、認知症の介護現実を語っていただいたことがある。どんな思いをしながら介護しているのかについて当事者から重みのある言葉が発せられた。介護の現実を聴き、福祉意識の高揚にもつながった。その当事者自身は、語ることにやりがいを感じ、何回も語ることに応じてくれた。ここでも、当事者の力は計り知れないことを学んだ。このようなことを試行錯誤しながら地域福祉活動と在宅福祉活動が両輪となっていき、地域住民の生活に安心をもたらす社協活動の事業体系が整備されるに至ったといえる。そして、社協という言葉が地域住民に浸透するようになってきたことも大きな成果である。

このような社協の取り組みが評価されてからか、全国から視察に訪れることが頻繁になった。そこでいつも問われるのは、「なぜここまでできるのか」である。その答えは「当たり前のことだから」「必要だから」である。特別なことをしていたつもりはないが、いつしか先進地といわれるようになっていた。この背景には、地域からニーズを拾い上げてくる職員の鋭い視点があり、ボトムアップの組織として成長してきたからだと考える。そして、その方向性を限りなく承認してくれた事務局長、会長の手腕も重なり、行政への働きかけには心強いものがあった。

また、県や県社協の支援があったことも大きい。特に県社協からは、各種モデル事業指定への導きに支援を得てきた。さらに、全社協にも関わる機会を得た。二〇〇一（平成一三）年九月から三年間全社協の「地域福祉推進委員市町村介護サービス事業検討委員」として、二〇〇二（平成一四）年四月から二年間「訪問介護サービスの提供における居宅介護支援との連携のあり方に関する調査研究委員」に関わらせていただいた。このことを通して、社協の施策を客観視できる機会にもなり、視野を広げることにも繋がっていった。

5　社協でやり残したこと

いつの時代も社協の存在意義が問われている。事業型社協として、積極的に事業を推進してきたが、時代の変化と共に地域の実情に応じて社協の形は変化させていくことが求められる。社協の基本原則を前提としつつ、どう変化させていけばよいのか、それを問い続けることのできる社協組織づくりに奔走してきたつもりである。しかし、やり残したことも多くあり、その中でも二つあげてみることとする。

一つは、社協の職員づくりである。わずか一一年間であるが、職員と共にニーズ把握、計画化、組織化、地域福祉活動等を実践してきた。しかし、俯瞰的な視野を持つ職員をどれほど育成できたかは道半ばで終わってしまったように感じている。制度事業が多くなるにつれ、制度に当てはめるだけの専門職になりかねない現状もあった。社協が「なぜこの事業に取り組まなければならないのか」という問いに答えられるためには、常に社協の使命と原則に立ち返り、社協職員としてのあり方を根づかせていくことが今もなお重要な課題だと考えている。

二つは、コミュニティワーク実践の可視化である。地域福祉活動を仕掛けていくにあたり、その実践を記録し、評価するという手法を確立できなかったと考える。誰に連絡をとり、どのように調整したのか、その結果、次に何をすべきなのかというプロセスを普遍化していく手立てを持ち得ることが必要と考える。個別支援においては、制度的にもケアプランなどの手法が定着してきたが、コミュニティワークの実践記録は十分に浸透しているとは言い難いと考える。社協職員が共通の実践手法を持ち得るためにも、コミュニティワーク実践の可視化が求められると考える。

6　社協に人生をかけたことへの自己評価

社協に従事した一一年間は、改めて中身が濃いものであったと実感している。「社協にはどのような役割があり、機能させていくことが求められるのか」この問いすら考える余裕もなく、次々と新しい事業に挑戦し、それを起動させていくことの繰り返しであった。

思い返せば、町職員として福祉担当業務に就いたころ、学び直しの必要性を感じ、一九九四（平成六）年に社会福祉士の資格を取得した。改めて社会福祉を問い、その理論や方法を学び、実践と結びつけていくことに喜びを得た。正直、手当たり次第に事業を実施してきた感があるが、それがコミュニティワークの一連のプロセスと見事に一致していたことに気づいた時には、感慨深いものがあった。これでよいのだろうかと自問自答しながら取り組んできたことは、決して間違いではなかったのだという確信へと変化していった。ようやく社協の存在意義を理解できるようになったのではないかと考える。

私は、稀有な存在として扱われる。一つに、二一年間の町職員の立場ではありながら、一一年間を社協に身を置いていたことを珍しがられる。二つに、在宅福祉サービスと地域福祉活動の両方を同時並行して関わったことである。当時その両方の視点から社協事業を語る一人として多くの機会を得た。

社協に無知状態であった私が言えることではないが、「社協はやろうと思えば何でもできる」「制度に捉われない」そして「自分自身がどう動かなければならないかを見定め、動いてみると、面白いほどに地域がうねりをあげ動き出す瞬間がある」そのことをまるで映像で見るかのように実感できた。そして、この感激をより多くの人にも味わってもらいたいと思うようになった。いつしか、社協に憧れる人材を一人でも多く養成することに関わる道へとつながっていった。

二〇〇四（平成一六）年からは教育現場に身を置くこととなり、さらなる学び直しの日々である。ありがたいことに各地の実践現場に関わらせていただいており、それが励みとなっている。実践と理論との結びつきを考え、それを伝授する役割を与えられたのだと勝手に思い込んでいる。次の時代を担える社協職員を一人でも多く輩出していくことが残りの人生に課せられたことだと肝に銘じているこの頃である。まだまだ、歩みは止められそうにない。八五歳になった母親は、今も仕事を続けている。その背中を追い続けていかなければと思う。

第4部『社協舞台の演出者たち』の読後コメント
―総括に代えて

同志社大学名誉教授　井岡　勉

序言

本書の「はじめ」の記述によれば、『社協舞台の演出者たち』は、二〇一八(平成三〇)年五月、「兵庫県内社協・共募事務局職員退職者会」(通称「トアロード会」)で、会員有志が『地域福祉への挑戦者たち』を出版したことの反響に刺激されたことによる。県内の社協・共募事務局職員退職者会が組織されていて、『地域福祉への挑戦者たち』という元気なタイトルの出版に及ぶ姿勢に驚かされる。さすが天下の社協最前線、兵庫県下ならではの社協・共募ＯＢ・ＯＧたちの心意気が窺える。そしてその出版「演出者」に塚口伍喜夫元兵庫県社協事務局長がおられたに違いない。

『社協舞台の演出者たち』は、前記『地域福祉への挑戦者たち』のいわば全国版を志向されたのではないかと推測される。塚口編集者代表は、本書のタイトルを『社協舞台の演出者たち』と命名した意味は、住民主体の原則と深くかかわるという。

周知のように「住民主体の原則」を明確に提示した「社協基本要項」が全社協で策定されたのは一九六二(昭和三七)年である。その「社協基本要項」を当時の全国各地の社協職員たちは、「社協の憲法」として大いに歓迎し、「住民主体の原則」を高く掲げて、地域組織化活動(Ｃ・Ｏ)を駆使し、地域福祉の推進に向けて側面的支援の努力を傾注していたのであった。

さて本書のタイトル『社協舞台の演出者たち』は、言い得て妙、住民主体の原則に基づく地域福祉推進における住民と社協Ｃ・Ｏワーカーとの関係を端的に表現している。地域福祉推進の主人公、主役は、あくまで地域・自治体の主権者の住民である。社協ワーカーは住民の地域福祉推進を側面的支援に徹する専門家で、言わば演出者なのである。塚口編集者代表は住民主体の住民を、地域住民、当事者、そして社協ならばその理事・役員を挙げている。

住民主体原則の「社協基本要項」に触発されて意気高く地域志向する『社協舞台の演出者たち』は、一九六〇年代から七〇年代にかけて全国各地に輩出した。同世代の一人として活動を模索し、優れた実績を積み、当時から広く知られていた塚口編集者代表は、今回、都道府県、政令指定都市、市町村レベルの社協出身者から優れた「演出者」を選出し、各自の来歴、社協入職の契機、在職期間の諸活動、総括・反省等々を自分史風に執筆して頂くこととなった。その結果、寄せられた原稿は膨大な冊子となり、執筆者各自の個性的な「演出者」ぶりと総括・反省なども記されていて、貴重な文献となった。ただ諸事情で空白の地方ブロックとなったところもある。その点が惜しまれるが、またの機会を待つほかない。

以下、第1部以降各章執筆者ごとの報告内容につき概要を踏まえ、特徴に注目しつつ、適宜コメントを記述させて頂いた。至らぬ点が多々あるかと反省するが、ご批判を願いたい。

［第１部　道府県社協の部から］

第１章「地域福祉活動の実践と教訓」―道社協の三四年の足跡から―
岡部和夫報告の検討

１　生い立ちと福祉の学び

岡部さんは一九四一（昭和一六）年、太平洋戦争開戦年に洞爺湖町で生まれ、燃料店、呉服店を営む父母のもとで育った。地元の小、中学に通い、隣町の道立高校に進んだ。

一九六〇（昭和三五）年「富士製鉄室蘭製鉄所」に就職。ところが二年後同製鉄所は本州へ新設計画公表、配置転換希望者募集となり、岡部さんら若者数千人は人生の岐路に立たされた。

そんな時、仙台の大学に進んだ高校時代の友人からの熱心な誘いにより、一九六三（昭和三八）年岡部さんは東北福祉大学に進んだ。「社会事業科学研究会」（社研）のサークルに所属。当時、東北農村地域の実態調査研究が持続中、岡部さんも参加した「社研報告書」（一九六二年）の結びに「社協の当面する諸問題」があった。社協とは一体何か、強い関心事となった。

大学三年次「社会福祉実習」では、二カ所以上実習が必須。岡部さんは、まず仙台市内の新設老人ホームで実習。二カ所目の実習先は全社協。意欲盛んな多くのスタッフから講義や対話を受け、充実した実習機会に恵まれた。実習後、山形県社協渡部剛士さんを訪問、住民主体の原則と社協活動のあり方を実地に学んできた。研究心旺盛だ。

2　道社協の事業活動1（一九六〇年代後半〜一九八〇年代後半）

一九六七（昭和四二）年、卒業と同時に「北海道社会福祉協議会」（道社協）に入職した。業務部組織係に配属され、広報紙発行担当を担った。入職間もなく、道社協・保育施設協議会を中心に「ポストの数ほど保育所を！」をスローガンに働く保母さんたちの「風船デモ」に加わった。今日に続く保育問題の深刻さを実感した。入職後半年「第二次行政管理庁による勧告」で、共同募金の配分で社協事務費・人件費に配分してはならぬという再勧告に岡部さんも驚き、大きなショックを受けた。再勧告以降、全国の社協は行政の財政支援に依存、事業体化していった。

道社協創設以来、歴代の会長は民間人選出であり、市町村社協の多くも民間人会長であった。岡部さんはこれを「こだわる民間性」と呼び、住民主体の精神からくることなど自説を展開した。

一九六〇年代後半「保健福祉地区組織活動」は市町村に「指定地区」を設け、成果を上げつつあったが、F町の奥地で住民が集まらないという失敗例も経験した。失敗は成功への道程だ。

これ以降、一九六〇年代後半から一九八〇年代後半までの主要な事業活動項目をピックアップすると、子ども会・町内会「安全会」など「共済会づくり」「高齢者健康コンクール」「産炭地域福祉対策委員会」「老人福祉委員会」「悉皆調査とソーシャルアクション」、道民連・道社協「老人介護の実態調査」、道社協・道共募「在宅老人入浴サービス事業」「入浴サービスモデル事業」「北海道在宅福祉会議」「ノーマライゼーションの普及」等々がある。なお一九八六（昭和六一）年岡部さんは地域福祉部長就任、この年道民児連事務局独立に向け尽力した。

３　道社協の事業活動２（一九九〇年代初期から二〇〇〇年まで）

一九九二（平成四）年、岡部さんは道社協事務局長に就任した。この年道社協は長年の課題の市町村社協法人化をすべて達成した。

局長になって最も印象深い経験は一九九二（平成四）年一二月「北海道高齢者総合ケアシステム研究会」で、国家のケアシステムを考える研究事業に参画できた。その後第三セクター「北海道総合在宅ケア事業団」結成、訪問看護センターが道内一〇〇カ所に創設された。こうした動きが今日の「介護保険システム」の基礎になっていたと岡部さんは考える。

一九九二（平成四）年、岡部さんは全社協・地域福祉推進常任委員会委員と地域福祉企画小委員会委員を委嘱された。企画小委員会委員長は塚口伍喜夫さん。以降種々地域福祉政策課題に参画した。

次いで道社協二〇〇〇（平成一二）年までの一〇年の振り返りが記述される。主なものに、一九九二（平成四）年「北海道福祉人材情報センター」設置、一九九三（平成五）年「住民参加型在宅福祉サービス推進会議」、一九九五（平成七）年「地域福祉総合推進委員会議」「北海道社会福祉総合基金」統一、一九九八（平成一〇）年「北海道在宅介護支援センター協議会」、一九九九（平成一一）年「北海道地域福祉生活支援センター」（権利擁護事業）設立、「道民福祉の日」（一〇月二三日）制定、「北海道地域福祉一〇〇人会議」、二〇〇〇（平成一二）年三月有珠山噴火と「災害ボランティアセンター」設立等、同年四月「道社協地区事務所」開設等々がある。

4　岡部さんの所感

道社協三四年間、あっという間の歩みだったという。「住民主体の原則」を旗印に市町村社協づくりに取り組んできた。一五年を経て「新・社協基本要項」では「住民主体の理念に基づく地域福祉の実現をめざす」に変わった。その後の動向は、行政等の要請に応える事業体社協が定着してきたようだ。「運動体社協」から「事業体社協」への転換は、「人、モノ、金、知らせ」の持つ力により左右されかねないと、岡部さんは危惧する。

小学校時代の通学路「白井坂碑」の教訓、アイヌ先住民族との共生を説き、終生その生活改善、福祉、教育に尽力した白井柳治郎先生の言う「働く、生きる、学ぶこと」を暮らしの中で共有し、それが互酬性を生み、コミュニティ形成に役立ってきたのではないか。人と人との信頼関係、尊重し合い、学び合う関係がコミュニティに不可欠だ。粘り強く人と人とのつながりを求めてコミュニティの基盤を高めたいと結ぶ。道社協退職後、日本福祉専門学院、名寄市立大学等で「地域福祉論」を中心に学生たちと学ぶ機会に恵まれたという。

5　若干のコメント

膨大な岡部報告を読んで、印象に残ることは、第一に広大な北海道とその風土だ。広々した豊かな美しい自然。風土の厳しい面とそれゆえ人と人とのつながりを大切にし、助け合う傾向、アイヌ先住民以来の開拓精神等々。そんな環境条件の中で道社協活動がされている。

第二に、道社協の取り組みは開拓的であり、プログラムも創意工夫に富み、特色がある。部会・委員会活動は協議に終わらず、老人福祉委員会は地域へ実践展開を広げ、「産炭地域福祉対策委員会」はソーシャルアクションを展開した。第三に、道社協は道庁をはじめ、全道レベルの諸団体とも緊密な連携・協働関係を大切にして事業展開に結びつけている。第四に道社協は事業活動を通して内外に豊かな人材を擁し、事業・組織の発展につなげている。第五に市町村社協との関係をみても「上から目線」でなく、主体性を重んじ、「演出者」の支援努力が注がれる。温厚な岡部さんの三四年間の功績は随所にみられる。

第2章「社協まみれ」　間 哲朗報告の検討

1　社協に就職するまで

間さんは太平洋戦争開戦の年一九四二（昭和一七）年、高知県安芸郡野根町で出生。一歳六カ月の時、父に赤紙がきて、出征時「子どもに教育をつけるように」と母に言い残した。父は満州に従軍、戦後ソ連の捕虜となり抑留中に栄養失調で死去した。父が遺した山林・田畑が学資になった。母は文房具等の店を営み、間さんを育て上げた。

間さんは少年期に全身麻痺のポリオ、二回の骨折、重なる病気療養による落第などにめげず、恬淡とした明るい性格のようだ。母子家庭の陰影も皆無。聡明で私立高知学芸高校から国立高知大学と日社大に合格した。福祉志向で日社大を選び、学生デモ、サークル活動、ゼミなどの東北農村調査や山谷ドヤ街の労働者聴き取り調査もした。有意義な学生生活を満喫した。

大学四年次、就活の時、大学掲示板に京都府社協の求人があった。学生課長引率で全社協の永田幹夫業務部副部長を訪ねた。副部長は「君は京都に骨を埋めるつもりはあるか」と問い、「骨を埋めます」と回答した。副部長は府社協に紹介された。府社協事業部長と連絡し合い、冬休みに訪問、話を交わした。結局人件費がなく四月からバイト勤務となった。

2　間さんの刻んだ足跡

一九六五（昭和四〇）年臨時職員で府社協に入り、翌年七月に正規職員、福祉活動指導員となった。市町村社協の担当と諸課題に取り組んだ。間さんは「自分で刻んだと思える足跡」として、主担当・関与を含め、（1）市町村社協組織活動体制の整備・強化として、①住民主体の運動体社協へ、②市町村社協の法人化促進、③専門専任職員の設置・増員、④市町村社協法人化運動を、（2）過疎問題への取り組みと在宅福祉研究として、①へき地・過疎地住民委員会活動、②在宅福祉の研究、③寝たきり老人介護の体験記募集、④結婚相談事業の改善を、（3）ボランティア活動の振興と被災地支援として、①京都ボランティアバンク基金の達成、②被災地支援活動を、（4）府社協の歴史と事務局体制として、①『京都府社協三十年史』の編纂、発行、②京都府社協事務局体制の整備・変遷を、丹念に記述している。

間さんの市町村社協担当は最適任だった。一九六二（昭和三七）年「基本要項」の具体化に向けて、これまで停滞気味の府下市町村社協に対し、研修会等で新たな方向づけを提示、やがて市町村社協職員連協、市町村社協会長連協と共に課題解決に当たり、専門専任職員の増員・処遇改善、法人化、法制化に尽力した。とくに一〇年間もの「住民主体の運動体社協へ」の総括報告集の提示と「住民主体の運動体社協へ」の合言葉化は注目すべき快挙だ。

次に「へき地・過疎地住民委員会」の提起は、現実の切実な地域課題に即応した取り組みで、市町村社協が呼応して府下各地に広がり、府段階の組織も結成されて請願運動を展開した。住民主体に立脚する運動形態として高く評価されよう。ところが、請願運動は五年後、上からの圧力で終息。この「社協舞台の演出家」間さんは、怒髪天を衝く思いであったろう。ただ「狭義の社会福祉問題に要望事項を限定することは、いわゆる行政分野ごとの縦割り発想であり、住民主体ではない。住民委員会は長年にわたり、時代の流れに抗ってへき地・過疎地における人間と生活の存在を主張し続けてきた」と主張する。

またこれに続く活動項目として、在宅福祉の研究、寝たきり老人介護の体験記募集、京都ボランテイア活動の振興、被災地支援活動等、新たな取り組みで前進した。だが結婚相談事業の改善は、社協自身基本的人権とプライバシー尊重の徹底を肝に銘ずる必要がある。

以上の事業展開に尽力した間さんらスタッフと関係者多数のご助言・ご助力に感謝する。

次の（4）「府社協の歴史と事務局体制」①『京都府社協三十年史』の編纂、発行は、一九八〇（昭和五五）年、京都府社協創立三〇年を迎え、三〇年史を編纂すべく編纂委員会（委員長嶋田啓一郎府社協理事、同志社大学名誉教授）を設置、一九八二（昭和五七）年委員会を重ね、一九八五（昭和六〇）年発行した。

府社協三〇年の歴史で特筆すべきは、一九四八（昭和二三）年「京都社会福祉研究所」および一九四九（昭和二四）年その発展形態の「京都社会福祉審議会」の結成だ。戦後日本最初の社協形態の一つである。一九四九（昭和二四）年GHQ「六原則」の一つに社協設立があり、事実上団体統合による上からの社協づくりの波に飲み込まれて府社協に吸収されたといえよう。だが、府社協は発足一年目の一九五一（昭和二六）年一二月末に職員一八名中一二名を歳入欠陥で解職した。職員は組合を結成して闘ったが、結局敗北した。一九五三（昭和二八）年には職員三名を残すだけになった。府社協は初年度以降、長年停滞を余儀なくされていくのである。

②京都府社協事務局体制の整備、変遷については丹念に詳述されているので、ここではその変遷を概観してポイントのみコメントする。間さんが勤務した一九六五（昭和四〇）年から退職した二〇〇〇（平成一二）年まで、外部からの民間事務局長は、一度だけで五年間で辞任した。後はすべて府のOBで常務理事・事務局長を独占、一九九六（平成八）年から二〇〇〇（平成一二）年まで五年間に四人のOBが天下ってきた。府行政の天下り支配の常態にあきれる。これでは民間自主組織もあったものではない。

しかしこうした状況下でもプロパー職員層が力量を蓄えてきており、間さんの退職後、プロパー職員の芝田宇佐男、田尾直樹、武田知記各氏が次々事務局長に就任し、喜ばしい限りだ。

次に（5）「組合づくりと自主的研究活動」が詳述されるが、紙数上割愛せざるを得ない。ただ、間さんは人望があり、指導力に優れ、活動領域は広い。組合活動の中で森淑江さんと知り合い、生涯の伴侶を得た。

3　振り返って

（1）社協でやり残したと思うこと

京都の社会福祉事業の発展に貢献した先人達の声を「先駆者の声」として収録することを試みたが進まなかった。併せて社会福祉資料室の整備。京都の社会福祉事業にかかわる施設・団体、市町村社協、大学・研究者等にかかわる史料を一堂に収集、公開する。学問の都、国際観光都市の立地条件を生かし、兵庫県社協にならい社会福祉講座（大学）を開催する。以上のようなことを具体化したかったという。

（2）社協に人生をかけたことへの自己評価、まとめ

就職して一度も嫌だな、辞めたいなと感じたことはなかったので、仕事も職場も合っていたのだと思う。この仕事を通じ多くの人々と交わり、多くの財産をいただいた。その財産を生かして、退職後、大阪体育大学健康福祉学部の専任教員に採用された。学部卒業生の何人かは社協をはじめ社会福祉の職場に就職し活躍している。

同大学退職後、描くようになれればと京都造形芸術大学芸術学部（通信教育部）美術科日本画コースに入学した。六年かかって七四歳で卒業した。同期卒業生五二名で「いちごの会」を作り、年一回展覧会を開催している。後は社会福祉法人やＮＰＯ法人、一般社団法人に少々かかわっている。いずれも社協時代のつながりである。社協まみれの人生だという。おわりに一〇年前に亡

くなられたご母堂と今も人生を共に歩む奥様に心からの謝意を表したいと結ぶ。今も元気で多面的に活躍する間さんに改めて敬意と尊敬の念を深くする。

第3章　社協自律を追求して　塚口伍喜夫報告の検討

1　塚口伍喜夫の成育歴

（1）塚口伍喜夫の生い立ち

①　**その姓、名前の由来**　塚口伍喜夫（いきお）さんは一九三七（昭和一二）年、氷上郡沼貫村（現兵庫県丹波市氷上町油利）で生まれた。父は入り婿で隣村から養子で塚口家に入ってきた。祖父は第二四代伍郎太夫を名乗り、その伍と父の喜平の喜を取り伍喜とし、それに夫を付けて伍喜夫と名付けた。塚口さんは、由緒ある先祖の家系だ。

②　**学童・生徒の時代**　国民小学校入学、戦時中で学童も食糧増産（薩摩芋生産）に駆り出された。八・一五敗戦日の玉音放送、よく聴き取れず、アメリカ兵が女、子どもを襲いに来そうだと皆怖れた。教科書は多くが墨で塗りつぶされた。中学時代、同学年で塚口さんは喧嘩が一番強く、走りが得意。三年時二〇〇メートルで県内優勝。県立柏原高校に進学、陸上競技班で短距離練習に没頭したが記録は伸びず、三年途中で退班。喧嘩の強い少年の挫折もまたよし。

大学は同志社大、上智大を受験し、合格。上智進学を望んだが、担任の先生に「社会に役立つ人間になりなさい」と勧められ中部社会事業短期大学に入学。当時家は父親の酪農失敗などで貧窮状態。授業料が安く、安価な三食つき学生寮も魅力で短大入学を決めた。決断正解！

③　**短大卒業、福祉大編入学、退学、就職**　短大卒業年から四年制日本福祉大学となり、四月日本福祉大学三年に編入。八月兵庫県社協から「面接したい」旨の通知を受け入職受験、九月一日、後の同志・野上文夫氏と共に採用。初任給一万一〇〇〇円＋通勤手当。住居は西宮市門戸、二食付き家賃九五〇〇円、手元に何も残らず。貧しい生活経験が後に役立つ。

2　兵庫県社協への就職

(1)　兵庫県社協での仕事、その初期の段階

一九五八(昭和三三)年九月兵庫県社協（以下県社協）に就職。最初の一カ月程は、資料・文献ばかり読んでいた。当時の会長は朝倉斯道さん。神戸新聞社長から会長に就任された文化人、会長が力を入れたのは、「新生活運動」「子ども会」育成、「母子家庭後援会」、老人クラブ育成など。常務理事・事務局長は関外余男さん、元内務官僚、埼玉県長官（知事）という大物。彼は官僚色から脱皮し民間社会福祉の「まとめ役」をどう果たすか苦心されていた。その一つが共同募金の位置づけを地域福祉重点の方向にかじ取りしようとされたこと、即ち市町村社協に専任職員

を配置、財源は共同募金配分金を充てるという全国でも例を見ない試みを実行、同時に市町村の社協会長を市町長から民間人に切り替える方策を強く打ち出されたことなど。塚口さんは、こうした社協トップの動きを見ながら職員として何をすべきか模索せざるを得なくなった。卓抜な社協トップの影響下で有力職員へ成長開始したわけだ。

（2）アメリカ、カナダへの視察旅行

一九六一（昭和三六）年、朝倉会長より「日本青年海外派遣事業」応募を打診された。この事業は総理府の所管で一九五九（昭和三四）年開始から三回目。塚口さんは試験内容を聞いてまったく自信がなく、お断りして叱られ、やけくそで受験することに。受験まで二カ月、必死に勉強した。県の試験会場に七〇数名の受験生、合格者は塚口さん（北米、カナダ派遣）他二名。朝倉会長から「よく頑張ったな」とねぎらわれた。事前研修、旅程は塚口報告の通りで省略する。実は評者も北米班に属し、個人研究は塚口さんと共同で社協、共同募金、セツルメント等を訪問した。

若き日の海外研修旅行は意義深い。塚口さんのボランティア活動評価の基調ともなったし、評者の民間性へのこだわりの原点ともなった。

（3）社協の在り方の模索と労働組合の結成

一九六三（昭和三八）年一二月、県社協の職員はほぼ全員参加で労働組合を結成（日本社会事業職員組合支部)。理事者側の攻撃を想定、組合員全員が団結・対処すべく血判書のような誓約書を提出した。初代執行委員長塚口さん、書記長野上文夫氏、若手主導で牽引。労組結成の原因は、給与設定・ボーナス算定基準の不透明、人事処遇の不透明、人員配置の一つひとつで県の承認が要ること等で不満が高まっていた。以後、他の職域へ労組員拡大の活動を行った。

労組活動は社協の在り方をめぐる理論武装の場でもあった。社協が住民の福祉ニーズ解決のための活動の展開方法などを学習する機会を多く重ねた。とくに一九六二(昭和三七)年全社協発表「社協基本要項」の理念「住民主体の原則」も労組学習の最大課題の一つであった。労組結成は役員から根強い批判があり、朝倉会長は最も先鋭な批判者だった。関常務・事務局長はこの動きを寛容に受け止め、批判者の防波堤になってもらった。

塚口さんは労組活動が面白く、二期目の委員長を後輩に引き継ぎ、自らは中央執行委員会副委員長として二期四年間奮闘した。この県社協の労組は職員の労働条件の改善・明瞭化を求めると共に、社協の在り方の理論・実践をめぐる学習や論議を重ねたことは職員の力をつける。若手の牽引力、塚口さんや野上さんの指導性が光る。関局長の防波堤も有難い。

(4)社協理論の学習と実践

先述した全社協発表の社協基本要項は社協の綱領というべきもの。その策定経過と綱領の基本五点を記述されているので報告本文を参照されたい。塚口さんは、同僚と共にこの基本要項の原

理を深く学ぶ努力をしたことが以降の実践に重要である

県社協は、子ども会育成、老人会結成促進などに力をいれていたが、その講師に神戸女学院大学の雀部猛利先生、また関事務局長が尼崎市社会保障審議会の委員で、委員長が関学大教授の竹内愛二先生。関事務局長から調査や資料収集などを命じられ何回も竹内先生の研究室やご自宅に伺った際、研究書をお借りし、口頭で教えられたことが、塚口さんの研究心を大いに刺激した。その後翻訳されたマレーロスの『コミュニティオーガニゼーション論』なども読み込むなどで地域福祉に理論的にも少しずつ接近できたのでないかという。

（５）自らは社協活動の「どこ」に力を注いだのか

①　**社会問題の調査**　一九六〇年代から経済の高度成長下で過密・過疎問題が顕著となり、過疎化現象が激しく進んだ郡部では農業の担い手が高齢者や主婦となっていった。その中で農村主婦の労働負担は増え健康問題は深刻化した。そこで一九六六（昭和四一）年から農村主婦の健康・生活問題調査を始めた。特に美方町調査結果は社会的反響を呼び、県政も農村主婦の健康保持は喫緊の問題として注目した。この調査主導者は当時の地域課長、野上文夫氏だった。過疎化に伴う農村主婦の労働負担、健康問題深刻化への着眼点は鋭く、調査結果は反響を起こす。

②　**公害への取り組み**　一方、瀬戸内工業地帯では経済発展の影の部分、公害発生問題があっ

た。塚口さんは一九六一(昭和三六)年に地域課長となり、この問題を取り上げることにした。県社協は年度ごとの活動重点を置く「全県的強調事項」を設定・推進してきたが、一九六七(昭和四二)年には「公害から住民の生活と健康を守る運動」を掲げた。だが多くの困難が伴った。第一、瀬戸内市町村が経済高度成長を強力推進する中、社協が水をさすことはできないという意見、第二、公害は「福祉問題にあらず」とする意見、第三、公害問題に取り組むには社協はあまりに非力とする意見など。これらは予め想定されたので地域課で論議を重ね、遂に理事会で論議され決定された。この決定に基づき、公害被害に関わる活動開始。

まず公害白書の作成。すでに資料収集や公害発生地域の踏査などで深刻さを把握していたのを白書にまとめて社会にアピール。塚口さんと同僚沢田清方氏二人が中心に進めた。

次いで地域社協の公害問題の取り組みを想定した職員研修会の開催、予想以上の出席者を得た。この運動に神戸新聞が関心を示し報道してくれた。また県社協機関紙『社会の福祉』で公害問題を掲載し世論喚起に努めた。公害の取り組みで県内意思統一が困難な状況の中、課内論議の積み重ね・集約、資料収集、踏査等周到な準備をもとに理事会決定を得て活動開始。とくに公害白書づくりと社会的アピールの成功は見事だ。運動体社協への試みといえよう。

③ 兵庫県内社協の発展の方向を提示　一九七一(昭和四六)年は、社協発足二〇年。塚口さんはこの二〇年を節目として社協の発展方向を提示する必要性を強く感じていた。一〇年前には

社協基本要項が策定され、以降地域福祉活動やC・O論の研究などの蓄積を踏まえて、大きく一歩をステップする方向の提示は県社協の役割と考え、作業を進めた。この発展方向をオーソライズする場として一九七一（昭和四六）年度第二〇回兵庫県社会福祉大会で決議することになる。その草案は塚口さんが作成。草案を課内で論議し中身を深め、常設機関の地域部会でもみ、結果を理事会で決定した。第二〇回兵庫県社会福祉大会に「社協基本大綱」として提案し、原案通り決議された。その「基本大綱」は三本柱（1コミュニティづくりを目指す、2住民主体の実現を図る、3地方自治を支える力を目指す）からなるが具体内容は省略する。

その後、この基本大綱をより具体化すべく、第一次の社協発展計画を発表。以降発展計画は数次にわたり策定され、市町社協の指針となった。「社協基本大綱」の大会決議、その具体化へ数次の社協発展計画策定は、県下社協の計画的発展を方向づけた。見事な取り組みだ。

④　阪神・淡路大震災と兵庫県社協の対応　一九九五（平成七）年一月の早朝に発生した阪神・淡路大震災は未曽有の被害をもたらした。ここでは兵庫県社協が採った緊急対応と塚口さんの動きに絞って記述している。

その一つは、兵庫県社協の体制を通常体制から、震災緊急用の体制に切り替えたこと。部局を震災対策と総務関係の二部体制にしたことで様々な地域の動きに迅速に対応できた。

その二つは、被災地域を周辺から囲いながら救援活動を展開する方法を採ったこと。

その三つは、的確な情報発信で被災地の救援活動を有機的に結びつけたこと。その四つは、救援ボランティアの活動調整と、この外部から駆け付けた救援部隊の取り組みを徐々に地元の立ち上がる動きに引き継いでいくことであった。

塚口さんは、県社協の事務局長であると同時に、震災直後に立ち上げた「阪神・淡路大震災社会福祉復興本部」の事務局長でもあり、種々の動きに迅速に対応し決断を要し、状況判断を誤ることは許されないと思っていたが、ストレスの自覚はなかった。三木眞一会長や福富佑吉常務の指導・指示が的確だったこと、細部は塚口さんに任せられたことなどによるという。また全社協の和田地域福祉部長からの全国的な動きを俯瞰した情報提供や指導も大きな力となった。大胆細心で震災救援の責任者として、塚口さんの組織化の働きは際立っていた。

⑤ **韓国との交流の船の企画実施**　一九八七(昭和六二)年度から始めた洋上セミナーと国際交流。隣国韓国との交流に主眼を置いたのは、上坂冬子著『慶州ナザレ苑』を読み印象深く、一九八六(昭和六一)年塚口さんは後藤総務部長とナザレ苑を訪問、金龍成理事長、宋美虎常務理事と懇談。金理事長から慶尚北道社協理事長千特勲氏を紹介された。かくて翌一九八七(昭和六二)年度に韓国との交流の船を出した。以降何回かの船を出したが、参加者は社会福祉経営者・施設長、施設職員など三〇〇~四九九人と大訪問団となった。塚口さんは、この事業を大要次のように位置付けている。

一つには、「近くて遠い国」と言われた韓国の福祉関係者と大きなつながりができ、以降県内の各種施設と韓国の施設と交流発展させ、民間の親善外交を進めた。

二つには、ナザレ苑理事長や常務が社会福祉夏季大学や福祉セミナーに出講され、韓国の福祉状況・ナザレ苑での困窮日本人の救済状況を聴き、理解を深めた。

三つには、韓国保健福祉部（日本の厚生省に該当）の日本の窓口となり、研究者、行政関係者の調整役を果たすなど、兵庫県も一目置かざるを得ない立場を作ったのではないか。

塚口さんの身軽さ、壮大な企画・実行力に舌を巻く。韓国との地方・民間親善のモデルだ。

⑥　社会福祉政治連盟の結成　塚口さんの一九七八（昭和五三）年総務部長就任時、県社協は「金欠」状況。四年後の一九八二（昭和五七）年、会長が関外余男氏から金井元彦氏に移行。その際、関前会長に支払う僅かな退任慰労金を捻出できない状況であった。県社協は一九六一（昭和三六）年頃に県との間に「人件費補助協定」を結んでいた。県は補助協定に固執し、前会長の引退慰労金など論外という態度。事務方との交渉は行き詰まり、塚口さんは県会議員の重鎮、鷲尾弘志氏を訪ね状況を訴えた。鷲尾氏は状況は理解するが、「県社協は『西瓜』やからなー」と言い、要するに「外見は緑だが、中は真っ赤っか」「西瓜は票にならない」とのこと。このやりとりを総務部関係者らと相談、兵庫県社会福祉政治連盟を結成することにし、金井会長の了解も得た。

この政治連盟には県内福祉法人経営者・施設長ら予想外に多くの加入があった。この動きに福祉・保育労組の県社協分会は強く反対、数度の団交で労組は革新政党を、政治連盟は自民党支持の住み分けで決着。政治連盟は後の知事選、地方選で自民党支持の派手な政治戦を保育政治連盟と共同で戦った。三年後、鷲尾県議を中心に県議会自民党有志の「社会福祉議員連盟」を立ち上げ、保育予算の増額、市町社協ボランティアコーディネーター設置費、県社協補助金増額などが進められた。県当局はこの動きを嫌がった。

塚口さんが定年退職する前年、兵庫県知事は三木会長の辞任を要求してきた。後任人事が決まっていたようだ。塚口さんは議員連盟の鷲尾会長、伊田宏副会長を訪ね、県社協の会長人事は理事会決定事項で、知事が決めることではないことなどを訴え、納得された。鷲尾県議は「もっともだ。この知事の意向は潰す」と約束、この知事の案件はつぶれた。

政治連盟を結成し、各選挙に自民党支持で派手に戦い、三年後、重鎮県議中心に自民党有志の「社会福祉議員連盟」ができ、福祉予算増額で窮状も打開できた。この成功手段をどう見るか、見解の分かれるところであろう。その矛盾やマイナス面の検討も必要ではないか。加えて県当局の露骨な社協支配の動向。県社協は県との批判的協力関係の構築が必須だ。

塚口さんは部長時代までは社協自体の問題に取り組めたが、局長時代には県社協の第一線が行政等の干渉や理不尽な指示で自由な発想が歪められず、企画を県の顔色を窺いながら立てないよう、自由な環境保持に注力したつもりという。同僚や県内社協関係者の評価は如何？

（6）自己評価

四〇年間社協職員として働き、うち今まであまり触れなかった活動・事業の一端を述べてきたが、これらを通しての自己評価を次の三点に集約している。

その一つは、住民の福祉ニーズは、いつの場合も活動の基調に据えることを外さなかった。県社協が公害問題に取り組んだ時も、県社協、市町社協の多くは批判的。住民には一刻の猶予も許されぬ深刻な状況を見逃すようでは住民と共に歩む社協の名折れだ。この姿勢が社協の矜持ではないかと今も思っている。

二つには、事務局長の立場は、社協を取り巻く環境を、職員が自由闊達に活動できるものにしていく任務がある。そのため「塚口は変節したか」との批判を甘んじて受けてきた。県社協が一九七九（昭和五四）年頃から在宅高齢者・障がい者の生活苦や自立困難な状況を察知し、支援の手を差し伸べる在宅福祉の在り方を開拓していった姿勢はその好例だ。「新たな試みが実行できる環境は社協に不可欠だね」（同労者・故沢田清方氏）の言葉は最高の褒美だという。

三つには、行政からの過剰な干渉や指示を排して民間福祉の主体性を発揮することは社協活動の原点だ。民間性を存分に発揮し、行政の視点で捉え得ぬ福祉問題にアプローチしてこそ福祉行政にとっても歓迎すべきではないか、民間視点と行政視点が上手に統合されてこそ、地域福祉は生きたものになるのではと考え、県庁関係者とも論議してきた。この状況が公私協働の姿ではと考えながら。

以上の三点はまさに塚口さんの譲りえぬ原点だ。三原点を貫く努力を重ねてきた四〇年だ。塚口さんは社協の稀に見る傑物、理論と実践兼備の卓抜な指導者、演出者だ。

第4章 私の社協人生を振り返る——自負の念・自責の念—— 明路咲子報告の検討

1 兵庫県社協入局まで

(1) 平凡な生い立ち 成育歴

明路咲子さんは、一九四三(昭和一八)年神戸・須磨で出生。父は公務員、母は専業主婦、姉と弟との5人家族。父は子煩悩、母は子どものしつけには厳しい面もあった。咲子さんは大人しく従順で「いい子の咲ちゃん」で通っていた。親に見守られ、穏やかで幸せな環境のもとで小、中、高校時代を過ごし、大学へ進学した。幸せな生い立ちだ。

(2) いい子からの脱却

幼稚園から高校一年まで常に姉Y子さんと一緒の道を行った。「Y子さんの妹」と言われていた。姉の高卒後の高二頃から明路さんは自身で主張を始め、大学も姉とは違う方向を選んだ。

一九六二(昭和三七)年、明路さんは神戸大学教育学部に入学。新入生歓迎のマンドリンクラブの演奏を聴いて即入部した。以降四年間は勉学よりクラブ活動にのめりこむ生活で青春を謳歌した。全国各地から集まり、全学部構成の一〇〇人超のグループが魅力的、自由と開放感を味わい、つながりが面白かった。勉学は、最低限の時間しか割けず、でもそれなりの成績を修め、数種類の教員免許は取得した。だがクラブ優先で司書資格に必要な授業は受講できず、諦めざるを得なかった。司書資格は卒業後に桃山学院大学夜間コースに通学し取得できた。明路さんは頭脳明晰、神戸大に進学、クラブ優先でも学業成績は良好。マンドリンクラブでの青春謳歌万歳だ。

（3）マンドリンの縁

人生の不思議な縁は県社協入職のきっかけだ。卒業後もクラブの友人たちとよく会っていたが、ある日司書採用の情報を友人が教えてくれた。学生時代に資格取得を諦める原因のマンドリンが、資格を活かせる職場「県社協」に繋いでくれた。友人の知り合いが司書有資格者を探していた。一九六九(昭和四四)年秋のこと。数日後、資料室を管理する調査広報部長湯川台平氏と地域福祉課長塚口伍喜夫氏の面接を受け、アルバイト採用決定、四月から本採用となる。大学でのクラブ活動が〝半生かけて育てられた県社協〟に繋いでくれた。資格を取り損ねたのも、資格を活かせる職場に導いてくれたのもマンドリン。人生の思いがけぬ縁を経験したが、ご本人の優れた資質が決め手だ。

2　地域福祉の世界へ

（1）多様な仕事内容

バイト時の仕事は資料整理が中心、一九七〇（昭和四五）年四月本採用、調査広報部正職員になると、主担当の資料室業務（資料整理）はもとより、同部所管事業の多くにスタッフとして関わる。主担当以外の業務は時間制限や締め切りなどで毎日追われる仕事で、資料整備等は次第に後回しとなった。自分の中でも仕事の優先順位が逆転していった。

未整理数万の資料を活用できる状態にするには、本気で資源（金、人、時間）をつぎ込む必要がある。本気で既存量の図書・資料を使用可能に整理、有効に提供し、広く役立てるには、整理目標を定めた長期整理計画を立てないと片付かない。だが新人職員としてはその提起をする力もなく、調査広報部（後の社会福祉情報センター）の多様な業務に関わりつつ、当面は目前の新着図書・資料整理を目標に取り組むことに慣れていった。

でも、司書としての仕事は嬉しい反面、県社協の中では異質な仕事であり、資料整理担当として一人黙々と片づける中で孤立感を味わうこともあった。しばらくして神奈川県社協でも資料室担当の司書さんと連絡が取れ交流が始まった。都社協の関係職員とも交流ができた。また日本生命済生会社会事業局や鉄道弘済会資料室とも交流でき、同労の方々との関係は心強かった。主担当業務が部の他業務に追われる中で後回しとなり、孤立感を味わう。そんな中で、県外の同労との交流は励みになった。

①　社会福祉資料室を中心に

《社会福祉関係図書の分類整理》

一万数千冊の図書は日本十進分類法（ＮＤＣ）に従い大凡の分類整理はできていたので、新刊書や未所蔵書の寄贈依頼・購入、分類、目録カード作成し、図書にラベルを貼って、所定の書架に配架する作業が入職時の仕事の主たるもの。社会福祉分野はＮＤＣの分類規定は大雑把過ぎて工夫を要した。特に地域福祉に関しては、項目がＮＤＣになく地域福祉や社会福祉協議会の用語は影も形もなし。必要に応じて新たな用語を追加していった。以後兵庫県社協版分類規定には地域福祉の進展に伴い新規用語が次々と追加、増加していった。

〔蔵書目録（三〇〇ページを超える冊子）の作成〕

社協レベルでかかる目録作成は初めてではないか。以降毎年追加の目録を作成発行した。

〔検索カードの作成、整備〕

上記図書以外に、研究報告書、調査報告書、活動事例集、活動ガイドブックなど小冊子は推定二万点を超え、雑誌・紀要や機関誌、リーフレットなど山積みだった。県社協所有に加え篤志家からの貴重な寄贈など所増数増大。さらに資料収集、整備・充実は気が遠くなるような作業、よく希望を持って仕事をしていたと述懐する。

しかし調査広報部（後の情報センター）の多様な事業に関われたことは、地域福祉や社協について学ぶ最良の機会だった。情報センターが担う事業（資料室、広報活動、出版活動、調査研究活動、研修活動）はどれも情報を扱い、情報収集に始まり、情報をアレンジし、情報提供するメディアを駆使、幅広く伝える。学習の場にならないはずがない。

多忙極まる中で時間を捻り出し、司書として資料室の整理・充実に尽力された功績は大きい。調査広報部で多様な業務に携われたことも、地域福祉・社協を学び、情報の扱い、情報の流れを確認、学習の場としての意義を体得された。

② 機関紙「ひょうごの福祉（旧社会の福祉）」への関わり　資料整理は時間ができた時に手をつけ、毎月締め切りがある「社会の福祉」の発行と送付、出版、夏季大学など研修の仕事を片付けることに追われた。当時の「社会の福祉」業務は手作業、特に発送は宛名ラベル大のガリ版刷り、機関誌を巻く帯封に一枚ずつ印刷する家内作業。後にパソコン導入、ラベルに印刷、帯封に貼る方法、次にパソコンから帯封に直接印刷へと進化した。取材や記事の原稿執筆も回ってきた。日々の追いかけられ感が拭えない。機関紙の原始的発送作業は大変だったが、後に機関誌づくりに参加され、社協像が見えてきたのでは？

③ 福祉教育（協力校関連）や夏季大学などへのかかわり　一九七八（昭和五三）年に始まった全社協指定「学童・生徒のボランティア活動普及事業協力校」事業も担当者で携わり、福祉教

育への理解を深めるべく小学校訪問や「福祉教育をすめるつどい」開催など一生懸命になった。大学卒業後、二年間小学校勤務経験があり、先生方と話せたことが嬉しかったという。福祉教育の推進を熱心に進められたことは心強い。

（２）他部署の仕事（福祉部・人材センター・研修所・権利擁護センター）

司書資格者の後任で採用された当初は調査広報部（資料室）勤務だったが、三〇年も在籍すると総務部、生活福祉資金、ボランティアセンター、施設部以外の部署を経験した。最初の異動先は社会福祉研修所そして情報センターに、次に地域福祉部、人材センターを経験し、最後は情報センターに戻った。最後の二年は権利擁護センター兼務だった。三〇年にわたる在職期間のほぼ三分の二は情報センターにいたことになる。県社協での私は情報センター（資料室）に始まり情報センターにおわったという。

県社協にいる限りずっと情報センターの仕事に従事したいと考えていたので、異動人事に抵抗したが、それが通るわけはなく、（泣く泣く）各部を経験した。結果的にそのことで明路さんは育てられた。今は感謝しかないという。他部もいつかは情報センターへ戻るためのプロセスだった。それで明路さんの中に残る県社協の事業や仕事内容は情報センターがらみのことばかり。しかしどの部の仕事にも共通して残るのは県社協職員はじめ社協事業を通して出会った広く関係者の人々との出会いだ。いろいろ教わった。退職後の教員時代（流通科学大学教授）にも社協実習や研究活動でもお世話になった。やはりコミュニティワークは人ありき、繋がりありきだという。明路さんの県社協人生は情報センターに始まり、情報センターに終わると述懐される。専門職司書としての本音だ。今一つ大切なことに、他部を含む県社協業務を通じた忘れ難い人びとからの学びであり、社協は人ありき、繋がりありきだという。至言だ。

3　情報の重要性と難解さを痛感

（1）社会福祉情報センターの整備と福祉情報システム強化へのこだわり

①　社会福祉資料室の整備　資料室の整備は捗らなかった。図書の類は前任者の仕事を引き継ぎ日本十進分類法（ＮＤＣ）に基づき分類整理した。しかし、社会福祉分野についてはＮＤＣの分類では大まか過ぎたため、ＮＤＣをさらに詳細なものに工夫し運用した（兵庫県社協独自の社会福祉分類）。図書は何とかオープン書架に配架、貸し出しや閲覧など活用可能な状態に。学生やボランティア、研究者、社協職員、施設職員、学校教員などが閲覧室で図書カードを検索し調べ物や閲覧する光景を目にするのは嬉しいことだった。

戦前の社会事業雑誌、研究誌、紀要類も製本し閲覧可能に整えた。戦前の旧い社会事業雑誌のバックナンバーが揃っているところは数少なく、貴重な所蔵。戦前の「社会事業」（全社協刊・いまでこそ復刻版あり）などに関する照会や閲覧希望に対し、書庫を検索して回り、求められた資料にたどり着くことは仕事冥利につきた。

整理作業で難解なのは，三万点を超える大量の資料類。調査報告書、研究報告書、活動の手引き冊子、パンフレット、リーフレット、チラシなどの類は，形体、大きさ、紙質もまちまち、これらの分類、現物の整理配架、増大する資料図書の保管など、どの作業も手間がかかり、つまり潤沢な金・人・時が必要。思い切った抜本的な手を打たない限り（県社協の予算では）片付かない問題だ。機械化するにしても最終的には多数の人材投入が不可欠。バイトやボランティアの援助も導入したが、彼らの手に渡すまでに明路さんの下順備（分類等）が必要で、遅々として進まなかった苦しい思い出がついてまわる。

それでも少しづつ整理の効果が見え始めた矢先に資料整理は行き詰まった。その理由の一つは明路さんが異動で情報センターを離れたこと。資料整理の後任者とは少なくとも一年かけて引き継ぐ必要がある。理由の第二は一九九五（平成七）年に起きた阪神・淡路大震災だ。閲覧室の書架や書庫の図書、資料が崩れ落ち、足の踏み場もない散乱した状況のまま放置。震災後情報センター業務（情報活動）にも従事。散乱した図書資料を書架に戻し閲覧室の体裁が整うのは一年後。大量の整理済み資料・未整理資料等は崩れ落ちた山積みの状態が長く続いた。

資料室の整備で、兵庫独自の社会福祉分類を加えて図書を書架に配架し、閲覧室で利用者が閲覧などする光景を嬉しく思ったり、戦前の社会事業などに関する照会や閲覧希望に対し、求められた情報にたどり着くのが仕事冥利と、司書のやりがいを感じたのは何よりだ。

難儀なのは三万点を超える大量の資料類。潤沢な金・人・時を要する。それでも少しずつ整理効果が見え始めた矢先に資料整備は行き詰まった。一つは明路さんが異動で情報センターを離れたこと、第二は一九九五(平成七)年一月の阪神・淡路大震災。まことに残念至極だ。

② 機械化への模索　パソコン通信（ふくしネットワークＨＹＯＧＯ）からホームページへ

「情報は大切なのに情報に関する機能や活動は地味であり、苦労のわりに成果が見えにくい」ことを多々痛感。必要な資源をつぎ込まないと効果は見えにくい。ジレンマを抱えながら、築いた知的財産をより発展させねばと思い続けていた。民間企業や大学の資料室が参加する専門図書館協議会の研修には理論的感化を受けた。専門図書館は財源、人材も大規模、機械化など技術面も進化、レベルの差を痛感した。

調査広報部が社会福祉情報センターに改称（一九七八年）した後は、各種資料を管理する資料室運営だけでなく、機械化を含め今日的な情報発信の在り方を模索、検討の必要に迫られていた。情報センターの主な対象は、県民や学生、ボランティアなど、幅広く開かれた情報発信の場の位置づけだった。加えて情報センターの事務局内の情報の共有化を進め、情報機能の一元化が必要となった。そのために機械化（ＩＴ機器の活用）を真剣に考える時期にあった。当時の県社協では、ＩＴ機器（コンピューター）による情報活動は、技術的にも財政的にも人的にも決め手がなく、踏み出せない状態だった。

そんな状況下、情報センターの社会福祉情報システム研究委員会は、一九八九(平成元)年の報告で当面目標に機械化（IT）も導入した「福祉情報システムの構築」を掲げ、毎年県へ予算要求を行った。一九九六(平成八)年、研究委員会の見解を引継ぎ、まずパソコン通信によるシステム「ふくしネットワークHYOGO」をスタート。ニフティサーブ上で情報システムをオープン。案内欄はじめふくし情報資料室の七分野で提供したが、情報追加・更新が進まず、内容は魅力に欠け利用は低調だった。その後ホームページ開設には経費面や方向性の検討を重ね、二〇〇〇(平成一二)年三月開設。ただ、県社協で知的財産として誇ってきた図書や資料、紀要、雑誌、機関誌など大量の情報源は今は陽の目を見ることがない。社会福祉情報センターの名称すら残されていない現実に言葉もないと複雑な心境を吐露する。

「情報は大切なのに、情報機能や活動は地味で、苦労の割に成果がみえにくい」と痛感することが多かった。必要な資源（金、ひと、場所）を注がねば効果は見えにくい、とのジレンマを抱えつつ、これまで築いた全国に誇れる知的財産を維持し、より発展させねばと思いつづけていたという明路さんの複雑な心情だ。

（2）情報を記録として残す。

県社協はこれまで多くの活動や事業、刊行物を記録として残すことに重きを置いてきた。

情報センター（調査広報部）では数々の出版物を手掛けた。多くは有料販売され、自主財源の一端を担った。明路さんも数々の出版事業に従事した。

・『福祉の灯―兵庫県社会事業先覚者伝』

県社協二〇周年事業として企画、兵庫県七十余名の社会事業先駆者の列伝は五六二ページに及び一九七一（昭和四六）年発行。出版事業の進捗状況を身近にみることで出版業務の概要を学んだ。

・『福祉の手引き』

民生児童委員改選年に発行。県内の市町社協、福祉施設、学校等リストや簡単な社会福祉知識を列記しインターネットなどない時代に貴重な情報源となった。

・『地域福祉の歩み―兵庫県社会福祉協議会三〇年史』

県社協三〇年の足跡を記録した県社協の歩み第一号だ。この発刊を基本に以降、四〇年史、五〇年史、六〇年史が継続されている。明路さんは五〇年史まで編集・執筆に関われた。

・『夏季大学講義録』

社会福祉夏季大学の講義を毎年出版物として発行したが、録音のテープ起こし、原稿の修正など労力の限界のため、第一三回（一九七四（昭和四九）年）で終了した。

・『地域福祉活動研究』

年一回、地域福祉研究者や社協ワーカーに研究論文や実践記録を依頼・募集して編集した研究誌。一七号まで刊行。

数多くの出版物は情報センターの担当業務で、新米職員の頃から本づくりの作業に関わり、やがて執筆にも関わった。

（3）緊急（災害）時の情報発信

①　震災直後の情報発信　一九九五（平成七）年一月阪神・淡路大震災で事務局も職員も大きな被害をうけたが、震災一週間後には福祉関係を主とする被災状況、救援状況等を伝える「兵庫県社協震災対策ニュース」を発行。その後支援活動やボランティア活動について伝えたニュースは三月の五四号まで続いた。このニュースは、その後救援活動に奮闘する地域社協の姿を伝える情報誌『アシスト』に引き継がれた。『アシスト』は若手職員のプロジェクトチームが被災地に入って歩き回り掌握した生々しい救援情報を伝えた貴重な記録だ。「地域福祉情報は歩いて稼げ！」という。『アシスト』は救援・復興の支援活動を伝え、貴重なコミュニティワークの記録となった。その後『アシスト』は「社会福祉復興本部ニュース」に引き継がれた。

社協には緊急時に早急に役立つ情報を必要な人々に伝える大切な役割がある。しかし、社協として自らも被災し混沌とした混乱時に情報を集め、その情報をアレンジし、早急に役立つ形で提供することは大きな困難を伴った。体制の充実・強化が重要な要だと学んだ。

「震災対策ニュース」を担当した明路さんは、自宅マンションが倒壊、実家に居候、交通網が復旧しない中、乗り継ぎ、徒歩の通勤に疲れ果て、職場に着くとあれこれ不安が膨れ上がり、涙がこぼれた。さらに被災地社協との情報のやり取りがうまくいかず、崩れそうな気分の中、臨機のニュース発行は、三〇年勤務の中でも厳しい業務だったという。

②『大震災と社協』の出版　震災一〇カ月後、「震災の記録」を残す企画が決定、震災後一周年記念行事に間に合わすべく、慌ただしい作業。基本的スタンスは「社協の活動に視点」「読みやすい記録」とした。本書（三一九ページ）の主部は、全国からの支援活動、兵庫県社協を軸とした活動、問題点や提言等の八章からなる。さらに県内外関係者の座談会、救援・復興に関わった一六人の記録、資料編等を加えた。制作には神戸新聞総合出版センターの協力があった。明路さん関与の出版物の中でビジュアル的にも勝ったものという。

4　思いがけず踏み込んだ世界ではあるが

（1）やり残したこと

福祉情報関連の活動を記述した後、福祉情報に取り組む社協の力を強化すること、そこに県社協の役割を発揮すべきと提起する。やり残したこととして二点を挙げる。第一に、後継者問題の認識（司書資格所有者の採用、専門に従事する職員の設置など県社協内の認識を浸透させ、実現化すること）、第二に、社協における福祉情報の取り組みに関する組織化を挙げる。だが現実には情報センターの名称が消え（二〇〇一年三月）、自身の喪失感や無念より、情報センターを県社協の知的財産とすべく奮闘された先達の氏名をあげ、申し訳なく詫びる。自身の中では情報センターこそが県社協に残された砦であると主張する。

（２）地域福祉の宿題

①　**北秋田市・鷹巣福祉のまちづくりへの関心**　明路さんは定年二年前に県社協を退職、流通科学大学の教員となった。同大学医療福祉サービス学科に九州保健福祉大学から塚口伍喜夫氏が学科長として着任された。県社協時代、塚口氏には多岐にわたる指導を受けたが、直属の部下ではなかった。学科長として、明路さんの研究教育上の助言を頂き、一緒に研究教育活動に取り組むことができた。人的つながりはやはり社協がらみだった。

ある時、「秋田の鷹巣のまちづくりはどうなっているか」が話題となった。旧鷹巣町（現北秋田市）の岩川徹町長は、社会福祉夏季大学に講師として招き、明路さんも知識があった。

岩川元町長は、一九九〇年代、デンマークの住民参加方式（ワーキンググループ）を取り入れた福祉のまちづくりで画期的成果を蓄積し、全国的に注目されていた。その後動向を聞かず、二〇〇七（平成一九）年七月「鷹巣の福祉が危機」との情報を得た。そこで八月、塚口氏、岡部氏（元北海道社協）、大友氏（元秋田県社協）、明路さんが現地に入り、社協を訪問。住民参加の福祉のまちづくりに社協がどう対応しているかを知りたかった。ところが、社協は在宅サービスの百貨店を豪語する事業体だった。岩川元町長が進めた住民参加の福祉のまちづくりと対極にあった。岩川氏は町長を三期務めた後、二〇〇三（平成一五）年四月の町長選で合併推進派に敗れ、二〇〇五（平成一七）年北秋田市初の市長選でも敗れた。岩川氏の福祉のまちづくりは金がかかりすぎるという「身の丈福祉論」が多数派を占めるに至った。

②　北秋田市・鷹巣福祉のまちづくりを支援する活動　塚口さんらはその後も何度か北秋田市・鷹巣を訪れ、北秋田市で福祉だけでなく、医療でも切り崩しが進む状況を知り、鷹巣の福祉・医療の再生を強く願った。二〇〇七（平成一九）年一二月、鷹巣福祉に関心を持つ全国の関係者・研究者に呼びかけ、「北秋田市・鷹巣福祉のまちづくり支援全国連絡会」を立ち上げ、大友信勝龍谷大教授らを代表に五〇名の有志が集まった。二〇〇八（平成二〇）年八月、北秋田市の阿仁地域と鷹巣地域で「北秋田市・鷹巣福祉のまちづくり研究交流のつどい」を開催、二〇一二（平成二四）年六月、「北秋田市の地域福祉再興に向けての関西セミナー」を龍谷大学で開催した。二〇〇九（平成二一）年北秋田市市長戦に挑戦した岩川氏は謂れのない買収容疑で検挙・収監され、拘束は一年にも及んだ。連絡会は活動を休止せざるを得ず、関西セミナーの開催を以て区切りとした。

③　地域福祉実践研究会―社協のこれからを考えるシンポジウム　鷹巣訪問を契機に始めた元社協勤務経験者らの研究会。元局長、職員が熱く語り合った。どの回にも故渡部剛士氏が講師と

して社協組織の在り方、社協の新たな方向性など貴重な講義をされた。第一回秋田市・二〇〇九(平成二一)年九月、第二回山形市・二〇一〇(平成二二)年一一月、第三回神戸市・二〇一一(平成二三)年九月。

(3) 社協への思い

司書資格所持ゆえに県社協入局を許され、三〇年間在職した。その縁から大学に転職し一三年間楽しい教員生活を過ごせた。素人としての地域福祉のスタートなど後ろめたさ感じつつも感謝の気持ち持つと共に人生の不思議さを思う。県社協の平職員時代にはよき先輩、上司に恵まれ、素人の職員の特性を見、活かして育てようという組織だった。結果的に人生の多くの時間を未知の世界の県社協で費やしたことに悔いは有るかと言えば決してそれはない、という。

できなかったことは多くある。素人で県社協に入り、分からないことが多かった。上下関係とも見える行政との関係性、住民との関係性(直接的接点がない)など、社協は難しい、何もかも複雑だ。明快に割り切れない世界だ。社会福祉、地域福祉に対して素人意識がつきまとっていたことを深く自戒する。半面、地域福祉には素人の視点や感覚が役立ったかもしれないとも。社会福祉、地域福祉において情報の在り方と重要性を意識し続け、言及してきたことは無駄ではなかったのではないか、今後の県社協の立ち位置を考えるとき、情報(整備・管理含め)を抜きに考えられないことを残る時間をかけて言い続けたい、と決意する。

明路さんは図書館司書資格で県社協に入局されたのに、本職の資料室整備に専念できず、他業務に追い回されることになった。でもご自分の県社協三〇年は、情報に始まり情報に終わると自覚されているように、他業務の仕事においても常に情報の視点を入れて遂行されたといえよう。地域福祉の素人と謙遜されるが、三〇年間地域福祉に情報の視点を導入して来られた功績は立派なものである。ただ、司書としての不満、嘆きなどは本音だ。県社協の人事管理上の問題だ。また天下の兵庫県社協が情報センターをなくすなど嘆かわしい。

［第2部　政令指定都市社協の部］

第1章　政令指定都市社協および区社協をめぐって　坂下達男報告の検討

1　雪国の山村で生まれ育ち都会へ―私のおいたち

坂下さんは、太平洋戦争開戦まもなく富山県西砺波郡宮島村（現小矢部市の一部）の山村農家の長男に生まれた。出生時、父親は出征中で、父子対面したのは戦後五年に帰還してからだ。小学校入学までは野原を駆け巡りながら育った。小規模の小学校で、一学年一クラス、同級生二五人、六年まで同じ。子どもは農作業や家事育児の補助労働力で、勉強は二の次。冬になると沢山の雪が降り、一本道を転げながら登校。

中学校は、一転一五〇〇人以上のマンモス校、村の同窓生はクラスに男女一人のみ。坂下さんは自転車通学、家の手伝いも期待されクラブ活動にも参加せず。この時母親が不治の病で長期入院、後の高校一年次に死亡した。中学の卒業時期、関東や関西に同級生の半数以上が就職。坂下さんは良好な成績と家庭の理解・応援があり地元県立高校に入学。クラブ活動は九人制排球部に入部。同級生の半数以上は就職した。坂下さんは、高二の二学期末に十二指腸潰瘍に罹患し、大学付属病院に入院。入院中に大学へ行こうと考え、三年次に進学意思を固め、福祉系に進もうと決めた。

坂下さんは名古屋の福祉系大学に進学。大学では、学業のほか大学祭実行委員を四年間務め、学生情報誌の編集発行も手掛けた。部活動ではＢＢＳ（大兄姉運動）に所属、日常は非行問題を研究、フィールドワークとして、運動の啓発物配布・よびかけ、非行少年との面談等を行った。学業ではとくに農村地域社会学に関心をもった。大学二、三年次にゼミ教員の呼びかけで、二つの社会調査に参加。一つは愛知県内の知多湾の離島日間賀島（現知多郡南知多町）での島民生活実態調査、約五〇〇世帯対象の全数調査、二つ目は三重県最北部の東員村（現員弁郡東員町）での抽出標本による村民保健福祉調査。この調査活動を通して、東員村社協の存在を知り、また社会調査の方法を体得、調査結果を卒論に引用、質を高め得た。

このように学業と課外活動等でも多様な経験を積み、変化に富む大学生活だったという。

2　神戸市の社会福祉協議会へ

坂下さんは学生時代の調査活動で社協の存在を知り、卒論の一部で社協につき論述したが、卒論ゼミの指導教員から社協への就職を勧められ、東北の県社協の紹介を受けて県社協の面接に赴いたが、越年しても返事はなく、結局新規予算の見込みが立たず採用できないとのこと。落胆と頭にきた。二月、大学に神戸市社協の採用試験の案内があり、受験することに。梅田から元町まで阪神電車の普通に乗り、神戸市社協に遅刻して到着、論文作成と面接だけして貰えた。首尾よく採用に。丁度都道府県社協の福祉活動指導員と市町村社協の福祉活動専門員設置の国庫補助制度が指定都市社協にも適用されることになり、神戸市社協では一挙に四人の福祉系大卒を採用、その一人になった次第。

学生時代にわが国農村生活関係の文献・資料はいくつか当たっていたが、都市地域の知識はまったくなく、本屋で神戸の地図や歴史本、都市社会学の書籍を買いあさり、読み込んで当座の知識を詰め込んだ。また市電に乗り市街地図を片手に一日中乗車して土地勘を養った。

まさに社協活動は地域を知ることからを地で行った。坂下さんの、勤務前に神戸の街を知ろうとする並々ならぬ努力はC・Oワーカー勤務への本気度を示すものと敬服する。

入職当時の市社協は市内中心部の区役所六階に独立事務所を置き、数十人の専任職員が在籍し、新人の他若い人が多く、活気に溢れていた。

山村出身の坂下さんが神戸市社協の福祉活動指導員第一期の一人に採用されたが、不慣れな関西の大都市に戸惑う様子も率直に記されている。

3　神戸市社協での私の担当した業務

坂下さんは神戸市社協に一九六六（昭和四一）年から三五年間在籍したが、この間社協の組織活動や地域福祉活動に一〇年間携わったほか、神戸市委託事業の市総合児童センターや在宅福祉センターに勤務するなど、法人運営の総務と経理業務以外の業務のほとんどを担当した。

以下主な担当業務を顧みると、入職当初は新設の福祉活動指導員としてＣ・Ｏ手法を動員して、地域組織化活動に十数年間打ち込んだ。評者も一九七〇年前後から坂下さんに真野地区（当時は苅藻地区）を案内され、名リーダー毛利芳蔵氏に引き合わせて頂いた。坂下さんは苅藻地区・真野地区活動のまさに「演出者」だった。

調査広報活動では市社協機関紙「市民の福祉」の編集発行、社会調査では民生委員社会福祉モニター活動市内編担当、神戸市内戦後初の住民自治組織実態調査や子ども遊び場・交通遺児・公害被害などを手掛けた。

ボランティア活動では、養成訓練と需給調整のためのボランティア情報センターを立ち上げた。このほか、社会福祉施設振興として職員の現任訓練の研修・教育を企画・実施、処遇調査や給与改善に尽力。生活福祉資金業務では不良償還世帯の対応には難渋した。市総合児童センターは広域児童健全育成施設として、全国に先駆けハーバーランドに八階建ての大型児童館を建設、地域児童館と同様に市社協に委託した。坂下さんはそこへ課長として異動した。

社協生活最後のお勤めは在宅福祉センター所長。在宅福祉センターは市が行政区ごとに一カ所建設、市社協委託。内容は老人福祉法上のデイサービスセンター。後に介護保険法上の通所介護事業、あわせて介護支援事業所の指定ケアマネジメントの実施事業所となった。

介護支援専門員数によって介護報酬増収につながるので職員に資格取得を奨励し、坂下さん自身も受験学習を仕事の合間に行い首尾よく合格した。ほかに例の大震災時の活動も記されている。こうして坂下さんの社協業務は、社協活動の原点から出発したが、その後はあらゆる組織事業部局を経験し、まさに社協マンとしての道を辿ったと自負でき、体中に社協アカがしみついているともいう。坂下さんは聡明で器用、何でもこなせた貴重な人材だ。

4 政令指定都市社協および区社協をめぐって—私の取組みから—

（1）指定都市社協の三側面と特徴

政令指定都市および区社協は、一九九〇（平成二）年の福祉関係八法改正の一環として旧社会福祉事業法（現社会福祉法）の改正によって法制化された。また全社協の「新社協基本要項」に初めて指定都市社協の項が設けられ、同社協の事業・組織・財政・事務局を提示、区社協についても市町村社協と同様の事業等を位置づけ、とくに区社協職員につき市社協職員との一体的人事を行う等、専任職員体制を確立するとの方針に注目する。

法制上と新基本要項に照らして、指定都市社協の法的かつ実態的視点からその機能の性格と特徴を考察。一つには、指定都市社協は都道府県社協的な側面を持つ。広域社協としての共通点が多いことを例証する。二つには市区町村社協の側面を持つ。行政区の区社協の地域を超えた地域問題の発見、地域福祉実践等々、また問題解決には地方自治体としての市行政の対応が重要。三つには区社協の連合体性格が都道府県社協より強いこと。同一地方自治体に属し、均等性や同一性が求められ、全市的一体的展開が必須。

最近の指定都市社協のいくつかの傾向の考察に移り、第一に、組織・事業・予算ともますます事業体化として肥大化、保健福祉の事業団化している。国・地方の行政改革のもと、公共施設の民営化、指定管理者制度の導入、保健福祉事業への営利企業の参入・競争原理の導入等による福祉総合型や在宅型の福祉施設運営が、行政委託事業として市区社協に委託、社協側の無批判な受託が肥大化に輪をかける。加えて介護保険事業にも積極参加で直接事業の輪を広げ、不安定就労職員の増加結果となる。第二に社協職員の巨大化がある。区社協職員を市社協化した指定都市社協が多いことにも起因するが、これを一概に批判できず、人事交流と労働条件の均一化からは好ましい。ただ各区社協の独立社会法人化が進み、役職員の独立性確保からはやや疑問を残す。また職員数が数百人超の指定都市社協もあり、激しい異動に伴い、職員と地域との関係性・継続性が損なわれ、所属意識の形成困難も危惧される。

第三に、政令指定都市は二〇市を数え、一七五の行政区があるが、とくに区社協は指定都市の年数に差があるのも一因だが、各市によって区社協組織の位置づけに大きな差異がみられる。一つ目は区社協を独立体として社会福祉法人格も取得して組織・事業・財政・事務局等の基盤整備を進めている区社協である。これは指定都市の制度化が図られた時の旧五大都市（横浜・名古屋・京都・大阪・神戸）などかなり年数を重ねた市に多い。二つ目は、区社協を組織化するも任意団体のままで法人格取得をめざさないもの。三つ目は区社協独自の組織がなく、市社協の下部組織（支部社協）に位置づけて区の主体性や独自性を組織上で認めていない。これらの傾向は指定都市社協の歴史的経緯や各市の考え方や実態を反映しており、一概に統一すべきではないが、指定都市の人口は全人口の六割を占め、住民に対する責任と国民生活全体に多大な影響を及ぼすと考慮され、指定都市が可能な限り同一歩調で市区社協の整備基盤を図ることが重要だという。以上政令指定都市社協・区社協につき綿密な分析を行い、的確な提起を展開している努力を多としたい。貴重な資料となろう。

（2）指定都市社協の課題とその解決課程

区社協を含む指定都市社協の課題に対していかに解決を図ってきたか、その解決課程として、要するに区社協を含む指定都市社協の課題は、法的には指定都市社協を都道府県社協と同等に位置付け、区社協を法制化することだった。と同時に区社協を名ばかり社協から市社協主導のもとに組織・事業・財政上の基盤整備を実体的に強化することだった。

①　**指定都市社協民連連絡協議会**　一九五六（昭和三一）年政令指定都市の制度化に伴い当時五大市の市社協および市民生委員協議会連合会（民連）の各市代表・同事務局長で構成する指定都市社協民連連絡協議会が設立され、指定都市固有の社協や民生委員問題の情報交換と旧社会福祉事業法改正や福祉施設の都道府県並みの制度改革を目指した恒常的組織が結成された。同協議会では指定都市社協の都道府県並みの法改正、福祉活動指導員設置等の国庫補助適用等に加え、府県と同様の権限移譲を主眼に福祉関係の改正と制度改善を国・全社協・国会等に働きかける陳情活動を毎年繰り返し行った。こうした永年の粘り強い運動が反映し、ようやく福祉関係八法改正時に一挙に指定都市社協と区社協が法制化された。国庫補助対象事業も順次拡大。現在では福祉人材の養成と紹介斡旋、生活福祉資金制度、（共同募金運動）のほかは、ほぼ府県社協と同等に活動。

②　**大都市社会福祉施設協議会**　指定都市に東京都を加えた大都市地域の社会福祉施設の種別

協議会代表が集まり大都市社会福祉施設協議会を組織、大都市固有の福祉施設問題を研究協議、国および各自治体の制度改善を図る活動を一九六〇年代後半から年一回各市持ち回りで開催、国の制度改善と各市間福祉施策のレベルアップに貢献している。

③　**指定都市および区社協の法的位置づけの光と影**　一九八三年の旧社会福祉事業法改正により市町村社協は法制化されたが、指定都市および行政区の社協の位置づけや法制化は見送られた。この市町村社協の法制化には、前年から全国の都道府県や市町村の社協関係者が市町村社協法制化運動を全国的に展開し、各市町村議会・都道府県議会への請願運動、国会議員への陳情運動等の成果が実り、議員立法で法改正を提案され法制化された。これでは光はなく影そのものである。取り残された指定都市・区社協関係者は、坂下さんのように「そう遠くない時期」の光を待ち望むしかなかった。

④　**指定都市の区社協の実態把握**　市町村社協の法制化時代に区社協等の法制化が遅れた一因に、指定都市の区社協の存在や組織・活動が良く見えないとの指摘もあった。そこで当時一一指定都市社協の区社協の実態把握と強化の方向を図るため、初めての指定都市社協（区社協）総合実態調査を自ら実施することになり、社協民連連絡協議会の事務局長会議の指示の下で当番市の神戸市が主担し、坂下さんは膨大な調査業務の中心を担った。当時はこの種の実態調査は市社協が知識・資金・労力を自ら持ちより実施せざるを得なかった。各指定都市社協中堅職員には多く

の労力を煩わし、また神戸に出向いて調査票の聴き取りや補足質問など正確な実態把握に努力された。坂下さんは調査結果を札幌での各都市社協事務局長会議に飛んで報告・説明しとんぼ返りした。調査報告書は他都市の状況も分かり、市区社協活動に役立ったとの評判も。

(3) 区社協の基盤整備

神戸市の区社協は一九八〇年代前半まではその基盤が弱く、組織・活動・財政とも多くの問題を抱え、任意団体として市社協の出先的で、事業も下請け化が著しかった。一九七五（昭和五〇）年には「区社協のあり方（試案）」を出して、区社協強化の方向性を探っていたが、具体的方策は進んでいなかった。その後、ひとりぐらし友愛訪問活動や、各種調査、児童館運営の再委託等など事業拡大があり、また市町村社協の法制化も追い風となり、一九八五（昭和六〇）年には区社協実態調査を実施、全般的に正確な実態把握に努めた。一九八七（昭和六二）年にはそれをもとに第三者の区社協問題検討委員会による一年間を費やした「区社協の方向と具体的方策について」の答申を受けた。

この答申を活かして区社協の本格的な基盤整備に乗り出し、当面は社会福祉法人格の取得と独立の事務局設置および基礎的な基盤整備への行政支援を主軸に強化方策の具体化に着手した。この間一九九〇（平成二）年福祉関係八法の改正で指定都市社協および区社協が法制化されたことも大きな影響を与えた。その結果、一九九三（平成五）年までに九区すべての区社協が社会福祉法人化を達成した。とくにさきの答申で基盤整備には行政支援を強く打ち出し、その実現のため市区社協役員が市に陳情も行った。その結果、一九九一（平成三）年には一区社協当たり三〇〇万円の基本財産分と三〇〇〇万円の社会福祉基金が公費補助されることになり、法人化達成ごとに直接に財政基盤の支援が行われた。また独立事務局は直ちには見通しが立たず、当面行政財産の区役所の一部を占有する無償賃貸の契約を市長と各区社協代表の間で締結、事務局を確保するに至った。

坂下さんの社協人生では、一九八〇年代前半から十数年間にわたり、旧社会福祉事業法（現社会福祉法）上の変化と市町村社協と指定都市社協および区社協の法定位置づけに関しその動向を注視し、区社協の法人化と基盤整備に積極的に関わり、一定の役割を果たし得た。当時彼は四〇代前半の働き盛りで、知力、体力ともに頑張りがきき、職場の中堅を担っていた。

5　社協でやり残したこと

坂下さんは社協でやり残したことを述べる前に、最近の市区社協の課題を提起する。

第一には、区社協が社会福祉法人として独立した組織にもかかわらず組織・事業や活動・財政構成等が均一的で、各行政区ごとの地域性や独自性に欠けることである。

また役員や構成団体の組織が任意団体時代をそのまま引き継いでいることから、社協組織に活力が欠けておりその結果から機動的な組織運営と新しい風の吹き込みに乏しい状態にあるように思われる。

ついで区社協事務局の所在場所の問題。法人化当初は当面各区役所内におくことになったが、三〇年近く経過したにもかかわらず依然として同じ状態のままである。行政とは一線を引く社協の立場を見える化するためには、当然独立した事務局が必要で、区役所と離れた公共施設や在宅福祉センターなどに置くことも一考である。さらに区社協職員の雇用関係のあり方で、現在区社協・市社協職員同一身分で市区社協の人事交流も盛んである。区社協の独立性から考えると議論の余地がある。

第二には、市区社協の事業のあり方に関する問題。近年市区社協では、市委託や補助事業増加でいきおい財政や雇用職員も増加の一途を辿っている。いきおい社協の神髄の社会調査も疎かになり、問題の発見に始まる広域や小地域の地域福祉活動やコミュニティワークの取組みが弱く、世論を喚起する広報啓発や世論への訴えも弱いと言わざるを得ない。

なお幸いにもかつて坂下さんと業務を担当した職員の多くが辞めることなく、今では市区社協の幹部や中堅の職員として育っているので、諸課題の解決のためには彼らの積極果敢な挑戦に期待するほかはないという。「やり残したこと」どころではない重い課題が山積しているのである。

6　わが社協人生を省みる

三五年間の神戸市社協での社協生活は、坂下さんにとっては最初の社会人生活の職場であり、かつ大学で学んだことを活かす実践の場でもあった。途中何度か落伍しそうになりながらも勢いと惰性でほぼ社協人生を全うした。

第一には、社協人生を通して幅広い知識と多様な経験を体得したことである。

第二には、多彩な人とのコミュニケーションと支援方法を学んだことである。

第三には、社協で獲得した価値・知識・能力・技術を社協退職後の人生に生かすことができたことである。

坂下さんは神戸市社協を定年三年前に円満に自主退職し、神戸市内の女子大学の社会福祉学科の専任教員に転職した。各福祉士の必修指定科目の地域福祉論を担当したほか、援助技術実習指導や実習訪問も担当した。大学では若い学生とともに学び張り合いある一三年を過ごし定年退職した。基本的には悔いなき社協人生と大学教員だったと推察する。

7　おわりに

全国初の社協共募職員のＯＢ・ＯＧ組織の「兵庫県内社会福祉協議会・共同募金会事務局退職会（通称『トアロード会』）の発足主旨等が紹介されるが、紙数の関係で削除せざるをえない。

ただ末尾に「陰ながら心の中では後輩たちに激励のエールを送っている自分がいる」とのメッセージを胸に刻んでおきたい。

第2章　社協らしさを求め続けて　堀田稔報告の検討

1　私の生い立ち

(1) モノ不足の〝団塊の世代〟

① 学齢期

堀田さんは、終戦後の一九四七(昭和二二)年六月、広島の地で生まれた。戦後のベビーブーム出生児約二七〇万人の一人として後に〝団塊の世代〟と呼ばれ、今や二〇二五年問題の〝厄介者〟と揶揄される世代である、とやや自嘲的に自らの世代を特徴づける。とにかく人数の多い中で育ち、通った小学校は全校児童約四〇〇〇人、当時全国屈指のマンモス校だったという。中学校も生徒数が多く、丁度「六〇年安保」で騒然としていた時代。堀田さんは社会科の授業が好きで、担当の先生は新聞を読むことを勧め、社会への関心を高め、複眼的な視点を教えてくれた恩師だったという。高校は自宅から自転車で一〇分の公立高校に入学。このころベトナム戦争が激化していく中で「ベトナムに平和を！市民連合（べ平連）」などの反戦市民運動のうねりが大きくなっていく時代。高校のホームルームでベトナム戦について論議したり、政治や社会への関心を高めて行った時期だと振り返る。時代の申し子ともいえよう。

② 大学生活

ジャーナリストに憧れ、社会学を学びたく立命館大学産業社会学部に入学。大講義室で五〇〇人以上が一斉授業を受けるマスプロ教育の状況、毎回出席をとるようなことはなく、期末試験に合格すれば単位取得、授業は自由に出入りし、私語を注意する必要もなし等々、学生任せの自由放任の状況を記している。当時大きな大学はどこでもそうだった。大学三年後半からの全共闘による全学バリケード封鎖・授業休校、セミナー自主開講と学生同士の論議等についても同様。堀田さんはノンセクトの立場から真剣に大学のあり方、政治、経済、社会のあり方等につき口角泡を飛ばして論議したことは主体性確立に繋がったことだろう。

(2) 社会人一年生 ホテルマンからのスタート

堀田さんの最初の就職先は、地域のホテルを経営する観光会社だった。人と関わる仕事で転勤がないのが理由だったという。華やかに見えるホテル業界も、裏方に回ると「お客様により良いサービスを提供する目的のため協働する異業種協働体制であるが、当時の業界体質は古く、職場の上下関係も古風だった。職場や仕事の進め方に疑問も多く、同期入社六人中四人と共に五カ月で退職。民主主義を学び、学園闘争経験者の若者に勤続は無理だった。

２　社協マンとなる

（１）再就職先が社協

失業中の堀田さんに、伯父（広島市を退職し、広島市社協に再就職していた）から「社協に一人求人があるがどうか」との誘いがあった。堀田さんは社協の予備知識はなく、福祉の事務職くらいの認識、まさか三三年間も勤務し、これくらい社会に必要な組織、仕事は無いと確信するに至るとは思いもよらなかったという。社協知らずの人がやがて社協にとり憑かれていく。社協にはすごい魔力（魅力）が宿っている。堀田さんはその認識力を備えていた。

（２）最初の仕事は貸付事業

①　年金業務からのスタート

堀田さんは一九七〇（昭和四五）年一〇月、広島市社協に入職した。当時は市町村社協の大半が役所の片隅に机を置いて、行政職員が兼務で事務というのが一般的、独立事務所を持つ社協はレア。社協職員も退職公務員ＯＢが大半で、若手職員はごく少数。最初の仕事は、新規事業の「国民年金保険料追納資金貸付事業」、低所得者と接するツールとなる。

②　初めての相談受付業務

初心者の不安いっぱいはよく分かる。衝撃的だったのは、来所高齢者の中に文字の読み書きのできない人が少なからずいたことという。底辺を知らずに育った若者だ。堀田さんにとって初めての福祉の仕事で、決意じみたことを感じたとのこと。福祉の原点に立つことか？

③　県社協初任者研修での出会い

入職二カ月後くらいに広島県社協で市町村社協新任職員研修会が開催され、初めて職員研修会に参加した。研修会の冒頭で、当時県社協組織課の宮本秀夫氏（故人）が社協の現状と課題につき、「社協基本要項」「住民運動」「公害問題」などのキーワードで熱く基調説明を行った。社協は眠れる組織になっている。若い力で組織を覚醒させて欲しい旨の檄を発した。住民運動や公害問題に関心をもつ堀田さんは、社協という組織が自分の関心領域に近い組織だと確認できた研修会だった。そして何よりも宮本氏との出会いが堀田さんに〝社協道〟を歩むスタートとなったという。嬉しいかぎりである。評者も故宮本氏と何度か語り合ったことがある。宮本氏は誠実な人柄で、本質を洞察し、課題解決へ全力投入、協働して取り組む卓抜した社協マンであった。

3　住民主体を具現化する営み

堀田さんの社協人生三三年間は中途二年間を除き事業畑で仕事をし、社協の基盤づくりの時期で、未開拓の分野も多く様々なことに挑戦できる、ある意味恵まれた時期でもあったという。ここではひとりの社協マンとして関心を持ち、関わってきたことなどが整理される。

（1）活動の検証とまとめの作業

堀田さんが入職した頃は、住民の社協認知度は低く、役所の一部と見られたり、行政職員も外郭団体と認識する人がほとんどだった。住民主体を標榜しながら、そのギャップは大きかった。堀田さんはまず取り組むべきことは、社協の認知度、理解度を高めること、そして民間性を強調することだと考えた。広報予算不足の中で住民向けの広報誌やパンフ作成もしたが、より重視したことは、モデル事業や重点事業の活動検証と、まとめの作業の報告書作成だった。彼の所属した福祉課は市社協〝出版部〟を自認し、毎年活動報告書、提言書を作成した。特に重視したのは、行政職員や議員、専門機関職員の人たちで、身近な所から意識啓発を図ることに傾注した。これは堀田さんが社協退職するまで継続して行ったという。身近なところから社協を理解してもらう努力を退職まで傾注し続けたことは、堀田さんならではの息の長い貴重な取り組み努力であり、顕著な功績といえよう。

（2）住民座談会、集いの重視

最近ソーシャルワークで強調される〈アウトリーチ〉の手法は、堀田さんたちの時代の社協では誰もが行っていたという。地域から、当事者からの要請で行くのではなく、こちらから〝押しかけて〟行くことを日常的に行っていた。それは、社協マンとして何をすべきか、地域の福祉ニーズ、当事者の思いや願いを把握するという、必要性があって行う〝仕事探し〟〝役割探し〟

でもあったという。そのため住民座談会、集いを重視した。先ず地域へ行こう!

（3）地域組織化活動の重視

社協らしさの基本は地域を大切に地域にこだわりつづけることだと強調する。福祉制度改革の中で、事業型社協に多くの社協が傾斜して行き、それが社協の大勢となっていった。そんな中で、堀田さんらは在宅福祉サービスを主要事業とせず、介護保険サービス事業にも参入せず、ひたすら地域組織化路線を選択してきたことは、時代の流れに抗する営みだったかもしれないと総括する。政策サイドの社協事業体化路線、つまりは民間・住民〝やらせ〟路線に抗する営みではないか。地域組織化路線を外れた社協はもはや社協といえない。

（4）当事者の組織化、居場所づくり

堀田さんは、在宅福祉サービスを否定するわけではないが、その活動エネルギーを当事者の組織化、居場所づくりに注いだ。当事者との出会い、当事者の抱える問題やニーズから学び、その気づきから社協活動は始まる、という確信に近いものがあったという。当事者の組織化は仲間づくりにとどまらず、地域の中に居場所を作り住民として認知され、メンバーの連帯を強め、生活の質の向上が可能となる取り組みで、専門機関職員との連携を必要とし、行政施策への反映、制度化の道筋へつながる。当事者の組織化はそこまでの展開を必要とする。当事者の組織化なくして、住民主体の社協活動は具現化できず、これが社協らしさの神髄と思って取り組んできたという。仲間づくりに留まらない当事者の組織化の展開方向・内容を的確かつ具体的に提示され、説得力がある。

４　社協に刻んだ小さな足跡

（１）地区社協の育成、小地域福祉活動の推進

①　地区社協の組織化、育成

（一）地区社協に福祉路線を

堀田さんが入職した当時の地区社協は、ほぼ連合町内会と表裏一体で、活動内容も住民の親睦活動が主だった。まず取り組んだのは、なぜ地区社協組織が必要か、それは町内会・自治会とどこがどう違うか理解してもらうことだった。全市四三地区を夜間・休日循環訪問し地区社協役員に説明し理解を求めた。その結果、地区社協不要論は次第に影を潜めていったが、議論の中心は「福祉は行政の責任で、なぜ住民が担わねばならないか」との住民主体論に関わることだった。堀田さんの住民主体重視の考え方は、地区役員との議論の中で培われていったという。地区現場での議論で自らの住民主体重視の考え方を培ったとは心強い。

（二）協議体から実践体へ

地区役員の思いを形にし地区社協の実践機能を強化すべく、（調査）（研修）（広報）の三つの実践プログラムを用意し希望地区社協と協働して行う取り組みに着手。この事業を実施した地区

社協のフォローアップとして、三カ年のモデル地区指定を行い、その成果の普及に努めた。モデル地区社協の成果として①地区レベルで障がい者の仲間づくり、交流の場づくり、②ひとり暮らし高齢者の見守り活動で医師会や保健所との連携など、親睦活動と行事に終始していた地区社協が大きく変貌をとげた。地区社協のペースに即した見事な支援だ。

② 小地域福祉活動の推進

（一） 福祉のまちづくり事業への取組み

小地域福祉活動推進の新たな指針策定 モデル地区方式は、広域で地区数が多く、地域特性が多様な市域社協では限界が見えてきた。一九八七（昭和六二）年、地域福祉計画「市社協地域福祉推進第一次五か年計画」を策定、その中で新たな小地域福祉活動の展開を図るため「共に暮らせるまちづくりを進めるために～地区社協の福祉推進機能の強化をめざして～」の活動指針を示した。

〝モデル地区〟方式から〝全地区底上げ〟方式へ 新たな「福祉のまちづくり事業」として、予め示された活動メニューから地区社協の力量に応じて選択、実施する〝メニュー方式〟で、「一地区社協一福祉実践！」をスローガンに、全地区社協で取り組む〝全地区底上げ方式〟に転換し全市展開を図った。この事業は、〈見守り活動〉〈サロン事業〉〈地区ボランティアバンク事業〉と、現在まで三〇年以上、地区社協の看板事業として現在も取り組まれ、介護保険の「総合事業」に位置づけられ定着している。後輩たちから現在にも通じる先見性が評価されているという。モデル地区方式から全地区底上げ方式への転換、現在への持続的展開は堀田さんならではの優れた地区支援方式だ。

（２）当事者の組織化、社会参加の促進支援

①　障がい児の地域での仲間づくり

（一）見えにくい子どもたち

自主保育「土曜教室」の開設　重い障がいをもつ子どもたちは、地域から遠く離れた養護学校（当時）にスクールバスで通学していた。地域行事にも参加できず、地域に友達もなく、親も地域から孤立状態。土・日曜、春休み・夏の長期休暇には家で寂しく過ごすほかない。「せめて月に一回でも子ども達と保護者が集える場があれば」という保護者の願いが社協に寄せられた。会場提供とボランティアの支援から着手し、障がい児の自主保育活動「土曜教室」の取組みが始まった。

小学校のプールで泳ぎたい　養護学校通学児は小学校のプールで泳ぐことが許されていなかった。「私たちも地域の小学校のプールで泳ぎたい」という子どもたちや親の願いを叶えるべく、地元小学校に交渉してプール開放日を設定してもらい、ボランティアのお兄さん・お姉さんと一緒に楽しく泳ぐことができた。この取り組みも各地に広がり、何よりの成果は小学校や地区社協、民生委員協議会に障がい児とその保護者の存在と関係性が芽生えたことだという。心強い展開だ。

地域で孤立し、排除されていた障がい児とその保護者のささやかな願いを社協が取り上げ、地

の事例である。

域共生への一歩を踏み出した自主保育「土曜教室」開設、「地域の小学校プールで泳ぎたい」の

（二）地域の障がい児と保護者のネットワークづくり

全市的な集い、連絡会の開催　障がい児の自主保育活動が地域で広がりを見せる中、一九八〇（昭和五五）年に市内一五グループに呼びかけ、「地域の障がい児とお母さんの仲間づくりを進める集い」を開催した。初めて市域のグループが一堂に会し相互の情報交換と抱えている問題、課題が話し合われた。この席に教育委員会や行政の障がい福祉関係者も招聘し、行政への要望も多く出された。まさに〝完全参加と平等〟にふさわしい実践であり、これぞ社協の役割と実感した取り組みだったという。

一九八〇（昭和五五）年障がい者年を好機に取り組んだ地域障がい児と保護者のネットワークづくり、そこに関係機関も招聘する、心憎い歴史的快挙といえよう。

障がい児の地域参加が政策課題に　障がい児と親の仲間づくり実践は、県社協の支援もあり県内に広がりを見せた。一九九四（平成六）年に広島県教育委員会で、翌一九九五（平成七）年には広島市教育委員会で調査研究委員会が設置され、堀田さんも運営委員で参画した。そして「養護学校児童生徒の地域活動促進事業」として行政施策化された。二〇〇四（平成一六）年には市立養護学校児童生徒の六割が地域活動グループに所属し、約三〇グループが活動する状況となった。

当事者組織化活動の一定の到達点を示している。

（三）障がい青年の行き場づくりと作業所づくり運動へ

障がい児の保護者達は、養護学校の高等養護部に進級した子ども達の卒後という新たな課題に直面していた。堀田さんは保護者達の取組みを支援しながら、「障がい青年教室」の開設と行政との橋渡しを担った。「障がい青年教室」以降の取組みについて、連絡会では障がい青年の（集団の場）（労働の場）（学習の場）を確保することの必要性を確認し、「作業所」の開設に取り組むことになった。現在市域にある作業所の多くは、この当時に障がい児と保護者の仲間づくり運動に参画した関係者によって設立されたものであり、社協は地域や関係者との調整、行政との連絡調整役を担うことができたという。当事者の主体的取り組みが発展したことにより、社協は裏方で地域、行政との連絡調整役を担い得たわけだ。

②　要援護高齢者の組織化

（一）脳血管疾患等中途障がい高齢者の組織化

一人の高齢者の思いから　一九八〇（昭和五五）年、広島市社協の受託施設、中央老人福祉センターを利用していた、脳卒中後遺症により右麻痺がある一人の高齢女性の「互いに励まし合う仲間が欲しい」という思いから、この取り組みは始まる。病院の理学療法士から退院後リハビリができずに寝たきりになる高齢者が多く、退院後リハビリの必要性を聞いていたこともあり、中区社協と連携して中央老人福祉センターを活用して月二回、リハビリ相談会を開催することにした。一人のセンター利用高齢者の思いを傾聴し、中区社協と連携してリハビリ相談会を開催へ、これぞ社協受託施設の一つのあり方、動き方を示す取り組みといえよう。

地域での自主的なリハビリ教室の開設　脳卒中後遺症高齢者の対象把握とニーズ把握を行うため、(脳卒中生活相談会) を開催、相談会に訪れた高齢者から「一家でどのようにリハビリをしてよいか不安だ」等々、様々な悩みやニーズが寄せられた。早速、理学療法士会と相談し社協事業としてのリハビリ教室を開催することに。健康チェックを中区保健センターに依頼し保健師の派遣を要請した。当時は医療系以外では全国でも稀な地域での自主的リハビリ教室の開設となった。社協の手法を駆使し、社協事業としての先駆的な地域自主的リハビリ教室を創設した。その力量に敬服する。

脳卒中後遺症者友の会の組織化　リハビリ教室の開設に合わせ、楽しく生き生きとリハビリを行うことをモットーに、リハビリ教室利用者を中心に自主組織 (リハビリ友の会) の立ち上げを支援した。メンバーには元板前職人や生け花師匠など様々な技術や知識を持つ人たちが多くいた。友の会は、昔の名人を講師に料理教室や生け花教室、レク活動や社会見学、健康学習などに取り組み、前向きに生きていく姿勢にはこちらも学ぶことが多かったという。脳卒中後遺症でリハビリができず、寝たきりになったかもしれない人たちも、このリハビリ教室に通い、仲間同士でリハビリに励み、友の会活動を通じて様々なプログラムを楽しみ、前向きに生きていく姿の何と素晴らしいことか。当事者、支援者人間同士、共に学び合う関係でありたい。

（二）認知症介護家族の支援

一九八〇（昭和五五）年当時は、介護保険制度もなく妻や嫁の立場にある女性が介護を担い、社会的支援がほとんどない中で孤独に介護を行っていた。とくに認知症介護者は厳しい状況に置かれていた。堀田さんは、家族の会の組織化に関わり、介護体験記の編集・発行、研修会の開催、家族の会の大会などイベントへの援助などを行った。また家族の会と協働して行った会員ニーズ調査により、認知症本人の居場所が自宅以外にないこと、介護家族の休息時間がないことなどが明らかとなった。そこで社協が受託管理していた老人憩いの家を活用して家族の会と協働して「認知症高齢者託老事業」を開始し、当時としては先駆的な認知症高齢者のミニデイサービスに着手した。ここでも一連の介護家族支援と老人憩いの家の活用による認知症高齢者のミニデイサービスに着手した家族会との協働性と先見性、実行力に驚くばかり。

③　父子家庭への支援

（一）父子の集いの開催

ひろしま父子会の組織化　父子福祉法もなく母子会のような組織もない父子家庭は、制度の谷間に埋もれた問題。阿佐南区社協に子育てに悩む一人の父親の相談からこの取り組みが始まった。

同区社協ワーカーからの問題提起を受け、それまで児童問題への取組みの弱さを痛感していた堀田さんは、区社協と協働してこの問題と取り組むことにした。まず同種の問題を抱える父子家庭があるのではと、一九八四（昭和五九）年に「父子の集い」を開催し、毎月定例会を開き、父子家庭の父親が抱える問題を出し合い、相互交流を図っていった。その過程で父子家庭の中でも離別父子家庭は死別父子家庭に比べて、親族や地域からの支援もほとんど無く、〝孤立無援〟の状態にあることが明らかとなった。父子家庭の抱える問題を社会に明らかにし、行政等へ必要な支援を求めるため、県内初めての父子家庭当事者組織として、一九八六（昭和六一）年「ひろしま父子会」を組織した。父子家庭の父親の子育て相談を契機に区社協と堀田さんが協働し、父子家庭仲間の場づくりを経て二年後に当事者組織づくりに成功した。当事者組織化への社協の的確な役割を示す先進典型例の一つだ。

他府県父子会との連携　父子会で父親たちは子育ての情報交換を行い、孤独な子育てから徐々に解放されていったという。まことに朗報ではないか。

同様の取組みをしているところが大阪府枚方市、島根県益田市や京都府舞鶴市、福井県福井市にあり、堀田さんは他地域の父子会と交流してみたい思いが強くなった。平野隆之先生の助言も得て、一九九二（平成四）年にキリン福祉財団の助成を受けて、「クレーマー、クレーマ全国交流会in広島」として開催し、各地からの参加もあり父子会の交流の輪が広がった。この取り組みは父子家庭の抱える問題を広く訴えることができ、また父子会の全国ネットワークづくりのスタートとなった。さらには行政の父子福祉施策への取組みにつながっていった。この広島での取組みはその後一九九三（平成五）年に大阪府社協一九九四（平成六）年に京都府社協、一九九五（平成七）年に福井県社協へと引き継がれていった。広島の取組みが全国的展開に果たした先導的役割は顕著である。

（３）国の方針転換を促した区社協法人化

①　政令指定都市移行に向けて

（一）周辺町村との合併、再編

合併町社協法人化による事務局体制強化作戦　広島市は一九八〇（昭和五五）年、全国一〇番目の政令指定都市に昇格した。市社協としては行政合併までに県社協の支援を受け町村社協を法人化し、事務局体制整備の戦略を立てた。当時法人社協には県単補助と国庫補助の職員設置補助があり、町村社協法人化で二名の専任職員を確保できるからだ。この戦略は広域社協体制整備の第一歩だった。巧みな戦略といえよう。

（二）市域に異例の八法人町社協の併存

行政合併しても社協は存続　行政合併が急ピッチで進む中、県社協の支援で合併町村社協の大半が法人化、存続し、一九七九（昭和五四）年時点で広島市域に八法人町社協が存続した。市社協としても政令指定都市社協としての体制整備に迫られ、市行政と連携、理事会内に法人町社協会長、市社協正副会長、常務理事（市民生局長）で構成する「政令指定都市調査研究会」を設置、堀田さんが事務調整を担当した。「戦略」の遂行については、広島市社協の尽力はもとより、県社協の大所高所からの的確な支援が光っている。

政令指定都市社協としての体制整備　設置された委員会で国、県、市、全社協、県社協など各方面に働きかけを行うこととなり、①市域社協の組織系統を市、区、地区の三段階とする、②法人町社協は相互合併または昇格により法人区社協に総合整備する、③法人町社協職員数は現状を維持する、④区社協事務局は区役所所在地に置くの四つの基本方針を確認した。この基本方針で関係当局と折衝することになる。合意形成は必ずしも容易はなく、現行制度の変更など困難も予想されよう。

② 区社協設立そして法人化

（一）区社協設立

〈区社協法人認可がカギ！〉

区社協設立のネックは旧法人町村社協の法人格の扱いと区社協の法人認可の問題だった。

当時の厚生省は〈一市町村一社協一法人〉が大原則で、一部の例外を除き区社協法人化を認めていなかった。そのような中で、堀田さんは県社協の助言を受け、法人認可担当の広島県や国との調整窓口として全社協地域組織部を通して何度も厚生省に説明に通った。厚生省も広域都市社協の中域での地域福祉推進の推進拠点として区社協設立の必要性と事務局体制整備としての法人化をようやく理解し、正に〝岩盤規制〟を改め、政令指定都市の区社協設立と事務局体制整備としての法人化を認める大転換となった。必要性に迫られ熱意を以て何度も厚生省に足を運んで固い岩盤規制を改めさせたとはまさに画期的な働きである。

〈三方式での区社協設立、法人化〉

厚生省の方針転換を確認し、いよいよ区社協設立、法人化を①地区社協連合方式、②法人町社協合併方式、③法人町社協昇格方式の三方式で区社協の設立、法人化を申請し、一九八〇（昭和五五）年二月に方針変更を打ち出し、申請通り法人化が認められた。一九八三（昭和五八）年に三カ年の活動実績を基に、三地区社協が法人化認可され、全国の政令指定都市で初めて〝全区社協法人化〟を達成することができ、これは一九九〇（平成二）年社会福祉法で、政令指定都市社協の区社協が「地区社会福祉協議会」として法定化されたことにつながる。広島市の政令指定都市移行に対応して、県社協の支援を得て広島市社協が追求した区社協法人化方針が国の方針転換を促しつつ具体化され、一九九〇（平成二）年社会福祉法による区社協の法定化につながった意義は大きい。

5　社協でやり残したこと

市社協事務局体制の整備期に入職し、環境の変化、政策動向に影響されつつ、目覚ましい活動を行ってきた堀田さんであるが、振り返ってみるとやり残したことも多い。問題対策と推進方法から反省の意味を込めて整理してみたいという。

（1）取り組めなかった問題対策

①　子ども家庭福祉問題

多くの社協で高齢者や障がい者の福祉問題に比べ、児童福祉問題の取組みの弱さが指摘されるが、広島市社協でも堀田さんが取り組んだ児童関係と言えば、民間の空き地を活用してブランコや鉄棒などを設置する「ちびっこ広場遊具貸付事業」くらいだった。この事業は遊び場づくりの取組みだったが、遊具設置と安全管理に止まり、地域の遊び場づくり運動をできなかったことは未だに心残りだという。また父子会の組織化支援への取組みはあったが、地域の子育て支援の取組みはできなかった。子育て支援の対象が障がい児に特化してしまったことも、地域への広がりを欠いた要因として反省する。スタッフの分担の有無は？

（2）推進方法、活動展開における反省点

①　地域組織とＮＰＯ組織の地域での協働

（一）地区レベルでは連携できず

社協は地縁組織を中心に地域をベースに実践活動に取り組んできたが、住民参加型在宅福祉サービス団体やＮＰＯ組織は、人やサービスを中心に取り組みを進めており、地域エリアは必ずしも前提ではない。さらに、活動に伴う費用や経費を徴収する有償性などがこれまでの社協活動とは大きく異なる。具体的な実践場面の地区社協では、活動範囲の異なる住民参加型在宅福祉サービス団体やＮＰＯ団体との連携は困難であり、両者の違いを認めつつ相互理解を進めていくことはできなかったという。異質な組織間の連携や相互理解はその必要性の相互認識なしには確かに至難だったろう。

（二）まず区レベルでのプラットホームづくりを

一気に地区社協レベルでの連携は難しいとしても、区社協段階での協働体制づくりが必要であるという。社協こそ、コミュニティ組織とアソシエーション組織の協働体制づくりが可能と思い、地区組織などへの働きかけを行ってきたが具体化には至らなかった。堀田さんは、いくつか理由が考えられるが、①両者の違いを認め合うという〝相互理解〟が不十分、②互いに組織にこだわり、〝対等な関係〟が築けなかった、③協働して問題解決に当たらねばならないという〝課題設定〟と〝必然性〟が乏しかったことなどを反省点として挙げている。うち③が最も肝要な問題点ではなかろうか。それにプラットホームは区社協本位でなく、市社協が主導し、区社協、地区社協およびＮＰＯ等が相互理解と協働課題への論議を重ねた上で地区レベルでの協働と役割を詰めていくことなども必要だったのではないか。

②　住民参画、ボトムアップの地域福祉推進計画策定

（一）実態はトップダウン

堀田さんは一貫して市社協の地域福祉推進計画策定にかかわってきたが、計画策定で最も重要な住民参画で策定することが具体化できず、結果としてトップダウンの計画策定に終始したことは大きな反省だという。その要因は、①計画策定期間が一カ年の期間設定、②次期計画策定では、計画作業が〝更新〟作業と化している、③地域福祉計画（地域福祉推進計画）の内容が社協強化計画と同化していることなどを要因に挙げている。これだけでは要因を確定し難いが、最初に何のための計画策定か、とりわけ住民参画、ボトムアップで計画策定することを策定委員会全員で意思統一すること、委員にどれだけ住民代表、当事者代表が占めているのか、いかにボトムアップするのか、住民懇談会とのフィードバック等々を論議し、煮詰めておくことが必要となろう。事前にボトムアップに向けての原案を事務局で十分論議してまとめておくことも当然必要だろう。

（二）なぜ積み上げができなかったか

広島市社協では三層構造の計画策定を構想した。〈地区社協計画〉が、〈区社協地域福祉活動計画〉に集約され、それが〈市社協地域福祉推進計画〉に集約、反映されねば三層計画の意義はない。住民参画、ボトムアップの計画策定には、地区レベルでの策定支援を徹底して行う必要があり、計画策定できるスキルを社協職員が習得することが不可欠という。さらに、住民と共に地域の福祉問題、住民ニーズを明らかにし、それを共有し計画的な取り組みの重要性を住民に認識してもらう、地道な取組みなくしては、ボトムアップの計画策定は不可能だと思い知らされたという。その通りだ。

6　我が社協人生を振り返って

堀田さんは一九七〇（昭和四五）年に社協入職、二〇〇三（平成一五）年まで三三年間在職した。五五歳で地元の大学に転職、それ以降も市社協地域福祉推進計画策定委員や総合企画委員会委員として現在まで、市社協との関わりは途切れることなく継続している。〝職員〟としての社協と〝委員〟としての社協の、立場を変えて関わることができる幸運に恵まれているという。社協人生を「社協の中での自分」「自分の中での社協」に分けて振り返り、終わりに後輩へのメッセージを送ることとしたいという。

(1)　地の人、木の人、風の人

残念ながら社協は、行政と財政、人事の面で完全に自主独立の民間団体になりきれない現実がある。社協の職員構成は当該自治体からの退職職員と派遣職員、そして少数プロパー職員の〝三種混合〟の組織が一般的だった。その組織体制の中で〝社協らしさ〟を求め具現化していくことは大変難しいことだった。堀田さんの経験の中から思うことは、古参プロパー職員は組織基盤をより強固に滋養豊かに若手を育てる（地の人）であり、そこから若手プロパーが育ち次代を担う（木の人）として社協を発展させる原動力に、そして、そのプロパーを、派遣職員や高齢退職職員が社協以外の経験知や実践知で揺さぶり鍛える（風の人）と役割を分けて考えてきた。堀田さん自身は、その中の（地の人）の一人としての役割は果たせたかと思うという。よく考え抜かれた現実的・建設的な社協内の職員役割論といえよう。その場合、行政からの派遣職員や高齢退職職員も社協らしさの具体化を真剣に希求する大切な仲間であることが条件となろう。プロパーの仲間づくり、団結、闘いを要する場合もあろう。

（2）自分を鍛え磨く社協組織

社協の仕事くらい生活そのもので地域に密着した仕事は他にない。このような仕事、職場で過ごせたことは何と貴重で幸運であったことだろうという。住民座談会の後、地区役員と、居酒屋での戦時の話や地域愛を語る話の中に人生そのものを学べた。当事者の怒り、悲しみ、求めを聞くことで、福祉に携わる者として、社協マンとして、考え取り組まなければならない課題を直接学べた。最近の社協事務局を見ていると、黙々とパソコン画面とにらめっこ、職員同士の会話もあまりない。忙しくて地域に出る暇もない？と嘆く職員の多いこと、専門分化した業務をセクションごとに処理しているとすれば、社協事務局内でプラットホームづくりが必要では等々、嘆かわしい様子。堀田さんは、当事者、住民・市民から学んできたことが、社協マンとしての自分、そして今の自分を形作ってきたと思っていると断言する。後進に社協の魅力を伝えたい思いが溢れている。

（3）後輩へのメッセージ

終わりにこれからの社協を担い支える若手社協マン・ウーマンに期待を込めてメッセージを託し今後の健闘を祈りたいという。以下紙数の関係上その項目のみ記す。説明文は是非報告本体を参照されたい（評者）。

①　相談事業、直接事業の中から地域へ
②　調査なくして活動なし
③　組織内プラットホームから始める
④　組織としてのジェネリックソーシャルワークを
⑤　個人ではなく組織としての専門性を
⑥　（組織化）（地域化）（福祉化）（計画化）を行動規範に
⑦　地域組織を足場に、地域組織の支援、政策提言を
⑧　行政とのパートナーシップを大切にする
⑨　地域福祉活動計画は行政との“約束手形”
⑩　政策提言機能を果たさなければ単なる〝下請け機関〟

［第3部］市町社協の部

第1章　地域住民と共に確かな一歩前を目指して

中野孝士報告の検討

1　社会福祉への胎動

中野さんは、北海道釧路市生まれ「団塊の世代」である。両親は富山県人で釧路市に渡り水産加工所を経営し、苦労しながら四人兄弟を育ててくれた。父は養子。育母が富山に居たので幼児期、小学生まで、春、夏、秋は釧路で過ごし、冬に富山に戻る生活史。中学生に入ると転校せず、冬季は兄と共に親戚のお世話になった。高校は工業高校（電気科）に進学。勉学よりバスケットボールに熱中する青春時代。兄が進学し、自分は親から独立する意志で東京の木材会社に就職。寮生活だった。そこで少しの知的遅滞とアル中で孤立していたAさんと出会い、借金を背負い働く彼を支援した。借金を返済し故郷（十勝）に帰省させ得た。しかし、生活規制も多く窮屈な生活だったのか、元（借金生活）に戻ってしまった。この経験を含め社会人三年目に、教育学と社会福祉を学びたく、半年の浪人生活をへて日本福祉大学に入学した。夜間生であり製造業、セールスマン、日雇労働者、電気工事等の多くの職場経験をした。後に、福祉活動での貴重な経験財産となった。大学時代では「何のために学ぶのか」「科学とヒューマニズム」を基盤に精力的に勉学した。社会福祉よりも教育に関心があった。教育発達論をベースに広い視野と洞察力を習得できたと思う。さらに、ハンディキャップを持ち学ぶ仲間との出会いと交流があり、ノーマライゼーション理念を感性で体験できた。大学時代は、友人づくりと生きる素材を蓄積した。単位不足になり、養護教員資格を得るため卒業に五年を要した。

中野さんの生育歴のタイトルは「社会福祉への胎動」とあるが、幼児期、小学生まで冬は富山で過ごし、中学生に入ると冬季は兄と共に親戚にお世話になった。これらのことはタイトルとどう結びつくのかその要因が分かりにくい。「胎動」と明らかな結びつきの一つは、就職した木材会社の寮生活で出会った少しの知的遅滞とアル中で孤立し、借金を背負い働くAさんを支援したことだろう（支援は成就しなかったが）。「胎動」のターミナルは、支援の経験を含め社会人三年目に教育学と社会福祉を学びたく日本福祉大学に進学したこと。社会人学生、夜間生として実に有為な諸経験を積み、大学生活を全うした。

2　社協活動への第一歩

志した教員試験に不合格、釧路市に戻り自営業を手伝いつつ、養護教員への狭き門の再挑戦中に、釧路市社協で臨時職員の募集があり、軽い気持ちで面接に行った。正直、社協や地域福祉への関心は薄く腰掛けの気持ちが第一歩だった。

一九七七（昭和五二）年六月、中野さんは社協入局（福祉専門職）した。事務局は市役所の福祉部に間借り。事務局体制は六名、生活支援と敬老大会等の行事型社協だった。主務は、ボランティア活動を担い、社協全般の仕事に関わっていた。この時期は、ボランティア活動が点から線となるボランティア連絡協議会が結成される創設期だった。会場確保、研修の取組み、市民啓発パンフ作成等、ボランティア仲間と共に、釧路市の福祉のまちづくりについて、熱く語り合い奔走していた。やがてボランティア活動が大きく花開き、社協活動と協働する地域福祉の担い手になっていった。そうして、気づけば社協活動に熱中する中野さんがいた。これが社協への第一歩であった。面接の際、社協や地域福祉への関心は薄く、腰掛の気持ちだった中野さんが社協活動に熱中！ 何と喜ばしいことではないか、終わりよければすべてよし、いや初めよければすべてよしか？ 中野さんは、これが社協への第一歩と証言している。それを促したものは、ボランティア活動が大きく花開き、社協活動と協働する地域福祉の担い手になっていったことだろうか。もう少し具体の活動状況の説明がほしい。もし行事型社協のままならば中野さんはいなかったかもしれない。やはり日本福祉大で学んだことが役立ったのだ。

3　社協で歩き続けた足跡

中野さんの社協での足跡は三二年間に亘り、膨大な実績が山積している。その主要な事項について、一九八〇年代から見ると、一九八〇（昭和五五）年釧路市の障がい福祉都市宣言、翌一九八一（昭和五六）年国際障がい者年を契機に社協は「市民ふれあい広場」事業や「釧路湿原車いすマラソン大会」等の諸事業を展開、障がい者の社会参加の拡大とボランティア活動や市民参加の場の拡大で、社協がノーマライゼーション普及・啓発に果たした役割は極めて大きかったと自負する。

同一九八一（昭和五六）年、福祉行政と民間福祉の協働を目的に、地域福祉の拠点として全国初の釧路市総合福祉センターが設置され、運営は社協が担い、民間福祉団体の事務局も行政から独立した。社協活動拠点の確立により地域福祉、在宅福祉への挑戦や、一層の行政支援体制確立、各種事業の拡大と事務局体制の整備強化が実施された。以後は絶えず新しい道なき道にチャレンジが始まり、幾多の課題を抱え「歩きながら考え実行していく」こととなった。

一九八二（昭和五七）年、社協組織基盤強化を目的に財政増強計画による「社協会員会費制」創設と「社協運営基金」造成等の自主財源確立運動を展開。社協が自主性・主体性を発揮する必須事項であり、社協活動の協力者の拡大をめざすものであった。

一九八三（昭和五八）年、釧路市家庭奉仕員派遣事業を受託、本格的な在宅福祉を担った。社協が現場（ケース）を持つ意義は大きい。個別の生活課題から地域福祉課題になる岩石を知り、課題解決に知恵を出す必要が生まれた。また福祉の人材発掘する契機となった。

一九八四(昭和五九)年、釧路勤労身体障害者教養文化体育施設(全国二番目)を事業受託。車いすバスケット、同アーチェリー、同ダンス等が誕生し、パラリンピック金メダリストも誕生した。

本格的な高齢化社会を前に、道社協主催ヨーロッパ視察研修(スウェーデン・オランダ・ドイツ・イギリス)に参加する機会を得た。在宅福祉の展開、住居や文化との関わり等を学び、中野さんにとって大きな示唆と知的財産となった。

一九八七(昭和六二)年、国のボラントピア事業の指定を受け、ボランティアセンター機能充実に着手、ボランティア講座等を通じてグループ組織化、新たに福祉教育推進や企業等の社会貢献活動(フィランソロピー)等の時代要請の芽を育てる契機となった。

一九九〇年代:一九九二(平成四)年、訪問入浴車の寄贈を受け、ホームヘルプ事業と連動する訪問入浴サービス事業を受託。同年、「ふれあいのまちづくり事業」指定を受け、住民参加で問題解決型の総合的な地域福祉活動を大きく展開。この事業では「釧路地区障害老人を支える会」と社協、ボランティア、保健師等の専門職との連携・協働とネットワーク形成による、認知症家族を対象に、住民参加型の「わたぼうし託老(ミニデイサービス)」を全市的に展開。また町内会を母体に地区社協の組織化を図り新たな小地域福祉ネットワークづくりを促進する契機となった。住民参加による地域福祉の基盤づくりの促進を実施した。

一九九三（平成五）年、国の十カ年計画に基づき、釧路市高齢者保健福祉計画が策定され、この計画で社協は在宅福祉サービス事業の活動支援が評価され、整備計画の三本柱①ホームヘルプサービス事業②在宅介護支援センター事業③デイサービスセンターが、社協に事業委託された。地域住民の生活に密着する在宅福祉サービス事業の最前線を担い、地域特性と住民参加による事業展開が求められたという。

一九九五（平成七）年、在宅介護支援センターとデイサービスセンター（従来のD型、E型）機能を持つ地域拠点施設二カ所が開設され、翌一九九六（平成八）年、同施設一カ所を加えて三カ所を受託。加えてホームヘルプサービス事業も、利用者増員に伴いヘルパー増員とサービスの質の向上・効率的運営を図るため、ホームヘルパーステーション（本部含め四カ所）を設置。これにより、地域型拠点施設として、在宅サービスの総合力を発揮することに。社協の住民福祉活動やボランティア活動、当事者団体等支援活動と結合する社協運営体制を強化しつつ、総合的な地域福祉の事業展開を目指すことになったという。

同年、ゴールドプランの「北海道地域介護実習普及センター事業」を道社協よりブランチ委託事業として開始。釧路地区に二地区を加える広域事業。介護の社会化、介護技術の普及・啓発に大きな役割を果たし、生活リハに基づき介護の質の向上に寄与した。同年、「社協全国会議」が釧路市で初めて地方開催された。

一九九七(平成九)年、在宅重度介護者を支援すべく、二四時間巡回型ホームヘルプ事業を試行錯誤しながら実施。在宅ケアの確立と挑戦を合言葉に、社会的使命感を以て、利用者を尊重しサービス供給体制を拡大する運営努力を重ねたという。

介護保険制度導入前に、住民福祉活動、ボランティア活動に加えて、在宅福祉サービス提供を含めた総合的な地域福祉の確立に向けた基盤整備と事業展開を積極的に展開したと自負する。

社協発展史の原動力の一つは、行政とのパートナーシップ形成だったという。社協は、非営利団体として、地域の福祉課題に対して住民福祉参加を促進し解決する役割がある。行政からの指示でなく、地域住民福祉ニーズと「福祉現場」が必要とする諸課題に基づき、社協が実施した方がよい事業を選択してきたという。また、事業運営体制は、活動理論や体制整備も重要だが、先ずは行動力と実践活動を優先した。その意味で、歩きながら行動し考えることになったという。地域課題や問題があるからこそ、利用者や住民が協力してくれる原理があり、職員も事業を通して創意工夫や知恵を出し改善点や社会的使命を以て仕事を展開する姿勢が形成されていったという。社協職員は、在宅福祉サービスを担う現場スタッフを含めて二〇〇名を超える体制になり、介護保険制度を迎えたという。

二〇〇五(平成一七)年には行政合併(釧路市、阿寒町、音別町)に伴い、社協も合併協議会と幹事会を設置、組織、事業、財政、事務局体制等を協議、調整し、社協合併を果たした。地域福祉体制の維持・発展の契機となった。事務局は二八二名体制に。

二〇〇六（平成一八）年、「地域包括支援センター（六）」の一つを担うことに。行政との連携で地域の社会資源情報提供や調整を含め他の地域包括支援センター基盤形成の支援・連携に努めた。

二〇〇八（平成二〇）年、行政「地域福祉計画」に対し地域懇談会の協働等を含め積極的に参画し、社協地域福祉実践計画と連動する計画策定となった。加えて、地域密着型サービスの夜間対応型介護事業に着手。在宅で安心して暮らせるシステムを発展させる使命に挑戦し続けた。

二〇〇九（平成二一）年三月に定年退職を迎えた。絶えず新たな課題に向かって挑戦し続けた足跡であった。社協活動最前線からバックアップする立場になり、三二年間を閉じた。

中野さんの三二年間の社協の足跡は凄いと唸らせる。とくに一九八〇年代以降、社協活動として住民福祉活動やボランティア活動を大切に推進しながら、行政とのパートナーシップの形成に努め、信頼を得て在宅福祉関係を中心に各種の施設・サービス事業を次々と受託、遂行していく。つねに事業受託と社協活動を結び付け、国の事業指定を活用し、ボランティア活動、住民参加の輪を広げて総合的な在宅福祉、地域福祉の発展を追究している。その根本理念は、住民が安心して暮らせる地域社会を公民協働で築き上げることにある。そのため、つねに新たな課題に挑戦し、歩きながら考える中野哲学がある。

4 熱い思いを込めて創造した行政とのパートナーシップの構築と発展

行政とのパートナーシップの形成については、前節の事業委託の数々をとってみても明らかだが、本節の事業記述と重なる場合が多く、ここでそれらの紹介は割愛せざるをえない。ただ、一般的には行政の財政や人事による社協支配に悩むところが多い中で、釧路市社協の場合は、行政とのパートナーシップの構築に成功したレアなケースといえよう。そこで本節のタイトルに心を砕いた中野さんの文章を紹介しておきたい。「社協と行政は、地域の福祉課題に対して一緒になって取り組み続けている。行政のお荷物にならず、新たな福祉課題に対して半歩先を心がけ、信頼と支援によるパートナーシップを大事にしている。……私の前まで八代の事務局長を迎えた。福祉部次長の立場で知力や行政調整を図り大きな功績を残してくれた。様々な部長職に昇格され社協応援団として支えて頂いた。それほど、行政から社協は期待され大切にされたと感じている」。

(1) ホームヘルパーの輝きと在宅福祉サービスの戦略

市社協の発展史にホームヘルパーの果たした役割と活躍は極めて大きかったという。

釧路市の家庭奉仕員制度は、母子家庭の就労支援を含めて老人福祉法制定の前年度から開始された。

家庭奉仕員（八名）は定年を迎え新たなシステムに変更するか岐路に立っていた。行政の労使協議を経て、家庭奉仕員の配置転換により段階的（三年）に、行政役割を維持しつつ社協へ移行方針が示された。

社協雇用の定時ヘルパーは、子育てを終えた主婦中心で社会貢献ができる職種として、多数の応募があり、採用倍率五倍超の状況が続いた。採用時研修は二級ヘルパー資格取得を実施、資質向上に努めた。事業運営は、班チーム編成（七名程度）により、自宅から派遣世帯へ直行直帰。定例会（週一回）で業務報告、派遣調整、新規ケース、困難ケース対応等を行い効率的運営に努めた。活性化に向け、班編成替え（年一回）と派遣世帯替え（年二回）を実施。資質向上のため全体研修、期別研修（経験年数別）、宿泊研修や外部研修派遣など創意工夫を図った。社協ホームヘルパーは、利用者、関係者から高く評価され、誇りをもって業務遂行に当たった。行政直営では老人世帯、身体障害者世帯で四八世帯派遣が限界、社協定時ヘルパーにより一〇年後に、派遣世帯は約三〇〇世帯へと体制強化された。訪問入浴サービス事業もヘルパーで担い、以後専門チームに引き継いだ。ヘルパーも一〇〇名体制になった。次に介護支援センターならびにデイサービス拠点施設にヘルパーステーション（四）を併設した。

さらに、介護保険制度導入前、在宅重度介護者への早朝ケア、睡眠前ケア、深夜ケア等の介護ニーズに対応した。利用者ニーズをベースの挑戦だった。主婦中心のヘルパーが熱意と使命感で「二十四時間巡回型ホームヘルプサービス」事業を開始できた。専門チームを全体がバックアップする体制を構築。主婦パートで出発した社協ヘルパーは、介護職の専門職員になっていた。スキルアップして介護福祉士、介護支援専門員の有資格職能集団に変化発展していた。介護保険制度開始の直前で、サービス利用者は五五〇世帯を超え、ヘルパーは一五〇名を超えた。

介護保険制度の対応で居宅訪問介護事業者指定の運営体制を整備。介護支援専門員を兼務した主任、サービス責任者の配置（常勤職員増員）等を含めて内部登用で人材確保ができた。介護保険制度移行での激務を含めて社協の使命感と役割を発揮し頑張ってもらった。人材育成により制度定着への貢献は誇りとなった。

以後も、地域密着型サービスの夜間対応型訪問介護事業へも挑戦し続けている。現在は、介護職員の人材確保難で体制を縮小しつつも、社協らしい居宅訪問介護事業に誇りと使命感をもって事業運営を継承している。一人ひとり違う人生に対応する能力を発揮しつつ、自己研鑽と利用者から学ぶ姿勢を維持するホームヘルパーに、今も共に課題を共有した仲間に深く感謝していると結ぶ。

まこと釧路市社協のホームヘルパーは、社協発展史の担い手であり、中野事務局長の優れた運営方針のもと、社協らしい在宅福祉サービスを誇りと使命感を以て担い、その発展を推進し、そのためにも資質向上と自己研鑽に励み、一人ひとりの利用者に寄り添い、ニーズ対応しつつ学ぶ姿勢を堅持している。きわめて資質の高い職員集団であると感服した。

（2）「たんぽぽの会」と共に築いた地域福祉

中野さんは、地域福祉の重要性を当事者団体から学び積極的な支援と事業協働を実施したという。

在宅福祉の不十分な時に、当事者団体の必要性、認知症への正しい理解促進、福祉施策への要望・提言を目的に一九八五（昭和六〇）年「釧路地区呆け老人を抱える会」が発足した。呆け老人を抱える方々に活動拠点と支援を要請する声に応え、総合福祉センターを当事者団体の例会、活動拠点に提供した。役員と顔見知りになり、社協の「在宅福祉フォーラム」等で実態報告や課題提言してくれた。ゴールドプラン三本柱を中心に社協も最前線で頑張っていた。加えて地域福祉の推進が必要なので「地域福祉講演会」をたんぽぽの会、精神保健協会、社協で協働事業として開始。講師確保、参加者の呼びかけ等、当事者の活動エネルギーは素晴らしかった。その結果、地域福祉の必要性、認知症への啓発等の事業目的を浸透することができた。現実は厳しい課題が山積なのに、明るさと笑いに満ちた姿に感動した。一九九〇（平成二）年、名称を「釧路地区障害老人を支える会（たんぽぽの会）」に変更された。同年に「介護者リフレッシュ事業」を共催した。留守中のケア確保調整、介護者に代わり移動、排せつ、入浴、睡眠等の介助は、スタッフ（保健師、社協職員、ボランティア等）が悪戦苦闘して担った。準備から当日運営まで、貴重な学びと経験をさせてもらった。介護者には笑顔と社会が介護を支える支援への少しの光明が灯されたと信じているという。

一九九二（平成四）年、社協は「ふれあいのまちづくり事業」で、地域福祉の総合的な展開を目指した。ニーズ把握と地域支援を図るため「ふれあい福祉相談センター」に介護相談を加え、たんぽぽの会に担ってもらった。またたんぽぽの会の「わたぼうし託老」に行政と社協が参画し協働事業に発展させた。デイサービスが少なく重度介護者の行き場がなかった時期に、重要な役割を果たした。実施三地区、年一〇回開催に拡大を図り、利用者が一地区三〇名で約一〇〇名近い方々に在宅支援ができた。運営主体は、たんぽぽの会が利用者に寄り添った温かい企画に満ちていた。送迎介助、食事作り等々、多くの地域ボランティアと専門職が参加し、住民参加による在宅福祉の充実・拡大に繋がった。わたぼうし託老は、介護保険制度前まで継続。たんぽぽの会は、認知症の方が冬季に徘徊し亡くなるなど悲惨な経験をもとに、関係者の協力をえて「徘徊老人ＳＯＳネットワーク」を全国に先駆けて形成した。さらに、若年性認知症への取組み、社協と連携で学校や地域で「絵本コンサート」を開催、認知症の啓発活動を展開。当事者団体として、輝かしい実績と誇りを築いている。

社協は、当事者団体と事業協働し、在宅福祉への道程を市民と共に築くことができた。また、地域課題に対して、住民参加型の地域福祉を展開する大きな契機となった。社協は、先駆的事業を支援・協働して、行政や地域住民の橋渡しとなる役割を果たした。

前半の一九八五（昭和六〇）年「釧路地区呆け老人を抱える会」発足以降、当事者団体と社協の支援、在宅福祉や地域福祉推進への協働活動が展開されて行ったことがまず見事である。そして後半の一九九五（平成七）年「釧路地区障害老人を支える会（たんぽぽの会）」に名称改称以来、同年社協共催で「介護者リフレッシュ事業」を実施、一九九二(平成四)年「ふれあいのまちづくり事業」で「ふれあい福祉相談センター」に介護相談を加え、たんぽぽの会が担った。そしてたんぽぽの会の「わたぼうし託老」に行政と社協が参画、協働事業に発展。運営主体たんぽぽの暖かい利用者サービス企画に多くの地域ボランティアと専門職が参加。まさに住民参加の在宅福祉活動の展開である。

たんぽぽの会「徘徊老人SOSネットワーク」の全国先駆け、若年性認知症の取組み、社協と連携して認知症の啓発活動等々、当事者団体の優れた主導性に敬服する。そして、こうした先駆的事業を支援・協働し、行政や地域住民の橋渡しを担った社協は重要不可欠の存在として認識しておきたい。

5　後輩へのバトンタッチ

中野さんが社協を退職して一〇年が経過した。退職時にも課題は山積だった。後輩達は、継承し新たな発想で地域住民の福祉力を生かし権利擁護と成年後見制度のシステム等を形成して頑張っている。ただ、地区社協を全市に設置できなかった。地域福祉を推進するために社協・連町・民協三者懇談会や地域福祉リーダー養成講座、地域福祉講演会を継続しながら地域福祉の種を蒔き耕してきた。地区社協は、地区連町を基盤に促進したが、組織に組織を重ねる難しい課題だった。未組織地区も単位町内会の福祉クラブ等の地区割により活動がバラバラだ。地域福祉を推進するためにも、再編成の必要がある。地域福祉計画策定で地区エリア整備を課題提起してあるが未解決だ。町内会活動や老人クラブ活動が岐路に立つ現状も含めて地域福祉の課題は大きい。その意味で地域包括支援センターエリアを起点に、再編成されることを期待する。また、専門職として質の高いコミュニティワーカーの育成と配置が重要と思っている。

もう一つは、介護保険事業者連絡協議会（仮称）の未結成である。介護保険制度は、公共性と公益性を高めて発展させる必要がある。民間事業者等参入は、サービスの活性化を図るが、経営優先の傾向も含む。採算性と人材確保が難しい分野は手薄になりやすく知恵と工夫が必要だ。夜間対応型訪問介護事業でも社協だけで支えることが難しくなりつつある。地域包括ケアシステムでも、行政と連携し介護事業者が公共性を維持・発展させるためにも情報交換とシステムづくりに寄与して欲しいと願っている。以上が中野さんの、後輩達へのバトンタッチを望む課題である。

6　生涯をかけた仕事を終えて

中野さんは、社会福祉の構造転換期の時代に、社協の地域福祉の展開に関われた。その意味で恵まれた環境だったという。社協に腰掛入局したのに、ボランティア活動、障がい者運動、在宅福祉の創設、介護福祉制度の創設期、発展期、さらに地域福祉の発展を最前線で、道なき道を開拓し、使命と誇りと感謝を今も抱いていると述懐する。

中野さんは、社協活動を通じて、四代の社協会長をはじめ、多くの関係機関・団体の方々から社協活動への理解と協力を頂いた。地域福祉、在宅福祉で関わったボランティア、地域住民、利用者と家族の方々から事業や実践活動を通じて多くを共有し現場から学んだ。また、道社協の仲間から温かい支援を頂き、情報提供と学識者の紹介、先進地視察研修等を通じて視野と見聞を拡げる機会を得た。学識者から、社協フィールドを基盤に多くの示唆と共に研究助成等の支援を頂いた。きっと地域福祉の確立に挑戦し続けた評価だったと思うという。

中野さんは、改めて福祉は人なりを痛感する。個人として人的な財産を築くことはもちろんのこと、社協として、現場を知りそこで頑張っている人々とネットワーク形成を維持できる組織力が必要だと思う。社会資源を生かす社協の中でも人的資源は中核を占めると思う。

最後に、社協の特性と機能・役割は、住民主体で地域福祉を築くことである。戦後に誕生した社協は諸先輩の苦難の道を引継ぎ今日に至っている。時代の変化の中で、社協の果たす役割と期待は変化するが、行政的な側面を内包しつつ固有の特徴を発揮する。外部環境と内部環境を的確にとらえ、地域福祉の推進を続けて欲しいと願う。

現在、地域包括ケアシステムと地域福祉の在り方など課題はあるが、地域福祉を踏まえて、地域に根差して生活を豊かにする福祉文化を築き、社協伝統をさらに深めて欲しいと願っている。

以上が中野さんの「生涯をかけた仕事を終えて」の回顧と信念、そして後進に託す願いである。

第2章　社協の出会い、そして今　　岡野英一報告の検討

1　福岡で生まれ育ち、京都で暮らす

岡野さんは福岡市の生まれだが、幼い時は祖父や父が炭鉱関係の会社に勤めていた関係で、一時期、福岡県の筑豊地方で暮らしていた。国のエネルギー政策の転換で石炭産業は急速に衰退の一途を辿っていた時期だった。祖父が会社の役員だったため、当時幾度となく労働争議が起こり、岡野さんの住んでいた家は毎日のようにデモや糾弾の嵐に見舞われ、その度に母は私を抱いて逃げていたと聞かされていた。ピラミッドのようなボタ山の風景は記憶の中に強く残っている。高校生までは福岡市（中央区）に居住していた。福岡という町は明治期に博多と福岡が合併してできた都市であり、博多は江戸時代から商人の町として栄え、「どんたく」や「博多祇園山笠」等の祭りも盛んで派手なのに対し、福岡は黒田五二萬石の城下町として威厳をもった地域だったという。岡野さんは福岡のまちに育ったが、昔からの気風か、どことなくよそよそしさもあった気がする。

そうした中、一九七〇（昭和四五）年に同志社大学文学部社会学科社会福祉学専攻に入学した。

この年は、大阪で万国博覧会の開催をはじめ、「よど号」ハイジャック事件、作家三島由紀夫の割腹自殺等があり、高度経済成長期の終焉を迎えつつある時代の中で、記憶に残る出来事が多く起こった年でもあった。当時、大学においては試験の期間を目前にするとバリケードストライキで、学生生活において試験を受けたのは半分くらいではなかったかと記憶している。岡野さんもご多聞に漏れず、労働者階級の広がりや社会変革のあり方について熱く議論し、様々な影響を受けた。

そうした中、当時同志社大学に赴任した井岡専任講師のコミュニティオーガニゼーションの講義を受け、そのダイナミズムや面白さに段々と惹かれていくようになっていった。井岡講師からは講義のほか、京都府三和町（現福知山市三和町）や神戸市長田区苅藻地区（現真野地区）等に同行し、地域懇談会や地域リーダーのインタビュー等、貴重な体験を得た。そのときこの体験がその後の人生に大きな影響を与えることになるとは露ほども考えていなかった。

岡野さんは、真面目な学生で、講義も熱心に聴いてくれた。とくに都市・農村の現地訪問には高い関心を寄せた。評者も、岡野さんが後に優れたコミュニティワーカーとなり、事務局長を勤め上げ、龍谷大学の特任教授になるとは、当時予想もつかなかった。

2　私と社協の出会い

岡野さんは、一九七四（昭和四九）年の学部卒業と同時に、同志社大学大学院文学研究科社会福祉学専攻修士課程で二年間の大学院生活を送ることとなった。それは、コミュニティオーガニゼーションの理論をさらに学び、当時語られ始めた「地域福祉」を日本に根づかせていくことが、次代の日本を築く礎になると思ったからという。

しかし、現実の大学院生活は思うに任せず壁に直面、何とか社協の実践現場で働いてみたいと考えていたところ、京都府宇治市社協で職員採用の話があり、一九七六（昭和五一）年に入職。実際に社協現場に入ってみると、コミュニティオーガニゼーションの専門機関というよりは、行政にとって「なんとなく設置しなければならないので設置した」、期待感の薄い職場ではないかとの感覚を抱かざるを得なかった。岡野さんは、事務局長（元市職員）、専任職員（会計担当）に続く第三番目の職員として採用されたが、コミュニティオーガニゼーションの旗手と思い込んでいたイメージとは大きくかけ離れた、牧歌的雰囲気の職場だった。

ボランティアセンターの開設式が市民会館で行われることになり、事前研修として参加が求められた。その際「これからボランティアセンターを任す」と当時の事務局長から言い渡されたが、三〇～四〇名のボランティア志願者が来場し、大阪市立大学の柴田善守先生のお話を伺った後、それぞれボランティアを志す気持ちの交流が行われた。柴田先生のお話で思い出すのは、「ボランティアは民主主義の学校」であると述べられ、ボランティアに対する認識を新たにしたことだった。

そうして四月一日から正式に市社協の職員として働くこととなった。当時の市社協事務局所在地は、「市役所分庁舎」というものの、旧郵便局を改造した建物で、淀川木津川水防事務組合、山城学校建設公社と同居し、事務機器を貸し借りするなかでの業務遂行だった。

最初の三カ月間は会員募集、資材の準備と地域の民生委員や自治会・町内会長宅への会員募集、資材の配達、集まった会費をいただきに回ることから始まった。その中でも特に時間を割いた仕事は、会員の個人カードに会員会費納入済みの確認印を押す仕事だった。当時で二万数千の会員の確認作業は思いのほか労力を要する仕事だった。

当時の市社協は国庫補助に基づく補助金以外の人件費補助はなく、その分、会員会費の重要性は高く、当時の事務局長からは「給料をもらいたいなら会費を増やせ！」と発破をかけられていた。幸い当時の社会状況は今日と違い、年ごとに会員は増加し、会費の額も嬉しくなるほど延びをみせ、意欲も高まっていく日々であった。

岡野さんは、大学院修士課程社会福祉学専攻を修了し、社協実践現場で働きたいと考え、一九七六（昭和五一）年宇治市社協に入職した。実際の社協現場はコミュニティオーガニゼーション機関とは程遠く、旧郵便局を改造した事務所に他団体と相部屋、社協職員は事務局長（市ＯＢ）と会計担当専任の二名だけ、岡野さんを入れて三名。岡野さんの初仕事は事前研修として一九七六(昭和五一)年二月市社協ボランティアセンター開設式に参加、四月一日から正式職員になった。最初の三カ月間は会員募集資材の準備と地域民生委員宅、自治会・町内会長宅へそれらの配達、集まった会費の回収、二万数千人の会員個人カードに会員会費納入済み確認印の押印作業等であった。社協はコミュニティオーガニゼーションの旗手とのイメージはまるでなく、岡野さんはさぞがっかりされたのではないか。会員増加と会費額の延びは意欲を高めたようだ。

3 社協で自分が刻んだと思える足跡

市社協ボランティアセンターは、一九七五(昭和五〇)年度から国が社会奉仕活動センター補助金制度を設けたことで市社協に設置されたものだった。当時、岡野さんはこの国の政策は、一九七三(昭和四八)年の第一次オイルショックの影響をきっかけに打ち出されていた「福祉見直し論」とのセットで進められているものとしてあまり乗り気のしない仕事だった。福祉の切り捨ての補完策を受け持つという矛盾を実感した社協人生の船出だった。しかし、岡野さんにとってはかけがえのない地域福祉実践の第一歩だったと考えているという。以下、岡野さんが直接に向き合って進めてきた取り組みを二点紹介したいという。

(1) 当事者組織活動支援とボランティア活動の推進

岡野さんが市社協に就職した一九七六(昭和五一)年七月、当時の京都府社協事業部長間哲朗氏から、「宇治市でこつこつと一人暮らし老人宅を訪問しているY氏が、〝一人暮らし老人の会〟結成を呼び掛けている。市社協としてその支援ができないか」との打診があった。岡野さんはY氏の取組みをサポートすることになり、その後Y氏とも連携しながら、全国で初の「宇治市一人暮らし老人の会」を発足することができた。今から考えてみると、未熟なところは多々あったが、この取組みは間違いはなかったと思えるし、今日の地域福祉的観点からは、当たり前の取組みだったともいえる。

この「宇治市一人暮らし老人の会」組織化の経験をもとに、宇治市内の障がい者当事者団体や家族会等の組織活動や結成支援に積極的にかかわり、同時にボランティアグループの結成につなげていくことも進められた。岡野さんの中では当事者団体とボランティアグループ活動は両輪関係にあると定式化していた。

こうして、一九七七(昭和五二)年には音訳サークル「宇治リーディングボランティア」「車椅子で歩ける街づくり調査委員会」、一九七八(昭和五三)年には点訳サークル「宇治川」や「宇治市一人暮らし老人の会」を支える活動の中からボランティアグループ「青梅グループ」を結成。一九八一(昭和五六)年には障がい児対象の「第一回サマースクール」開催など、当事者組織とボランティアグループを中心に活動が展開されてきた。

そうした中、地域福祉関係一三団体を結集して一九七九(昭和五四)年度から市行政に設置を働き掛けてきた「総合福祉会館」が一九八三（昭和五八）年に竣工し、市社協が管理運営を受託、活動と事業推進の拠点となった。このとき、市役所分庁舎から事務所を同館内に移転した。

同年に総合福祉会館で開催された「第一回市民ボランティア教室」に多くの受講者が来られ、これからの地域福祉活動の発展が予感された。一九八四（昭和五九）年度から「身体障害者デイサービス事業」、おもちゃ図書館「宇治おもちゃ箱」も取り組みを始め、同名のボランティアサークルも結成。一九八五（昭和六〇）年には国の「ボラントピア事業」の指定を受け、「宇治市ボラントピア事業推進協議会」を結成、福祉の枠を超えたボランティアの街づくりを始める基礎ができた。同協議会の取組みは「宇治福祉まつり」や「災害ボランティアセンター」に引き継がれている。同年、身体障害者デイの中から、宇治市二つ目の手話サークル「太陽」を結成。一九八六（昭和六一）年には要約筆記サークル「やまびこ」結成（一九九四（平成六）年には二つ目の「エコー」も結成）のほか、「第一回宇治福祉まつり」の開催、今日まで引き継がれている。一九八七（昭和六二）年には「宇治ボランティア基金」設置、前記「宇治市ボラントピア事業推進協議会」を「宇治市ボランティア活動推進協議会」に再編、宇治市に根付いたものとした。かくて一九七〇年代後半から一九八〇年代中盤にかけて、当事者活動支援とボランティア活動の推進に注力した時期だった。

現在ボランティアセンターは一九九五（平成七）年に起きた「阪神・淡路大震災」を契機に自

主的ボランティアセンターの動きが芽生え、市社協から独立した組織として市民主体となって運営している。独立しても市社協との協力関係は維持発展されている。

一九七六（昭和五一）年、宇治市内で一人暮らし老人の訪問活動を行っているY氏が〝一人暮らし老人の会〟を提唱し、市社協に協力を求めたことから岡野さんと連携し、全国初の「宇治市一人暮らし老人の会」が結成されたことはビッグニュースであった。これを契機に市社協では各種当事者団体の組織化と多様な支援ボランティア活動を推進するに至った。喜ばしい展開だ。

（2）小地域福祉活動の展開

宇治市では一九七〇年代後半に当事者組織やボランティア活動の花が咲き始めたが、一九六〇年代後半から人口急増したまち柄もあり、小地域の取組みは育つことができず、ようやく一九八〇年代後半から宇治に移り住んだ人々を中心にまちづくりの機運が高まり、地域での福祉活動に取り組もうという動きが胎動してきた。

一九八五（昭和六〇）年に「西小倉地区社協」が三小学校区の地域組織を網羅して誕生したことは大きな転機を迎えることとなった。しかしその流れは一気に進まず、一九九〇（平成二）年に神明学区福祉委員会、一九九一（平成三）年に大久保学区福祉委員会と少しずつ結成された。同年、国の「ふれあいのまちづくり事業」（通称「ふれまち事業」）の指定を受けた。市社協はこれに合わせて市行政直営のホームヘルプ事業のうち、登録ヘルパー派遣事業を「宇治市ホームへルプセンター」として受託実施。同年、市社協として初めて「高齢者を支える地域福祉活動計画」を策定したほか、一九九三(平成五)年に「宇治市社会福祉協議会長期方針策定委員会」を発足させ、地域福祉推進の基礎地域を小学校区と定め名称を「学区福祉委員会」とした。

これを契機に、同年に「南部学区」「菟道学区」「三室戸学区」「笠取学区」「伊勢田学区」「槇島学区」にそれぞれ「学区福祉委員会」が結成された。翌一九九四(平成六)年には「木幡学区」「菟道第二学区」「小倉学区」「大開学区」、一九九五(平成七)年には「北槙島学区」「西大久保学区」「平盛学区」、「御蔵山学区」「笠取第二学区」「宇治学区」「岡屋学区」にと二二の小学校区すべてに「学区福祉委員会」が雪崩を打つように組織化されていった。

こうして事業型(総合型)社協への歩みを遅ればせながら開始したが、市行政では高齢者保健福祉計画を具体化する中、専門的で総合的な保健・福祉サービス供給組織を新たに設立する必要があるとの認識に立っていた。一九九四(平成六)年、市長諮問機関として「宇治市在宅福祉サービス供給組織設立検討委員会」を設置、保健・医療・福祉の推進に関する各機関・団体の性格規定とこれから果たしていく役割の明確化が検討された。

同委員会の一九九六(平成八)年最終報告では、在宅の保健福祉サービスを総合的に提供する中核的専門機関として福祉サービス公社の設立を求めた。市社協は、「地域福祉システムにおいて主役は住民であり、住民自らが主体となり地域福祉社会の実現をめざしていかなければならないことは明白である。社協は、こうした住民の社会活動を調整し促進を行い、地域住民の協働を進め、様々な社会資源の育成とネットワーク化を推進し、住民主体による地域福祉社会の実現をコーディネートする機能を果たす」ことが求められた。こうしてホームヘルプセンター事業は、開始から五年後の一九九六（平成八）年に発足した財団法人宇治市福祉サービス公社に市行政の常勤ヘルパー派遣事業と登録ヘルパー派遣業務が一本化された。

市社協は一九九一（平成三）年から一九九五（平成七）年にかけて模索してきた事業型社協への志向を転換し、地域住民に立脚した新たな地域福祉展開を試みることとなった。その結果、「ふれあいサロン」や「地域参加型（Bタイプ）リハビリ」の推進に力を注ぐことになった。

その後社会福祉基礎構造改革を経て、①福祉多元化と競争原理導入、②公的責任よりも個人の責任による選択制度の導入、③権利としての社会福祉から助け合いの強調の時代に突入。岡野さん自身、二〇〇〇年代に入るころには管理職（当時は事務局次長、二〇〇三（平成一五）年度から事務局長）となり、地域とかかわる機会も減ってきてしまった。

一九七九（昭和五四）年全社協出版の『在宅福祉サービスの戦略』以降、全国の社協では在宅福祉サービスの先駆的展開や行政からの受託等が進められ、大きな転換期と思えた。しかし岡野さんが所属した市社協は先述のように一九九〇年代初頭にその方向を目指すも、福祉サービス公社と社協とが別々に運営することになった。この体制は今も継続され、これから両者がしっかり協働関係を築き宇治市の地域福祉を推進していくのか期待も大きい。

宇治市では一九六〇年代後半以降の人口急増で小地域の取組みは不毛だったが、一九八〇年代の後半から地域で取り組む動きが現れ、一九九三（平成五）年市社協で地域福祉推進の基礎地域を小学校区と定め、名称を「学区福祉委員会」としたことを契機に、各地の「学区福祉委員会」の結成があいつぎ、一九九五（平成七）年に全二二小学校区に結成完了したことは見事である。かくて事業型（総合型）社協への歩みを開始したが、一九九六（平成八）年財団法人宇治市福祉サービス公社が発足し、常勤ヘルパー派遣業務と登録ヘルパー派遣業務が一本化され、市社協は事業型社協への志向を転換、地域住民に立脚した新たな地域福祉展開として「ふれあいのサロン」や「地域参加型（Bタイプ）リハビリ」の推進に注力した。岡野さん自身、管理職となり、地域とかかわる機会も減ってきたという。また福祉サービス公社と社協が別々の事業運営となったが、今後両者がしっかり協働関係を築き宇治市の地域福祉を推進していくのか期待は確かに大きい。

4　社協でやりのこしたと思うこと―社協の財政的課題と人材の養成―

社協に在籍した人の共通の思い「何の制約もなく使える自主財源の確保」は長きにわたる課題で、未解決のテーマだ。岡野さんのこだわりには「社協らしい」自主財源確保でなければならない。「財源が入れば何でもいい」のでなくて、「しっかり地域に根を張った組織づくりとそこから生まれる財源の獲得」というもの。その鍵はやはり会員会費制にこだわってほしいという。多くの社協で推進されている自治会・町内会依存の会員会費の募集は、地域社会の変貌とともに困難の度合いを増している。そうした中、多様なかたちで組織と事業に参画する「組織構成会員制度」に取り組む社協が増加している。とても積極的な試みだ。だが、社協組織の固定化（利益集団化）や閉鎖的体制に陥らぬ配慮が必要だ。

様々な分野に地域福祉の輪を広げ、関係を築いた個人、団体機関等の「参画的会員」制度と組織の体制づくりは岡野さんの果たし得なかった課題だと反省する。使途目的を明示して取り組む共同募金の「テーマ型募金」等とともに地道な実践の中から築き上げねばならない。また善意銀行の「休眠預金」等の活用法や遺贈寄付など積極的に呼び込む必要がある。

社協会費や共同募金への協力が自らに確実にメリットがあることを具体的・明確に示して「見せる」ことが重要だ。目先の技術論に陥ることなく、新しい形の組織の仕組みと財源のあり方を構想することで、高い公共性を持つ組織としての社協づくりに存在価値を示していくことを期待したいという。

そして社協ワーカーに、福祉サービスの利用者としての住民に寄り添いきる出力型の実践と、地域福祉の担い手としての住民の黒子となり、その力を育む入力型実践の双方を兼ね備えることが期待されている。それは実践経験なしには培われないだろうという。

以上、岡野さんの多年にわたる社協実践と深い理論的考察から提示された社協の財源的課題と人材養成のキーポイントを端的に提起されている。コメントを加える余地はない。

5　社協に人生をかけたことへの自己評価

岡野さんは、社協という組織に出会えた幸せと感謝を覚えているという。ある意味で岡野さんは社協の〝良き時代〟に生きてきたのかもしれないともいう。

「支える側」と「支えられる側」に隔てる時代は過ぎたのかもしれない。ならばともに主権者の「住民」が主体となった地域づくりとして「地域福祉」をとらえ返さなければならない。実のところ、岡野さんは、社会福祉法第四条で「地域住民（中略）は地域福祉の推進に努めなければならない」と記されている。そのために二〇一八（平成三〇）年度施行の改正社会福祉法第六条には行政の責務まで追加された。岡野さんは、こんなことを法律で規定することではないと思う。「住民主体」の取組みはお上から「推進に努めなければならない」と言われる筋合いのものではないのではないか。

人口減少と少子高齢化の時代に入った。「地域福祉」への期待が広まる一方で、「社協だけが地域福祉の担い手ではない」状況にされる地域社会になることを願う。最後に、「地域福祉」がめざすゴールは、「草の根民主主義が息づいた地域社会の実現」であるという志を持って、奮闘されることを願っていると結ぶ。

この最終節は社協に人生をかけたことへの「自己評価」ではなくて、社協実践からの学びである「自己主張」であろう。①「支える側」と「支えられる側」ともに主権者である「住民」主体の地域づくりとして「地域福祉」をとらえ返すべきこと、②「住民主体」の取組みはお上から「推進に努めなければならない」と言われる筋合いのものではないこと、③「社協だけが地域福祉の担い手ではない」状況の地域社会になること、④「地域福祉」のゴールは「草の根民主主義が息づいた地域社会の実現」であること、以上四点の主張は評者も大いに賛同する。

第３章　住民主体の協議体を担保する社協マネジメント　佐藤寿一報告の検討

はじめに

佐藤さんは、団塊の世代の次の世代に生まれ、サラリーマン家庭で育った。高校は超進学校に進み、クラブ活動を拠り所に高校生活を送ったという。本多勝一の『極限の民族』三部作に影響を受け、文化人類学をやりたくて社会学部へ入学した。社会心理学の先生の話が面白く社会心理学を専攻して、達成動機や集団力学、社会的態度等を学ぶ。ゼミでは小集団活動を活用して研究および社会人としてのスキルを厳しく仕込まれた。社会心理学を学んだことで、人とかかわる仕事がしたいと思うようになった。

佐藤さんの組織マネジメントの基礎に社会心理学があったのだ。

1　就職、そして転職

就職難の時代でなかなか就職が決まらず、友人に誘われて受験した陶磁器質タイルのメーカーに採用され、営業マンとして社会人のスタートを切った。常に新しいことに取り組むこと、また自分が悪くなくても誠心誠意頭を下げて場を収めることを早々に学んだ。九年目に企画部門に異動、新製品開発プロジェクトチームの事務局を担当。営業職では疎かった書類や会議資料の作り方、プランニングの手法等の仕事術を身に付けることができた。一方、本社で仕事をしたことで自分の能力の限界と会社のメーカーとしての姿勢が見え、転職を考え始めた。一〇年間の企業経験を活かして、もっと人の役に立つ仕事はできないかと漠然と新聞求人欄を眺めていたとき、宝塚市社会福祉協議会（以下、市社協）の管理・監督職員募集の小さな求人広告が目に入った。社会福祉と銘打った組織なので人のためになることをしているに違いないと、社会福祉協議会がどのような組織か十分に調べもしないままに受験し、採用された。転職に当然家族には反対されたが押し切って転職に踏み切った。

一〇年間の企業経験から、もっと人の役にたつ仕事がしたいとの願望が小さな新聞広告を見て宝塚市社協入職に結び付いた。何かの縁というものであろう。

２　計画に基づく実践の展開と組織マネジメント

（１）在宅福祉サービス事業の展開と転機（第一次計画）

一九八九（平成元）年、市社協は、ゴールドプランに従い在宅福祉サービスを整備する必要に迫られた宝塚市から、ヘルパー事業とデイサービス事業を受託し、事業開始に向け介護職員とともに管理・監督職員を募集していた。兵庫県社会福祉協議会（以下、県社協）の指導の下、住民参加型有償福祉サービスや移動入浴サービスを実施していたことが基盤となった。当時管理職は行政出向者が占めていたが、将来プロパー職員で事業運営できるようにと管理・監督職を募集し、その枠で佐藤さんは採用されていた。早く組織の全体像をつかむようにとの配慮から総務課に配属。また県社協が推進していた発展計画方式により策定中の第一次宝塚市地域福祉計画（地域福祉活動計画・社協発展計画　一九九〇（平成二）～一九九九（平成一一）年）の策定作業に事務局として加わった。この時強く感じたのは、企業とはまったく異なる論理で組織が動いていることだった。仕事の評価は成果でなく支出予算の執行率によること、費用対効果の考え方がないこと、前年踏襲が無難なこと、中でも管理職として行政出向者やＯＢが短期間で異動することが仕事ができていない言い訳となっていることに驚いた。この時に周りの職員と自分との仕事への価値判断基準に差があると感じて以来、今もその感覚はそのままだ。

翌一九九〇（平成二）年に佐藤さんは事業課に異動。地域福祉担当として地域福祉活動推進や講座、イベント、団体事務等を担当。一九八八（昭和六三）年からモデル地区を指定、自治会単位での地域福祉活動の推進を図っていたが、この時点でモデル地区はまだ一ヵ所のみだった。二〇〇以上ある自治会に対して兼務の担当者一人がどれだけ動いても年に二～三カ所の指定を増やしていくことが精いっぱいだった。一九九三（平成五）年、佐藤さんは事業課長補佐、一九九四（平成六）年に事業課長を拝命、社協の抱える事業の多くをマネジメントしていく立場になった。特に、ゴールドプランにより毎年サービス量が大幅に増えていた在宅福祉サービス事業の対応に翻弄された。

この時期、県社協の「在宅福祉サービス開発推進事業に関する研究会」委員に選任された。民間企業出身で社協事業について費用対効果等の意見を言う面白い職員という理由からだった。研究会の参加は、一九七〇年代後半以後の県内社協の取組みを俯瞰しつつ、今後の社協のあるべき展開を考える非常に良い機会となった。研究者や市町社協の先輩諸氏、県社協とのやりとりを通じ、市社協内では得難い幅広い知識や経験の蓄積による知見を得た。一番の収穫は社協が住民主体の協議体だということを強く意識するようになったことだ。

一九九五（平成七）年一月、阪神・淡路大震災が起きた。宝塚市内でも多数の死傷者が出るとともに、全半壊の家屋が二万戸近くにのぼる大きな被害を受けた。市社協も、在宅要支援者の安否確認と避難支援、避難生活支援、避難所・福祉避難所の運営、災害ボランティアセンターの運営、生活福祉資金や義援金の対応、県内外社協、各種団体等からの支援を受けて、復旧、復興の業務に追われることになる。当時、在宅福祉サービスを市社協がほぼ一元的に提供していたため、在宅要支援者の安否確認、避難支援、避難所・在宅での生活支援、福祉避難所開設運営まで何とか対応できた。一方で、地域福祉への取組みの遅れから、被災市民向けの避難生活支援はほとんど手付かず、地域とのつながりの弱さを露呈した。日常的取り組みができていない状況では、非常時に適切な対応はできないことを痛感。地域福祉の進め方を根本的に見直す転機とした。また介護保険制度の導入が見えてきたことも、在宅福祉サービスで事業拡大を続けてきた市社協にとって、その偏重の見直しを迫られる大きな要因となった。

一九八九（平成元）年佐藤さんは、将来的にプロパー職員で事業運営できるよう管理・監督職募集枠で採用され、総務課に配属関、関係業務を担当。また第一次宝塚市地域福祉計画（一九九〇年～一九九九年）策定作業の事務局に加わった。この時に強く感じたのは、企業とは全く異なる論理で組織が動いていること、即ち①仕事の評価は成果でなく支出予算の執行率による、②費用対効果の考え方がない、③特に驚いたのは。行政出向者やＯＢが短期間に異動することが仕事ができていない言い訳となる。この時周りの職員と自分との仕事に価値判断基準に差があると感じて以来、今もその感覚は消えないという。佐藤さんは一九九〇（平成二）年事業課に異動、地域福祉を担当。一九八八（昭和六三）年からモデル地区指定で二〇〇以上の自治会単位の地域福祉活動推進を図っていたが、一九九〇（平成二）年時点でモデル地区はまだ一カ所のみ、これにも驚いたことだろう。

一九九三（平成五）年事業課長補佐、一九九四（平成六）年事業課長に昇進、社協事業の多くをマネジメントする立場になるが、ゴールドプランで毎年サービス量が大幅増加する在宅福祉サービス事業の対応には、流石の佐藤さんも翻弄されたという。

一九九三（平成五）年佐藤さんは、県社協の「社協の在宅福祉サービス開発推進事業に関する研究会」委員に選任、研究会の参加は、一九七〇年代後半以後の県内社協の取組みを俯瞰しつつ、今後のあるべき展開を考える非常に良い機会になったという。特に一番の収穫は、社協が住民主体の協議体だということを強く意識するようになったことだと表明する。心強い限りだ。

一九九五（平成七）年阪神・淡路大震災が起き、宝塚市も大きな被害を被ったが、市社協は在宅要支援者の安否確認・避難支援、避難生活支援、避難所・福祉避難所の運営、災害ボランティアセンターの運営、生活福祉資金・義援金の対応等、県内外の社協、各種団体等の支援をうけ、復旧・復興の業務に尽力した。一方で、地域福祉の取組みの遅れから、被災市民向けの避難生活支援はほとんど手づかずで、地域とのつながりの弱さを露呈、日常的な取り組みができていない状況では、非常時には適切な対応はできないと痛感、地域福祉の進め方を根本的に見直す転機としたという。非常に貴重な教訓として学ぶ必要がある。

（２）総合型社協を目指して（第二次～第四次計画）

第一次計画の期間が一九九九（平成一一）年度まで残る中、前記の問題意識から一九九六（平成八）年一月には次期計画の繰り上げ策定に向けて委員会を発足させるとともに、介護保険制度導入の影響を調べ対応策を講じる委員会を並行して立ち上げた。一九九七（平成九）年五月には、二〇〇〇（平成一二）年度までの新地域福祉計画（第二次計画）を発表し、地域福祉を総合的に推進する新たな市社協の姿を提案した。地域福祉を推進するための、人口三万人規模の七つのサービスブロックごとに社協地区センターと地区担当ワーカーを置き、小学校区ごとのまちづくり協議会の福祉活動支援を進めること、在宅福祉サービスは、社協の役割分担を明確にして介護保険制度下でも事業を継続実施していくことを打ち出した。この計画は現在の市社協の姿を示すすぐれたもので、続く二〇〇一（平成一三）年からの第三次計画も項目をそのまま引き継いだ。計画に基づき行政との協議を進め、七つの社協地区センターと地区担当者の配置を一九九九（平成一一）年までの三年をかけて実現した。

一九九七（平成九）年度には事業課と地域福祉課と在宅福祉課に分け、佐藤さんは在宅福祉課長として前年から検討の介護保険制度移行への対応策に基づき、コストダウンとサービスの質の向上、新規事業（訪問看護事業、居宅介護支援事業）実施に取り組んだ。一九九九（平成一一）年佐藤さんは在宅福祉担当次長となり、市社協事業の移行準備だけでなく、介護保険事業者連絡会（後に介護保険事業者協会と改編）の設立やケアマネジャー連絡会の組織化等の、介護保険制度下でも事業者間で連携の取れるネットワーク体制づくりに取り組みを広げた。

二〇〇〇（平成一二）年の制度移行を乗り切り、二年目には黒字経営ができるようになった。二〇〇二（平成一四）年には佐藤さんは地域福祉部門も合わせて担当し、以後話し合いの場づくりや事業の総合化に向けた取組みを中心に組織マネジメントを進めた。特に、話し合いの場づくりについては、社協が住民主体の協議体としての機能を発揮できるような事業の推進方法を意識して、様々な形で働きかけた。また、二〇〇三（平成一五）年には大学院に社会人入学し、社会福祉を研究する機会を得た。当時全国で展開されていた宅老所実践に注目し、地域住民と専門職が共同してケアを行う小規模多機能ケアを研究して、地域住民とともに作る民家を活用した小規模デイサービスを事業化（二〇〇五（平成一七）年〜）して市内で順次展開した。研究的視点を持つことや研究者、実践者との人脈等、大学院で得るものは大きかった。

佐藤さんは二〇〇四（平成一六）年から総務担当次長となり、介護保険制度導入後に民間事業者との競合の中で必要性を感じていた組織マネジメントの改善に取り組んだ。介護保険制度に続いて障がい者福祉分野も支援費支給方式へ移行、行政価格による補助金の見直しや施設の管理運営事業の指定管理制度への移行等の動きの中で、事務局の経営体制強化が急がれる状況となっていた。人事労務管理制度の刷新（独自の給与体系、人事考課制度、目標管理制度の導入等　二〇〇五（平成一七）年〜）をプロジェクトチームによって進め組織体制の強化を図った。同時に、理事会・評議員会の活性化による住民主体の協議体としての機能強化、住民意思の事業への反映がスムーズにいくような協議の場づくりにも取り組んだ。

社協内の事業の総合化は、二〇〇六（平成一八）年からの第四次計画の大きな柱となるもので、総合型社協と言っても事業の種類が多様なだけで、個々の事業が連携して対応する仕組みにはなっていないとの指摘に対応したものであった。加えて第四次計画では日本生命財団の高齢社会先駆的事業助成（二〇〇五（平成一七）年）を受けて、日常生活圏域と定めた小学校区での話し合い・住民活動、地域ケアの場づくりを進めた。

二〇〇八（平成二〇）年、佐藤さんは事務局長を拝命、これまでの行政出向者・OBのポストをプロパー職員としていかに務めるかが問われることを意識しつつ、組織マネジメントに取り組んだ。

一九九七（平成九）年五月に発表した二〇〇〇（平成一二）年度までの新地域福祉計画（第二次計画）は総合型社協を目指すもので、地域福祉推進のため、人口三万人規模の七つのサービスブロックごとに社協地区センターと地区担当ワーカーを置き、小学校区ごとのまちづくり協議会の福祉活動支援を進めること、在宅福祉サービスは、社協の役割分担を明確にして介護保険制度下でも事業を継続実施することを打ち出した。この計画は現在の市社協の姿を示す優れもので、第三次計画（二〇〇一年から）も項目をそのまま引き継いだという。とくに人口三万人規模、七つのサービスブロックごとの社協地区センターと地区担当ワーカー設置の計画化は注目されるが、計画に基づき行政と協議を進め、七地区センターと地区担当者の配置を一九九九（平成一一）年までの三年をかけて実現したという。確かな実行力に驚きを禁じ得ない。

その後一九九七（平成九）年在宅福祉課長として介護保険制度移行への対応策、コストダウンとサービスの質の向上、新規事業の実施を、一九九九（平成一一）年在宅福祉担当次長として、介護保険制度下でも事業者間で連携のとれるネットワーク体制づくり、二〇〇一（平成一三）年には地域福祉部門も合わせて担当、組織マネジメントを進め、二〇〇三（平成一五）年大学院に社会人入学し、宅老所実践や小規模多機能ケアを研究、小規模デイサービスを事業化、（二〇〇五（平成一七）年〜）して市内に順次展開した。

二〇〇四（平成一六）年から総務担当次長となり、介護保険制度導入後、民間事業者との競合の中での組織マネジメントの改善、事務局の人事労務管理制度の刷新や財務会計システムの見直しをプロジェクトチームで進め強化を図った。同時に理事会・評議員会の活性化による住民主体の協議体としての機能強化、住民意思の事業への反映がスムーズにいくような協議の場づくりも取り組んだという。佐藤さんは、昇進するごとに懐刀の組織マネジメントを駆使展開して当面・内外の新たな課題に挑戦し、組織・事業運営の刷新・改革に周囲を巻き込みながら指導性を発揮した。市社協とその周辺の改革に尽力し、多大な成果を収めた。凄い傑物だ。

（３）社協マネジメントから地域福祉マネジメントへ（第五次計画〜）

続く第五次計画（二〇一一（平成二三）年〜二〇一六（平成二八）年）では、サービスブロック、小学校区に自治会エリアを加えた四層構造のエリア設定を行い、各エリアごとで協議・協働の場づくりを行うとともに、生活問題の解決に向けたセーフティネットの仕組みを提案し実践してきた。また第四次計画によるプロジェクト型の対応ではうまくいかなかった社協内の総合化については、事務局組織を事業ごとのタテ割りから、エリアを基本にした多職種混成のヨコ割りに変えることによって地域と向き合う体制をつくった。また、この間に、安心サポートセンター開設（生活福祉資金と日常生活自立支援事業、心配事相談事業の一体的運用）や高齢者・障がい者権利擁護支援センターの受託（二〇一一（平成二三）年）、生活困窮者自立支援事業における自立相談支援事業の受託（二〇一五（平成二七）年）等、総合相談支援体制づくりにつながる権利擁護関連事業の充実を図った。二〇一五（平成二七）年の介護保険法改正による生活支援コーディネーターの配置にあたっては、動きの遅い県社協に代わって県内社協の事務局間で自主勉強会を組織し、二〇一四（平成二六）年に三回の勉強会を開催した。行政の担当者と社協事務局長がともに制度の主旨と内容を共有し、市町社協が行政に積極的に働きかけたことで、多くの市町社協が生活支援コーディネーター業務を受託している。

二〇一五(平成二七)年から常務理事を兼務、二〇一七(平成二九)年には常務理事専任となり、これまでと異なる立場から住民主体の協議体である社協マネジメント、地域福祉のマネジメントに取り組んでいる。

3　住民主体の協議体をいかに担保するのか　社協マネジメントの在り方

宝塚市社協の地域福祉実践の特徴は、地域福祉計画に基づく地域福祉の推進を継続的に図ってきたことと、住民主体を社協実践と組織運営の根幹に据え協議体としての社協マネジメントを模索してきたことだ。本項では住民主体の協議会を担保するために取り組んだ社協マネジメントについて説明される。

住民が参加・参画する多様な協議の場を作り、そこでの議論や意思決定をいかに事業活動に反映させ展開していくかが社協マネジメントの重要なポイントだ。市社協でも一九八九(平成元)年以後在宅福祉サービス事業の比重が増加、急速に事務局組織が拡大、合わせてサービス事業の財源比率が高くなり、事業経営を適切に行うことが求められた。第二次計画に基づき総合型社協を目指して広範な事業を展開するには、社協マネジメントの在り方が大きな課題になった。

宝塚市社協の特徴は、数次の地域福祉計画に基づく地域福祉推進を継続的に追求してきたこと、その際住民主体の協議体としての社協マネジメントを模索、取り組んできたことで、きわめて原則的な展開方向をぶれずに追求、実践してきた典型的存在といえよう。以下そこでの社協マネジメントの取組みが披瀝される。

（1）理事会・評議員会の活性化

住民主体を担保する第一歩は、理事会と評議員会が協議の場、協働の場としてその機能を十分に発揮することだ。しかし、あて職が多く、開催頻度の少なさや実施事業が幅広く内容を把握し難いこと等もあって、実際には十分な機能を果たしているとは言い難い。いきおい、事業計画や予算、人事など重要案件についても事務局が完成された案を示し、理事会、評議員会では承認を得るだけという形態が一般化していた。そこで、理事会は事業体としての対応が可能な執行体制を作るとともに、住民主体の協議体としての参加・参画の機能を高める評議員会を志向することとした。一九九八（平成一〇）年四月の役員改選に向けて、理事と評議員の兼務をなくすこと、理事は個人委嘱を基本として執行機関としての多様性の強化を図ること、副理事長を増員し事業経営体制を強化すること、評議員の半数を住民代表として地域福祉の推進体制の強化を図ることを入れた理事・評議員のガイドラインを定め、これに即した対応を行った。二〇〇五（平成一七）年には、事務局の体制強化に合わせて理事・評議員構成を再度見直した。理事は、組織代表者だけでなく組織に属さない知識経験者などの個人委嘱を拡大し、評議員は、住民組織・福祉専門機関・当事者団体・関連分野団体・社会奉仕団体などをバランスよく構成したものとした。二〇〇七(平成一九)年度には、理事会と評議員会の同日開催を改め、理事会での協議内容を反映させた議案を評議員会に提案できるようにした。また、評議員会で活動計画や事業計画・予算の策定段階から協議を行い、その内容を案づくりに反映させることで住民主体の協議体である社協の評議員会としての役割を担保した。これらは、理事会、評議員会の開催頻度を多くすることにつながった。

随分思い切った理事会・評議員会の活性化である。よくぞ実施できたものである。反発や抵抗はなかったのであろうか。そのへんの矛盾と乗り越え策も教示されたい。

(2) 事業における住民主体の意思決定プロセスづくり

理事会、評議員会の機能強化に加えて、課題別や地域別の話し合いの場(専門部会、運営委員会等)を設定し、その結果を社協事業やそれぞれの活動に反映させていくことが必要だ。市社協でも第二次計画によって総合型社協を目指すように転換した後、様々な事業を推進する中で、これまでの事務局主導から住民主導・当事者主導へと主体を転換する動きを進めた。地域福祉推進事業にあっては、小学校区ごとのまちづくり協議会の福祉部という住民の手によるコミュニティ組織主体の取組みで進め、その支援プログラムも住民の主体的な取組みによって進められるようにしてきた。また、事業の運営委員会があるものは、これを活用して住民の意思が事業に反映できるように努めている。民家型小規模デイサービスでは、事業運営だけでなく利用者の対応、地域の福祉課題についても運営委員会の中で話し合って事業を進めている。また、行政からの委託事業においても同様の取組みで当事者・利用者や市民の意見が事業に反映できるようにしている。そしてこれらの動きが理事会・評議員会の活性化にもつながってきた。

第二次計画から総合型社協へ転換した後、様々な事業を推進する中で、事務局主導から住民主導・当事者主導へ主体転換の動きを進めた。地域福祉推進事業における小学校区のコミュニティ組織主体の取組みをはじめ、事業の運営委員会の活用による住民の意思が事業に反映できるよう努めている。行政からの委託事業についても当事者・利用者や市民の意見が事業に反映できるようにしている。徹底した事業への住民主体の意思決定プロセスづくりだ。これらの動きが理事会・評議員会の活性化につながってきたことは注目される。

4　地域福祉の政策化の中での社協マネジメント

社会福祉の政策化が進む中、これまで社協が担ってきた地域福祉推進の事業が制度に基づく委託事業となるものが出てきている。介護保険制度による生活支援コーディネーターしかり、生活困窮者自立支援事業の自立相談支援事業しかりだ。これまで住民主体の協議体として住民のニーズに基づいて取り組んできたこれらの事業が、制度という枠組みに入ったときに、社協としていかにこれをマネジメントしていくのかがまだ見えていない。これまでの民間性と公共性のバランス、協議体・運動体と事業体のバランスとは異なったバランスのとり方を考える必要があると思われるが、明確な立ち位置を提案できるところには至っていない。介護サービス事業の展開から見えるように制度の持つ力は大きい。住民主体の協議体としての地域福祉のマネジメントを確立しておかないと、知らず知らずのうちに地域福祉の主体が事業体としての社協事務局や行政に移動しないかと危惧している。

評者も同様の危機感を共有している。全国的な社協関係者の問題提起の広がりが必要だ。

5 おわりに　外人部隊の立ち位置から思うこと

転職して市社協で最初に感じた仕事に対する基本的な価値判断基準の差による違和感は、その後も薄れることなく、今も同じ思いを抱いているという。佐藤さんの後に採用した若い職員たちが、ものの見事にもともとこの組織が持つ価値・判断基準に染まっていくことを見るにつけ、どうも自分はどこまで行っても外人部隊で、本隊にはなれないと思っているという。それは佐藤さんが外人部隊ではなく、市社協に入って、かねて身につけていた組織マネジメントを駆使、展開し、市社協を組織・事業ともに見事に改革していった傑出した組織マネージャーなのである。そういう優れた先輩として、若い人たちがもともとこの組織が持つ価値・判断基準に染まっていくのを見るにつけ、少し離れた立ち位置から、それが悪い方向に向かわないように注意したり、側面援助したりされてきたわけで、外人部隊の立場からではないと思う。社協としての組織風土、仕事に対する価値・判断基準を、これまでの自分の立ち位置も入れてバランスのよいものとして再構築できないかと思ってきたが、実現はできなかったという。今はこれは大切な組織風土で、外側から無理やり手を突っ込んで変えるべきではない。その中にいる人たちが、内発的に不具合のある部分を修正していくことが望ましいという。そして何年か先に変わったと感じることができる市社協になっていることを切に願っていると結ぶ。内発的修正に期待を寄せる柔軟なマネージャーの視点である。

第4章　舞台を創るので一緒に踊ろうや！　影石公昭報告の検討

1　プロフィール

(1)　徳島県海南町に生まれ育つ

影石さんは、一九五二(昭和二七)年一二月高校教師の父親と専業主婦（のちに家電店の事業主）の母親の間に二人兄弟の長男として生まれた。

小中高は、徳島県南部の穏やかな海南町（後の海陽町）で過ごす。小学生の時は、蒸気機関車の運転士に憧れ、アメリカのドラマ、ＳＦもの、ドキュメントや兼高かおる世界の旅やＮＨＫの日本紀行は大好きでよく見ていた。そして漫画はよく読んだ。

中学生の頃に、色覚異常のため、交通分野、医療や化学分野には進めないことが分かり、断念する。ただ、男は理系へという文化のなかで、高校時代には工学部機械工学科へでも行くかと思って陸上部を辞めてはみたが物理と数学Ⅲでつまづき、目標がしぼんでしまった。結局勉強もせず、時間を持て余し、音楽ばかり聴いていた。歌謡曲からベンチャーズまでなんでも聴いたが、フォークソング派である。加山雄三の若大将シリーズの「大学生活」に憧れ、親の後を継いで、教員でもなるかと漠然と思っていた。

影石さんは徳島県海南町でのびやかに育った。中学の時に色覚異常で進路断念を余儀なくされたが、その後勉学の挫折も味わい、音楽を楽しみ、将来親の後を継いで教員でもなるかとのんびり構えていたようだ。

（２）故郷を離れる

当時はまだ学生運動がピークを過ぎたとは言え、授業のボイコットやロックアウトもないではなかったが、興味はなく、学生の街京都での一年間の浪人生活は、親元を離れた開放感からか、予備校を三カ月で早々と自主退学し、サテライトスタジオや公開放送をめぐるフォークソング三味の生活を送る。しかも、国公立は学科が多いので、私立の三教科でいいやと勝手に私立文系に鞍替えした。

もともと歴史や地理は好きなので、歴史学、考古学、経済学、社会学、心理学でも勉強できればいいかなという漠然としたものだった。ただ、福祉は考えたこともなかった。結局、一九七二（昭和四七）年東京の大学の法学部政治学科に進学した。

影石さんは、故郷を離れて学生の街京都で一年間浪人生活をフォークソング三昧の生活で楽しんだ。歴史や地理が好きで、関連の科目でも勉強できればと、結局東京の大学に進んだ。自由な青春時代だ。

（3）ワンゲル時代

ワンダーフォーゲル部との出会いにより、大学生活が一変する。陸上競技に未練があり、陸上部を訪ねたがちょうど留守、その帰り、ワンゲル部の勧誘を受け、「夏合宿は北海道」というので入部した。一年生から五年生まで総勢五〇名を超す大所帯、北海道から九州までほとんど日本の全域をフィールドに活動しているサークルであった。

部の雰囲気はおおらかで、冒険心をくすぐる探検部的要素もあり、山に登るだけではなく興味のあった山岳宗教、民俗学、文化人類学をベースに、古い文献をあさりながら里山や古道、廃村、廃道を訪ねたりした。授業にも出ず、結局五年間在籍することに。

大学でワンゲルに入って五年間、興味のあった山岳宗教、民俗学、文化人類学の文献研究や現地踏査に熱を入れ、授業には出なかった。自分の好きなことに没頭するタイプの人か?

(4) 故郷へ帰ることに

一九七七(昭和五二)年三月になんとか卒業、これからの時代は健康産業が成長するのではないかと考えベンチャー企業に入ったものの、販売方法に納得が行かず、約半年で退職。次の音楽関連の会社でも、労務管理に疑問を持ち、ここも一年半で辞める。

こうして、二度の失敗を経て、家業を継ぐこととなったが、家電の知識や修理技術もないので、メーカー系列の研修センターに入り、ここで、修理技術や家電店の経営について学ぶこととなる。一九八〇(昭和五五)年、半年の研修を終え、実家に帰る。地域一番店を目指し、休みもなく働いた。ただの「電気屋のお兄ちゃん」になり、居心地が良かったが、田舎なので「先生の息子」という形容詞が付くことになる。

「電気屋のお兄ちゃん」と「先生の息子」との二重形容詞に本人複雑な心境だったろう。

2 社協との出会い

(1) 社協入局のきっかけ

一九八二(昭和五七)年、当時の社協理事宅のテレビ工事をする機会があり、これが縁で、社協の仕事をしてみないかと誘われた。店の経営も軌道に乗りつつあったし面白かったが、サラリーマンを二度失敗し、店を継がざるを得なくなったという一種の「負け犬」感と親の敷いたレールを走るって、男としてどうなんだという気持ちがあったので、この誘いには心が揺れた。そうは言っても、肝心の社協がどんなところかさっぱり分からない。役場職員の叔父に調べてもらったが、やはりなんだかよく分からない。しかし、かえって何か未知なるものに対する魅力に心が動かされ、入局を決意する。

社協への誘いは、一種の「負け犬」感などから心が揺れたが、社協がどんなところかさっぱり分からない。しかし、「かえって何か未知なるものに対する魅力に心が動かされ、入局を決意する」という不思議な入局志向だ。探求心旺盛というべきか。

（2）社協に入ったものの

こうして、一九八三（昭和五八）年に入局したが、当時社協はすでに法人化はしていたものの、事務所は役場二階の一室にあり、専従職員は元郵政職員の事務局長とホームヘルパー（以下「ヘルパー」）二名の合計三名だった。町村ではどこでも似たり寄ったりの状況だったが、町長が会長の小さな組織だった。

事務局長はもともと半年の引継ぎでバトンタッチを考えていたようで、九月までの半年間、社協の業務についていろいろ教えて頂いたが、店との掛け持ちを現にやっており、二足の草鞋の感覚であって、まだ社協一本で食べていこうという気持ちはなかった。

引継ぎも終わったが、朝出勤すると「今日一日何をしようかな」から始まるという感じである。しなければならない決められた業務というものは格別無かったと言ってよい。その中で業務らしい業務と言えるものは、身体障がい者会の事務局業務、日赤の社費の募集、赤い羽根共同募金の事務、心配ごと相談、そして貸付中件数が一四〇件ほどあった世帯更生資金の償還管理であった。

当時、法制化がある種「悲願」として進められていたが、意味も分からないし、具体的な社協業務もイメージできない。今だったらインターネットで、必要な情報も得られるであろうが、当時は『月間福祉』と社協情報が唯一の情報源だった。そこに掲載されていた社協にお願いして、たくさんの広報誌を送ってもらった。「ああっ、社協ってこんなことをやっているんや」と、だんだんに具体的な社協像が結べるようになった。

ヘルパーに関しては、一応訪問するところがあったが、同期入局のヘルパーにはまだまだ行くところが少なく、「おはようございます。今日は何をしましょうか？」というのが、一日の始まりだった。措置の時代なので、勝手に利用者を開拓するわけには行かなかったが、二人で考えた結果、派遣先に行ったついでに隣近所の家に声をかけ、ヘルパーのＰＲをしてくるという、いわゆる「予備軍まわり」がここから始まる。当時、ヘルパーは主婦の延長線上ぐらいの評価しかなかったものだから、まずはヘルパーの理解を図ろうとの考えである。

（３）まずは介護サービスの充実を目指そう

当時保健師は軽の公用車で町内をくまなく巡回していたが、ヘルパーは自転車で訪問活動をしていた。海南町は徳島県下でも屈指の広い町で、役場から一番遠い地区まで車でも一時間もかかるため、当然、事務所から遠い地区には入れていなかった。そういう時期に車の免許を持ったヘルパーの増員と原付カブの導入により、活動範囲がグンと拡がり、片道一時間の中山間地まで入れるようになった。利用者は「よくまあこんな遠くまで来てくれた、ありがとう」と喜んでくれた。遠くても住民の暮らしの場、地域に入り込むこと、それがヘルパーを喜んで受け入れてくれることになる近道だ。

そういう中で予備軍まわりは功を奏した。この活動によりずいぶん介護や福祉のことについてたくさんの相談を受けるようになっていた。過疎高齢化が進んだ田舎町だから、体調のこと、病気についての相談が目立ち、医療的ニーズや身体的介護ニーズが高いことが分かった。同時にヘルパーが相談に足る存在として、住民に浸透していった。喜ばしいことだ。

このような地道な訪問活動が町議会でも議題にのぼり、ヘルパーの世代交代と相まって、軽自動車を購入して頂くことになる。病院まで一時間もかかるし、当時は救急車もなく、布団ごと寝かして運べるワンボックスのバンを購入することにした。車体には「海南町社会福祉協議会」と名前も入れた。ユニフォームもそろえた。俄然、ヘルパー自身のモチベーションも高まったし、何よりもヘルパーに対する住民の関心が高まってきた。

　そんな時、知的障がいの子どもを持つ母親から相談があった。地元の企業に就労した息子がアパートで一人暮らし生活をしていたが、洗濯機の水を止めるのを忘れたため、階下まで水浸しにしてしまい、大家さんから出ていくように言われたというのだ。当時は軽度の知的障がい者に対するヘルパー派遣なんてなかったが、調理と水や火の始末について支援することにした。この支援はしばらく続いたが、この経験は影石さんにとって、軽度の障がい者への支援は自立につながるし、むしろ積極的にすべきだとのコペルニクス的転回点となった。

　個別支援の経験から重要な教訓を体得されたわけだ。

　このように公用車も入り、ヘルパーの業務は順調に推移していたが、一九九〇（平成二）年にデイサービス事業を町から受託する際に、ヘルパーとして准看護師を一名採用した。この時にはすでに、身体介護のサービスが生活支援を上回っており、当時の町立海南病院院長の配慮により、受診時のヘルパーの付き添いが可能となっていた。介護と医療をつなげる人材を求めていたので、タイムリーだった。

　さて、デイサービス事業については、全国的にも珍しい単独型のデイサービスを受託することとなった。デイの職員に介護福祉士や保健師の資格を持つ者がおり、専門性に裏打ちされた在宅福祉サービスが始まった。ヘルパーとデイの在宅福祉サービスの二大柱が揃ったわけだ。新たな発展段階を迎えたことになる。

（４）事業型に脱皮を図り、見える化を進めよう

デイサービス事業の受託の際に、デイサービスセンターに社協の事務所を移転し、一つの事業所としての認知も進み、デイサービス事業も順調に軌道に乗ったため、次のステップとして、事業型社協を目指すことになる。社協らしい事務所の移転確保は発展への必須だ。

いわゆる「協議」だけでは、社協の存在そのものと存在意義が伝わらない。解決機能を持ったサービスをきちんと届ける、そんなことから始めようと、まずは既存事業の機能強化を目指した。心配ごと相談については、橋渡し機能のみでは来談者の「よかった」にはならないと考え、弁護士による法律相談を加えることにした。月一回の相談としたが、相談予約時に相談内容を整理しておくことで、一人三〇分の相談が無駄なくスムーズに受けられるよう工夫した。弁護士は徳島市から二時間ほどかかるので、裁判が休みの第三土曜日に開設した。待つ間にお茶を出し、世間話で相談内容の整理をした。依頼により一緒に相談に入ることもあった。一年で六〇件ぐらいの相談を受けることになる。

「解決機能を持ったサービスをきちんと届ける」ため既存機能の強化を目指すこと、そこから社協の発展が可能となる。心配ごと相談に弁護士による法律相談を加えることは画期的だ。

生活福祉資金の貸付けについては、資金融資という「実弾」を活かしたいと考え、広報にも努

め、修学資金を中心に積極的に貸付けた。二〇〇五(平成一七)年の合併までに、貸付中件数約二七〇件余り、貸付中融資額が二億数千万円となっていた。自分なりに毎年三〇件、三〇〇〇万円の目標を掲げ、この「ノルマ」は合併まで連続で達成した。

生活福祉資金の貸付について、「資金融資という実弾」を活かすべく広報に努め、修学資金を中心に融資額が二億数千万円となった。影石さんなりに毎年目標を立て、合併まで「ノルマ」を連続達成した。この積極姿勢は高く評価されよう。

(5) 一つひとつの点をつなぎ面に拡げよう

続いて、ボラセン事業からふれまち事業までの通算八年をかけて、既存ではない新しい事業、特にボランティア養成について取り組もうと、専任の職員を採用した。小中高にも働きかけ、授業に福祉教育を取り入れていただき、車いす講習や高齢者疑似体験、アイマスク体験、手話講座等いろいろとやった。影石さんも教壇に立った。点から面への展開だ。

また、「子どもは地域の宝物」として位置づけ、地域の方々を先生役とした子育て事業「びっくり箱」を立ち上げ、毎月たくさんの子どもたちがこのボランティア先生といろいろな体験を学ぶことになる。二四時間テレビにも積極的に協力した。これも点から面への展開。

また、介護保険では対象にならない方々を対象とした「いきいきサロン」の全町的展開を目指した。地域を回って協力してくださる方を発掘し、サロンの目的について説明し話し合い、合併までに都合一一カ所のサロンを開設した。その後、配食サービス、シルバー人材センター事業と事業の多角化を図ることになる。「介護保険では対象にならない方々」対象の「いきいきサロン」の全町的展開とは、社協ならではの開拓的取組みである。発想が斬新。

その中で、「海部郡」を単位とした町を超えた障がい者に対する事業に取り組んだ。徳島県からの委託事業であったが、海南町社協が幹事となり、海部郡社協連絡会を母体としたプロジェクト事業だった。移送サービスや運動会や日帰りの旅行等の交流事業をはじめ、手話、点字・点訳、朗読、要約筆記を担ってくれるボランティアを養成することになる。

町を超えた「海部郡」エリアの障がい者に対する取り組みを、県の委託事業で、海南町社協が幹事、海部郡社協連絡会母体のプロジェクト事業を行ったことは、活動エリアの拡大につながった。

この間に障がい児の下校の支援を行った。週に一回の下校時の送迎をお願いできないかとの依頼である。中学校とも相談し、福祉車両による片道二五分の送迎にあたった。

これらの活動を通して、郡域の障がい者を対象とした共同作業所「虹」を立ち上げる。この作業所も障がい児者の母親たちの熱い思いがあり、実現したものである。行政の支援も嬉しかった。障がい者の集う場、働く場が一つできたわけだ。影石さんの喜びや如何。

一方、当事者団体の会員の高齢化が進み、会員数や活動がだんだんに縮小する中で、郡域を単位とした障がい者の交流を図ることを目的とした「海部郡障がい者のつどい」を主宰し、二〇一五（平成二七）年まで二〇回のつどいを続けることになる。当事者団体の会員高齢化、活動縮小の中、郡単位でのつどいの継続を志向した試みは成功したといえよう。

3　しあわせ実現の宝石箱

（1）自分にとって理想の社協とは

影石さんは、一九八三（昭和五八）年から二〇一三（平成二五）年まで、合併を挟み都合三〇年間社協職員として勤めてきたが、一貫してやってきたのは、「福祉」を推進するというより、生活の支援、応援であるという。「生活会議」や「生活学校」の思想や活動も大いに参考にしつつ、社協は良き相談者、舞台を創る裏方として、主役である住民の方々が舞台で踊ることを支援する、自立についても、社協は「自転車の補助輪」として、倒れないようにサポートする。いつしかそういうことを理想とするようになった。つまりは「社協舞台の演出者」なのである。

さて、生活には「お金」が必要、構造的不況業種では現金収入が厳しい。山や田畑、土地、自宅という財産は持っているが低所得、貯えも乏しい。自給自足的生活も無いではないが、何をするにもやはりお金である。社協には世帯更生資金貸付制度がある。資金の融資をすれば、子どもの夢、親の思いを支援できるかもしれない。

これは福祉的に困っている者をターゲットにしたものではない。当時の厚生課長、民生委員協議会の会長も貸付について理解と協力をしてくれた。結果人口六〇〇〇人の町で貸付累計六億数千万円を誇った。もちろん「焦げ付き」はあり、夜、休みの時に償還についての相談、償還指導をしてきたが、償還困難のケースは二〇件にも満たないものだった。

影石さんほど世帯更生資金貸付事業の貸し付け＝融資に熱心な事務局長を知らない。この借入相談や生活相談が、心配ごと相談の在り方や意義について再考するきっかけとなり、解決手段を持つということにつながり、弁護士の無料法律相談や司法書士の法律相談を整備していくということになる。そして、今でも、「困ったときの社協頼み」に応え、手を差し伸べるのが社協だと思っているという。必要な解決手段を講じ得るからであろう。

（２）他力を頼み、自力に変える

このように相談事業の整備を図ってきたが、相談に来れない、あるいは来ない者にどうアプローチするのかが大きな課題となった。アウトリーチにも限度がある。相談所にではなく、普段着の相談が入ってくるかたちを作らないとだめだと考え、まずは職員一人ひとりにニーズキャッチのレーダーとしての役割をお願いした。

それでもまだ自前で不十分なところは、民生委員やボランティアはもちろんのこと、出入りのある業者等の外部の耳目に頼った。外部とのチャンネルをいかに創るか、ここに心血を注いだ。

明るい和やかな事務所でなければ、入って来にくいし、寄り付かないと思い、気安く遊びにこれる社協を目指した。来るもの拒まず、だれでもウエルカムの雰囲気づくりにも気を使ったが、ヘルパーもデイの職員もとても良い雰囲気、空気感を持っていた。

相談所にではなく、普段着の相談が入ってくる形を作らねばと、職員個々にニーズキャッチのレーダー役をお願いした。自前で不十分なところは、外部とのチャンネルをいかに創るか心血を注いだ。「他力を頼み、自力に変える」わけだ。気安く遊びに来れる社協を目指した。住民の間に社協の評判がひろがってきたのではないか。

（3）原点とこだわり

たくさんの理解者のおかげで、結構好きなようにやったが、今から思うと極めて適当で、ずいぶんでたらめなことをしてきたと思う。若気の至りと言ってしまえばそうかもしれないが無知ゆえに怖いものがなかった。ただ、片時も心を離れなかったのは、一九八七（昭和六二）年の『月間福祉』一〇月号の「特集　新たな社協像を求めて」という座談会で、当時の兵庫県社協の沢田清方氏の「住民から見える活動が不十分、なおかつ社協は肝心な命を支える、暮らしを支えるという点に迫り切っていないのではないか」との指摘である。そして、富士福祉事業団の枝見静樹氏との出会いや兵庫県社協の夏季福祉大学で聞いた伊藤隆二先生のお話、長野県佐久総合病院の若月俊一先生の先駆的な地域医療への取り組み、乳児死亡率ゼロを目指した岩手県沢内村の深沢晟雄村長の取り組み等が影石さんの社協の原点になっている。

ヘルプサービスの予備軍まわり、心配ごと相談の機能強化も、生活福祉資金の貸付けを頑張ったのも、まずはサービスにつなげること、その上で肝心の「命」をいかに守るか、生活をいかに支えるかという沢田氏の「宿題」を意識した結果である。「見える化」も同様だ。数字として表せるものは、その成果を数値化した。ヘルパーの派遣件数、生活福祉資金の貸付件数等は特に重要視した。職員の頑張りを表すことにもなるし、行政との予算折衝するときの強みになった。

影石さんの原点は、故沢田清方氏、佐久総合病院の若月先生、沢内村の深沢村長等々錚々たる人物である。とくに沢田氏の「宿題」に応えようとした。

もう一点は専門性の向上と資格取得である。ヘルパーの医療関係との関わりの中で、介護の専門職としてもっと自信とプライドを持ってほしいと考えていたが、ちょうどそういう時期に、社会福祉士・介護福祉士の資格制度ができ、専門性の向上と専門職としての社会的評価を獲得するべく、資格取得に向けて支援することにした。社会福祉主事の任用資格から三年で介護福祉士、五年でケアマネジャーと段階を追って計画的に取得させた。職員のほとんどが介護福祉士、ケアマネジャーを取得した。影石さん自身も社会福祉士を取得した。

これによって地域包括支援センターの運営を受けることになり、ここに名実ともに高齢者福祉・介護の拠点が誕生する。また、組織の拡大により、ケアワーカーからケアマネジャーへの異動が可能になり、ワーカーの経験をケアプランに活かせるようになった。若い時はヘルパーとして、ベテランになってケアマネジャーとしてそれを活かす。資格の取得によってそういう循環も可能になった。「体力」から「知力（経験）」へである。

影石さんが社会福祉士資格を取得されたことは、見事である。

（4）社協でやり残したと思うこと

障がい者や認知症の高齢者と接する中で、日常生活自立支援事業については早くから取り組み、法人後見の必要性を感じていたが、社協という組織を生かした法人後見にまでこぎつけることができなかった。

事業については在宅福祉の充実、地域福祉の増進、福祉教育の推進を計画的に展開をしてきたが、事業に相応しい組織づくり、体制整備については中途半端の状態で終わってしまった。特に、法人事務局の体制整備が不十分だった。平成の大合併でスリム化のベクトルが働き、体制の整備・強化は夢物語となった。職員の処遇の改善もやり残した。職員には申し訳ない思いでいっぱいである。

影石さんでもやり残したことは多々あることに驚く。これらは後継者たちに委ねるほかない。

４　自分を支え育ててくれた仲間

三〇歳で入局してすぐさま事務局長、腰掛け程度の気持ちで社協に入ったものの、どうにか無事に定年まで勤めることができたのは、優秀で強烈な個性をもつ優しい職員とのめぐり逢い、これに尽きるかと思うが、職員の頑張りはもちろんのこと、民生児童委員の皆さん、ボランティアの皆さん、町や県の行政職員の皆さんのご協力やご支援等が全部うまく機能したからだと思う。

仕事は一人では何もできない。協力支援をいかに取り付けるか、大きな理想を掲げ、弛まなく突き進んできた。そんな思いでやってきて、まちがってなかったと思う。人のつながりのすごさ、つながっていく面白さを実感させていただいた本当に素晴らしい三〇年間であった。何事も中途半端であった自分が、曲がりなりにも最後まで勤め上げることができた。それだけで価値のあることだと思っている。

事業を通して毎年毎年友人や知り合い、仲間が増え、そして今でもお付き合いできる友人がいる。こんな幸せな人生はないと思う。感謝、感謝である。

家業との二刀流というわけには行かなかったが、子どもや孫から「じいちゃんが頑張ってくれたもんな」という声が上がれば最高である。ただ、今のところそんな評価はもらっていない。残念ながら。

影石さんには三〇年の間、有能な職員集団に恵まれ、多くの関係者、仲間、友人の協力・支援に感謝している。人のつながりのすごさ、つながっていく面白さを実感させていただいた本当に素晴らしい三〇年間であったと表白する。三〇年間、多くの方々の協力を得て社協事業に創意工夫を加え、素晴らしい仕事を蓄積された。その努力に感服する。

第5章　社協に魅了された一人として　川崎順子報告の検討

1　与えられた環境から

川崎さんは、母子家庭で育った。川崎さんが一歳半の時に父親を亡くし、父親の存在を知ることなく、母一人子一人の生活だった。母親は父親の役割も果たそうと懸命に生きてきたに違いない。そんな母親の生き様は、今もなお川崎さんの人生に大きく影響し続けている。世間から見れば母親の手一つで大変だろうにという同情は、母親にとっては不甲斐なかったであろうと想像する。しかし、その渦中にいた川崎さんにとっては、惨めな思いをすることなく育ったように記憶している。それは、祖父母や親戚等から物心両面の支援があったからだと考える。とは言っても、経済的に苦慮したであろうことは否めない。しかるに母親は、川崎さんに女性であろうとも生計を立てられる人間になることを切望した。自分の二の舞をさせたくないという意味でも、川崎さんの人生設計の道筋を考え、大学進学の道を拓いてくれたという。

実に立派に自立したお母様で、父親の役割をも果たすべく懸命に生き、娘を惨めな思いにさせず、自立した人間に育て上げられた。母親の生き様は、川﨑さんの人生に大きく影響し続けているのは必然だ。

川﨑さんは、具体的な将来を描いていたわけではないが、経済的に厳しいこともあり、学費の工面ができる範囲の大学を選別した。偶然にも道が開けた大学が、社会福祉学部だった。大学では、多様な学生に出会った。車椅子利用者、視力障がい者、聴覚障がい者、生活に何らかの事情がある人など、当事者と言われる学生が多く存在した。しかし、特に違和感を持つことなく、学生生活の中でごく当たり前に助け合いの関係は存在した。そういう川﨑さん自身もその当事者の一人だという。学友がたくましく生きる姿から、当事者こそが環境をつくり出すことを学びえたことは大きいと述懐する。

川﨑さんが社会福祉学部に進学されたことはベストの選択だ。福祉系大学には当事者が多く集まる。生活上何らかのハンディキャップを有する当事者こそ福祉の原点だ。そしてより良い環境を作り出すエネルギーに満ちている。当事者との交流、助け合いの経験は、身の回りからの共生社会でもある。すばらしい学生生活を送られたのではないか。

大学卒業後は帰郷することが前提で、地元の就職先を探した。その就職先が、町役場である。これは母親への恩返しの一つの形となったという。お母様もさぞお喜びのことだろう。

2　社協入局のきっかけは「地域保健福祉計画」策定から

一九八三（昭和五八）年四月に役場に入庁し、住民課に配属された。窓口業務を経て、生活保護、母子福祉、障がい者、そして高齢者など幅広の福祉業務を担う立ち場に就いた。その時代は、ハード事業も一段落したところであり、ソフト事業への施策転換期と重なった。それは、福祉のまちづくりへと進む道である。その時の首長が施策の旗を振られたことが後押しとなった。一九九二（平成四）年に「地域保健福祉計画」の策定に関わった。福祉施策の方向性が定められ、福祉と保健の一体的事業を推進するための拠点として「総合福祉センター」を整備することとなった。その推進団体の中核として、社会福祉協議会（以下、「社協」）の強化策を掲げた。

一九九三（平成五）年四月には総合福祉センターが開所され、町職員四名の出向人事が行われた。局長、次長、在宅福祉専門員、保健師である。この人事がきっかけとなり、在宅福祉専門員という職名で社協に従事することになった。

川﨑さんは、役場入庁一〇年目で在宅福祉専門員の職名で社協職員となったわけだ。社協幹部職員への行政からの出向はよく聞くが、在宅福祉専門員の専任化は珍しいのではないか？

3　町職員でありながら社協職員として

一九九三（平成五）年四月から二〇〇四（平成一六）年三月の一一年間、在宅福祉専門員からはじまり、在宅福祉係長、生活支援係長、事務局次長という任を経て社協事業に関わり続けてきた。当初四人いた出向職員は順次戻り、最後まで残ったのが川﨑さんだ。川﨑さん自身、町に戻ることより、むしろ社協に従事している方が楽しいとさえ思えてきた。なぜならば、社協は必要なことを必要に応じて打ち出していくことが可能であること、そしてその場面に関わることができるからである。つまり、柔軟性、先駆性、開拓性を経験できたことによって、社協に魅了されたといえる。その経験については、具体的に関わってきた事業を辿りながら触れてみたい。

川﨑さんは、一一年間社協に関わり続けた。当初の四人の出向職員は順次町に戻り、川﨑さんは最後まで残った。それは民間組織としての社協の柔軟性、先駆性、開拓性に魅了されたわけだ。その社協は、民間性の良さを発揮できる社協風土だったに違いない。

４　在宅福祉サービスの充実と地域福祉推進事業に関わって

(1) 二四時間三六五日の在宅福祉サービス体制整備と介護保険事業への転換に向けて

一九九三(平成五)年四月「総合福祉センター」開所と同時に、高齢者・障がい者のデイサービス事業を実施することになり、その運営を社協に委ねられた。そもそも「社協とは」については無知状態だった。とにかく在宅福祉サービスの提供体制を作り上げることに専念した。それまで実施されていた在宅福祉サービスでは九時～五時、土日祝日休みの提供体制だった。それが本当に利用者の生活を支えるサービスと言えるのか、疑問をもつことになる。九時~五時、土日祝日休みの在宅福祉サービス提供体制で利用者の生活を支えられるのか、その疑問、批判から二四時間、三六五日提供体制への転換志向が強まる。利用者主体への転換。

一九九四(平成六)年には訪問給食サービスの実施に向け、在宅福祉専門員として保健師と組み、地域の高齢者の生活実態把握のため全世帯を訪問した。一軒一軒の訪問活動は、アウトリーチの重要性に気づかされた。まさしく「百聞は一見にしかず」だ。その実績もあり一九九五(平成七)年には在宅介護支援センターを受託するとともに、県社協の「住民参加型在宅福祉サービスのモデル事業」の指定を受けた。そして一九九六(平成八)年には、住民参加型在宅福祉サービス「たんぽぽ会」と在宅介護者の会「ほのぼの会」を立ち上げた。

訪問給食サービス実施に向けて保健師と組んだ地域高齢者全世帯の訪問、そのニーズ確認が順次対応活動につながるわけだ。

また、一九九六(平成八)年四月には、保健・医療・福祉等関係機関主任連絡会議を発足、毎月一回事例検討会を実施した。在宅介護支援センターの実態把握において、ニーズに適したサービスが不十分であることやサービス事業所に従事する関係者の支援の方向が違い、利用者本人や家族を混乱させていることがあった。そこで関係者が同じテーブルについて話し合うことが必要ではないかというのが始まりだ。回を重ねていくに従い、問題点などの共通認識ができるようになり、実施主体は異なるが地域のサービスのあり様を共に考える場に成長していくことができたと考える。

保健・医療・福祉等関係機関主任会議の発足、毎月事例検討会の実施は大きな前進だ。

一九九六（平成八）年には、在宅福祉サービスの提供状況の見直し、町民の福祉ニーズや福祉意識を把握することを目的として、二〇歳から六四歳までの住民意識調査、高齢者（一人暮らし、寝たきり、認知症）生活実態調査、デイサービス、ホームヘルプサービス、給食サービス利用に対する要望調査、幼稚園・保育園利用時以外の育児に関しての調査等を実施した。調査には社協職員をはじめ、民生委員・児童委員の協力を得た。回収率七八・五％の一九三五名からの回答を得て、次の施策への検討材料とした。一九九八（平成一〇）年には、二四時間対応巡回型ホームヘルプサービス事業、一九九九（平成一一）年には三六五日型デイサービス実施へと順次事業を充実させた。また、ホームヘルパー養成講座（二・三級）を開講し、住民参加型の協力会員や登録ヘルパーとしての担い手養成を行った。

明確な問題意識のもとに実施されたニーズ・福祉意識調査は、回収率も高く、結果は施策の前進に結び付く好例だ。

この在宅福祉サービス充実への取り組みは、一九九三（平成五）年から五年の間のことである。このことが実現できたのも、その根拠となる「地域保健福祉計画」によって、社協が在宅福祉サービスの中核となる方針が打ち出されていたからだと考える。また、施設福祉サービスは、他の社会福祉法人が高齢者福祉総合施設として、一九九九(平成一一)年に総合福祉センターに隣接して開所された。特別養護老人ホーム、養護老人ホーム、ケアハウスの三つの機能を有する。以前も施設は存在したが、老朽化と実施主体の変更により、新たな施設福祉サービスの始まりであった。このことで、在宅福祉と施設福祉の総合的な枠組みを作り上げ、高齢者の生活を支えるサービスシステムとして機能することとなる。

五年間の在宅福祉サービス充実の取組みには、社協の「地域保健福祉計画」が根拠となったという。サービスの計画的整備が重要だ。

二〇〇〇(平成一二)年の介護保険法施行を前に、体制を整備してきたことが功を奏してか、慌てることなく介護保険制度移行となる。介護保険制度移行への対応に関しては、一九九八(平成一〇)年九月に「介護保険対策検討委員会」を組織した。委員は、住民代表、民生委員・児童委員、議員、行政職員、県社協職員である。下部組織には、主任レベルの社協職員による実務者部会を置いた。これまでの社協事業の総点検を行い、スムーズな制度移行への課題整理を行った。他のサービス提供事業所が少ない地域性を踏まえ、社協が介護保険事業を推進する方向性を打ち出した。しかし、採算性の問題もある。そこでサービス提供状況を介護報酬で試算した。結果、問題なくというより、むしろ黒字の数字が算出されたことは驚きでもあった。一九九九(平成一一)

年三月には検討結果をまとめ、翌年度の事業計画へ反映させた。この取り組みから、これまでの社協事業の展開に自信を持ち得たことを覚えている。それは、利用者や住民のニーズに応じることを基本としてきた結果だと考える。

介護保険制度移行へ準備万端の体制を整備してきたことは流石だ。また利用者や住民のニーズ対応を基本としてきた結果、介護報酬の黒字となり、社協事業の展開に自信を得たことは喜ばしい。

介護保険制度が開始され、二〇〇一（平成一三）年には、基幹型在宅介護支援センターに移行し、さらに、二〇〇六（平成一八）年には地域包括支援センターの受託へと進んだ。

障がい者、児童に関する事業にも関わらせていただいたが紙面の関係で省くこととする。典型的な事業型社協として取り組んできたが、この時期だったからこそ在宅福祉サービスの基盤づくりができたのだと考える。さらに、介護保険制度への移行に不安なく転換できたのもそのおかげだと考えている。そして何よりも当事者の意向を大事にすることを徹底し、制度に惑わされないサービスのあり方を社協職員に限らず、地域の関係事業所と協議し合う関係をつくっていった。そのことで、事業所からも頼りにされる社協として成長していったと考える。その環境づくりに関われたことはかけがえないものとなっている。

「この時期だったからこそ」在宅福祉サービスの基盤づくりや介護保険制度へ不安なく移行・

転換できたというが、それは国の政策的動向が背景にあったからではないか。また、当事者の意向を大事にすることを徹底し、制度に惑わされぬサービスのあり方を地域関係事業所と協議し合う関係づくりで、事業所からも頼りにされ社協として成長した。見事だ。

（2）福祉ネットワーク事業の体制確立からふれあいのまちづくり事業との関わり

在宅福祉サービスの充実と相まって、社協本来の地域福祉活動の推進にも関わってきた。一九九三（平成五）年には、福祉ネットワーク事業（福祉ニーズ情報キャッチシステム）の推進体制を検討した。この事業の開始にあたり、実現を促進したエピソードがある。住民参加による福祉活動組織化の必要性を掲げ、当時三九地区の代表者（区長）を招集し、本事業の趣旨説明会を開いた。社協事務局としては、賛同が得られる数カ所の地区にモデル事業としての実施を提案した。ところが、一人の区長が発した「どうせ実施するのであるならば、全地区で一斉に取り組んでみてはどうか」という言葉である。この発言があったこともあり、福祉ネットワーク事業は翌年の一九九四（平成六）年に全地区で本格始動への運びとなった。この区長の一言によって地域が大きく動くきっかけとなった。その瞬間は、今なお鮮烈に印象に残っている一コマである。

川﨑さんは、在宅福祉サービスの充実のみならず、社協本来の地域福祉活動の推進にも関わってきたという。この両面遂行は容易でなかったと推察する。一九九三（平成五）年、福祉ネットワーク事業の推進体制を検討。事業開始へ実現を促進した上記のエピソードを紹介する。社協事務局ではモデル事業から始めるつもりが、一人の区長の一言から全地区で取り組むことになったという話。予想外の嬉しい展開である。

福祉ネットワーク事業の推進にあたっては、福祉推進委員の設置が行われた。町内全地区三八〇名の委員委嘱である。その推進委員の役割を理解していただくために、社協職員を総動員して三九全地区に赴いた。そこでは地域住民と膝を交えての意見交換や地域課題を共有していった。いわゆる地区座談会である。地域住民と社協職員との関係が近くなり、福祉推進委員の訪問活動による地域ニーズが社協にスムーズに流れてくるというシステムが起動していくこととなった。

社協職員総動員で三九全地区に入り、地域住民と膝を交えての座談会、地域住民と社協職員との関係ができ、福祉推進委員の訪問活動から地域ニーズが社協にスムーズに上がってくるようになったという。やはり社協職員は地域に出向くことだ。

一九九四(平成六)年には、本格的に地域福祉推進施策を実施していくために、「地域福祉活動計画」を策定した。一九九九(平成一一)年度までの五カ年計画である。「町民参加と公私協働によりやすらぎと生きがいのある福祉の町づくり」を掲げ、六つの重点項目と一七の活動方針で編成した。この活動計画策定に関わったことで、遅ればせながら、ようやく社協の歴史、役割や機能を深く学ぶ機会を得た。さらに、地域福祉活動計画の意味や策定手法等を模索する中、地域福祉学識者との出会いが始まった時期でもある。

「地域福祉活動計画」の策定は地域福祉活動への社協のやる気を公式に表明するもので歓迎されよう。ただ、どのように策定したのか、住民参画をどう保障したのか問いたい。

時を同じくして、一九九四（平成六）年には、ボランティアセンター事業三カ年の指定を受け、一九九五（平成七）年には、ふれあいのまちづくり事業五カ年の指定を受け、「基盤強化」「総合相談事業」「地域生活支援事業」「住民参加による地域福祉事業」「福祉施設協働事業」の五本柱を推進することとなった。この事業の指定申請の際には、五年間の事業をどう組み立てるのか、職員と夢を語り合い、五年後の社協や町を創造することに楽しみさえ感じ得た。

ボランティアセンター事業三カ年指定、ふれまち事業五カ年指定と五本柱の推進、これらを通じて五年後の社協や町の創造を職員たちと夢を語り合うとは、何と楽しいことか。

一九九五（平成七）年に受託した在宅介護支援センター事業は、このふれあいのまちづくり事業の指定によって、総合相談から住民参加による地域福祉活動との連動性をもたらした。その具体的展開を知りたい。

ここで一つの取組みを紹介したい。在宅介護者の会の会員である家族から、地区座談会や地域福祉推進大会で、認知症の介護現実を語っていただいたことがある。どんな思いをしながら介護しているのかについて当事者から重みのある言葉が発せられた。介護の現実を聴き、福祉意識の高揚にもつながった。その当事者自身は、語ることにやりがいを感じ、何回も語ることに応じてくれた。ここでも、当事者の力は計り知れないことを学んだ。このようなことを試行錯誤しながら地域福祉活動と在宅福祉活動が両輪となっていき、地域住民の生活に安心をもたらす社協活動の事業体系が整備されるに至ったといえる。そして、社協という言葉が地域住民に浸透するようになってきたことも大きな成果である。

当事者の力は計り知れないことを学び、地域福祉活動と在宅福祉活動が両輪となり、地域住民の生活に安心をもたらす社協活動の事業体系が整備され、社協が地域住民に浸透するに至ったことを大きな成果とすることに正直舌を巻く。よくここまで実践できたものだ。

このような社協の取り組みが評価されてからか、全国から視察に訪れることが頻繁になった。そこでいつも問われるのは、「なぜここまでできるのか」である。その答えは「当たり前のことだから」「必要だから」である。特別なことをしてきたつもりはないが、いつしか先進地といわれるようになっていた。この背景には、地域からニーズを拾い上げてくる職員の鋭い視点があり、ボトムアップの組織として成長してきたからだと考える。そして、その方向性を限りなく承認してくれた事務局長、会長の手腕も重なり、行政への働きかけには心強いものがあった。

ついに全国からの視察が頻繁になった。「なぜここまでできるのか」がよく問われるが、川崎さんは「当たり前のことだから」「必要だから」と答える。先進地になった背景には、地域ニーズを拾い上げてくる職員の鋭い視点があり、ボトムアップ組織としての成長を挙げる。加えて社協上司、会長の手腕を挙げる。実に謙虚だ。

また、県や県社協の支援があったことも大きい。特に県社協からは、各種モデル事業指定への導きに支援を得てきた。さらに、全社協にも関わる機会を得た。二〇〇一(平成一三)年九月から三年間全社協の地域福祉推進委員市町村介護サービス事業検討委員として、二〇〇二(平成一四)年四月から二年間訪問介護サービスの提供における居宅介護支援との連携のあり方に関する調査研究委員に関わらせていただいた。このことを通して、社協の施策を客観視できる機会にもなり、視野を広げることにも繋がっていった。

県や県社協の支援があり、さらに全社協との関わりも社協の施策を客観視でき、視野を広げることとなったという。川﨑さんは、どこまでも学びつづける方だ。

5　社協でやり残したこと

いつの時代にも社協の存在意義が問われている。事業型社協として、積極的に推進してきたが、時代の変化と共に地域の実情に応じて社協の形は変化させていくことが求められる。社協の基本原則を前提としつつ、どう変化させていけばよいのか、それを問い続けることのできる社協組織づくりに奔走してきたつもりである。しかし、やり残したことも多くあり、その中でも二つあげてみることとする。

一つは、社協の職員づくりである。わずか一一年間であるが、職員と共にニーズ把握、計画化、組織化、地域福祉活動等を実践してきた。しかし、俯瞰的な視野を持つ職員をどれほど育成できたかは道半ばで終わってしまったように感じている。制度事業が多くなるにつれ、制度に当てはめるだけの専門職になりかねない現状もあった。社協が「なぜこの事業に取り組まなければならないのか」という問いに答えられるためには、常に社協の使命と原則に立ち返り、社協職員としてのあり方を根づかせていくことが今もなお重要な課題だと考えている。

確かに社協の職員づくりは容易ではない。事業体社協の横行・多様化もあって、社協とは何かが曖昧になってきている。そんな中で社協職員の職務も多様化し、無原則にさえなってきている。今こそ民間性を使命とする社協とは何かを問い直し、それを担う職員のあり方を根本的に追究しなければならないのではないか。

二つは、コミュニティワーク実践の可視化である。地域福祉活動を仕掛けていくにあたり、その実践を記録し、評価するという手法を確立できなかったと考える。誰に連絡をとり、どのように調整したのか、その結果、次に何をすべきなのかというプロセスを普遍化していく手だてを持ち得ることが必要と考える。個別支援においては、制度的にもケアプランなどの手法が定着してきたが、コミュニティワークの実践記録は十分に浸透しているとは言い難いと考える。社協職員が共通の実践手法を持ち得るためにも、コミュニティワーク実践の可視化が求められると考える。

コミュニティワークの可視化には、共通のプロセス・モデルの確立を要する。この点で日本ではなお未確立状態だ。個々の実践を記録し、評価する手法の確立が急がれる。

6　社協に人生をかけたことへの自己評価

社協に従事した一一年間は、改めて中身が濃いものであったと実感している。「社協にはどのような役割があり、機能させていくことが求められるのか」この問いすら考える余裕もなく、次々と新しい事業に挑戦し、それを起動させていくことの繰り返しであった。

思い返せば、町職員として福祉担当業務に就いたころ、学び直しの必要性を感じ、一九九四（平成六）年に社会福祉士の資格を取得した。改めて社会福祉を問い、その理論や方法を学び、実践と結びつけていくことに喜びを得た。正直、手当たり次第に事業を実施してきた感があるが、それがコミュニティワークの一連のプロセスと見事に一致していたことに気づいた時には、感慨深いものがあった。これでよいのだろうかと自問自答しながら取り組んできたことは、決して間違いではなかったのだと確信へと変化していった。ようやく社協の存在意義を理解できるようになったのではないかと考える。

川崎さんが社協で取り組んでこられたことは、基本的にコミュニティワークの手法と合致している。決して間違っていなかったのだ。不勉強な社協職員に学び取ってほしい。

川﨑さんは、稀有な存在として扱われる。一つに、二二年間の町職員の立場ではありながら、一一年間を社協に身を置いていたことを珍しがられる。二つに、在宅福祉サービスと地域福祉活動の両方を同時並行して関わったことである。当時その両方の視点から社協事業を語る一人として多くの機会を得た。

川﨑さんのような優れた職員が、どこでも社協職員として終生勤め上げてくれるならば、社協のレベルアップは確実だと考える。とくに在宅福祉サービスと地域福祉活動を緊密に結び付けて推進する視点が重要だ。

社協に無知状態であった自分が言えることではないが、「社協はやろうと思えば何でもできる」「制度に捉われない」そして「自分自身がどう動かなければならないかを見定め、動いてみると、面白いほどに地域がうねりをあげ動き出す瞬間がある」そのことをまるで映像で見るかのように実感できた。そして、この感激をより多くの人にも味わってもらいたいと思うようになった。いつしか、社協に憧れる人材を一人でも多く養成することに関わる道へとつながっていった。

自分自身の動きを見定め、「動いてみると、面白いほどに地域がうねりをあげ動き出す瞬間がある」との実感はすごい。「この感激をより多くの人にも味わってもらいたい」「いつしか、社協に憧れる人材を一人でも多く養成する道へとつながっていった」という。

二〇〇四（平成一六）年からは教育現場に身をおくこととなり、さらなる学び直しの日々である。

ありがたいことに各地の実践現場に関わらせていただいており、それが励みとなっている。実践と理論との結びつきを考え、それを伝授する役割を与えられたのだと勝手に思い込んでいる。次の時代を担える社協職員を一人でも多く輩出していくことが残りの人生に課せられたことだと肝に銘じているこの頃である。まだまだ、歩みは止められそうもない。八五歳になった母親は、今も仕事を続けている。その背中を追い続けていかなければと思う。

二〇〇四（平成一六）年から教育現場に身を置き、「次の時代を担える社協職員を一人でも多く輩出していくことが残りの人生に課せられたことだと肝に銘じる」川崎さんである。健闘を祈る。

編集後記

二〇一七（平成二九）年秋、〝社協にかかわった者としての自分史〟を記録として綴ってみないかと、塚口伍喜夫氏から提案がありました。そして二〇一八（平成三〇）年初め企画に賛同いただけるメンバーも固まり、スタートをみたのが四月でした。

十余名による〝自分史〟ではありますが、社協の職員として地域福祉に関わってきた半生を振り返り記録として書き綴ったその自分史が、全国の社協や地域福祉に関わる方々の目に留まり、参考に供していただく機会となってほしいとの思いも強くありました。

ここに自分史を書き残したのは、元市町社協職員五人、元政令指定都市社協職員二人、元道府県社協職員四人のメンバーです。

社協に関わることになった動機やいきさつはなんであれ、登場する一一人はおおきく変動する地域福祉とそれにともなって揺れ動く社協に連れ添ってきました。

度々発生する難題、課題に苦悩しつつも奮闘し、社協を離れ難く、ともに歩んできた数多の社協人のなかの一一人です。

人生の半分を社協に身を置き地域福祉にのめりこんだ、執筆者・間哲朗氏曰く〝社協まみれ〟の半生を綴っています。

それぞれが地域性や組織環境などが違うなかで、取り組んできた業務や活動も違えば記述にあたっての視点や切り口も違ってきます。

したがって記述にあたって以下の点を約束ごととしました。
○自身の生い立ち（成育歴）　○社協入職のきっかけ（動機）　○社協でどんな仕事に関わりどんな活動、事業に関心を持ったか　○社協で自分が刻んだ足跡（最も力をいれたことは何か）
○社協でやりのこしたこと　○自己評価　など
各人がこれらの要素を軸にしつつ、自身が関わった事業や活動については当然のことながら、それらに纏わるその時々の思いや心情や心境、意識などにも触れてもらうようにお願いしました。

〝社協って何？〟と言われた時代から、社協の存在が地域社会に浸透してきた今日まで、変化する社協にながく在職した社協人が悩み喜ぶ姿を思い起こし、その息遣いを感じていただけたらと思います。

今では当時の資料や情報が手元に欠ける状況にあって、書籍や資料を探しながら、また遠い記憶を手繰りながらの作業になりました。

最後になりましたが、私たちの拙作を第三者の目で総括・コメントしてくださいました井岡勉先生に厚くお礼申し上げます。

また、出版にあたってご協力いただいた大学教育出版の佐藤守さん、社　彩香さんに感謝申し上げます。

二〇一九年八月

編集者　明路　咲子

執筆者プロフィール

［コメンテーター］

井岡　勉

１９３７年3月福岡県生まれ。１９６１年同志社大学文学部卒業。

１９６７年同大学院文学研究科社会福祉学専攻修士課程修了。

１９６０年12月京都府社会福祉協議会勤務。

１９６８年華頂短期大学講師。

１９７１年同志社大学文学部専任講師、１９７３年助教授、１９８０年教授。

１９８４年ロンドン大学ＬＳＥ客員研究員（1年間）。

１９８５年同志社大学大学院文学研究科修士課程教授、１９９１年同博士後期課程教授。

２００７年3月退職、名誉教授。

日本社会福祉学会、日本地域福祉学会、社会政策学会各名誉会員。

主な著書：『社会福祉の専門技術』（共著、ミネルヴァ書房、１９７５年）、『地域福祉―いま問われているもの―』（共編著、ミネルヴァ書房、１９８４年）、『地域福祉の国際比較―日韓・東アジアモデルの探索と西欧モデルの比較―』（共編著、現代図書、２００９年）、『地域福祉のオルタナティブ』（共監修著、法律文化社、２０１６年）ほか多数

［編著者］

塚口伍喜夫

在職社協・期間：兵庫県社会福祉協議会（１９５８～１９９８年）

最終役職：事務局長

社協退職後の職歴等：兵庫県社協理事、兵庫県共募副会長、九州保健福祉大学・同大学院教授、流通科学大学教授、社会福祉法人かがやき神戸理事長、ＮＰＯ法人福祉サービス経営調査会理事長、社会福祉法人ささゆり会理事長

主な著書：『社会福祉の動向と課題』２００２年中央法規　編著、『ソーシャルワーク実践への道』２００４年　角川書店　編著、『社会福祉法人の今日的使命』２０１４年　リベルタス・クレオ　編

著、『社協再生』2010年　中央法規　編著、『歴史との対話』2018年　大学教育出版　編著

明路咲子

在職社協・期間：兵庫県社会福祉協議会（1970～2001年）

最終役職：社会福祉情報センター所長　権利擁護センター所長兼務

社協退職後の職歴等：流通科学大学医療福祉サービス学科　教授、平安女学院大学　非常勤講師

主な著書：『地域福祉論説』2006年（株）みらい　編著、『ソーシャルワーク演習ハンドブック』2008年（株）みらい　編著、『社協再生』2010年　中央法規　編著、『福祉施設経営革新』2014年　大学教育出版　編著、『地域福祉への挑戦者たち』2018年　大学教育出版　共著

岡部和夫

在職社協・期間：北海道社会福祉協議会（1967～2001年）

最終役職：事務局長

社協退職後の職歴等：名寄市立大学保健福祉学部教授、名寄市民活動推進委員会委員、名寄市社会福祉協議会ボランティアセンター委員・NPO活動法人ファシリテータフェローズ理事長、一般社団法人ウェルビーデザイン副理事長

主な著作：民生委員児童委員制度90周年記念「しあわせ応援ネットワーク」2007年　共著、『社協再生』2010年　中央法規　編著

川﨑順子

在職社協・期間：宮崎県門川町社会福祉協議会（1993～2004年）

最終役職：事務局次長

社協退職後の職歴等：九州保健福祉大学社会福祉学部　教授

主な著作：『介護福祉教育の方法と実践』2005年　角川書店　共著、『社協再生』2010年　中央法規　編著、『社会福祉法人の今日的使命』2014年　株リベルタス・クレオ　編著、『歴史との対話―現代福祉の源流を探る』2018年　大学教育出版　編著、『社会福祉概論　第4版』2018年　勁草書房　共著

［執筆者］

間　哲朗

在職社協・期間：京都府社会福祉協議会（１９６５～２００１年）

最終役職：事務局次長兼福祉部長、施設福祉課長事務取扱

社協退職後の職歴等：大阪体育大学健康福祉学部教授、京都文教大学　大谷大学　京都府立大学等　非常勤講師、特定非営利活動法人城陽市の精神保健福祉をすすめる会理事長　他

主な著書：『地域福祉講座』１９８５年　中央法規　共著、『社会福祉』１９９２年　川島書店　共著、『地域福祉概論』２００１年　学文社　共著、『地域福祉概説』２００３年　明石書店　共著、『福祉・教育を考える』２０１０年　久美株式会社　編著

坂下達男

在職社協・期間：神戸市社会福祉協議会（１９６６～２００１年）

最終役職：須磨在宅福祉センター（地域包括支援センター・居宅介護支援及び通所介護事業所）所長

社協退職後の職歴等：神戸女子大学健康福祉学部教授

主な著書：『住民主体の地域福祉活動』１９７１年　全国社会福祉協議会　共著、『地域福祉概説』２００３年　明石書店　編著、『地域福祉への挑戦者たち』２０１８年　大学教育出版　監修共著

堀田　稔

在職社協・期間：広島市社会福祉協議会（１９７０～２００３年）

最終役職：福祉部長

社協退職後の職歴等：学校法人広島文化学園　呉大学情報学部　教授、広島文化学園短期大学保育学科　特任教授、ＩＧＬ医療福祉専門学校　非常勤講師、広島市社会福祉協議会総合企画委員会委員長、公益社団法人認知症の人と家族の会広島県支部　事務局長

主な著書：『社会福祉』１９９７年　北大路書房　共著、『社会福祉援助技術』２０１０年　北大路書房　共著、『福祉教育のすすめ』２００６年　ミネルヴァ書房　共著、『新版・地域福祉事典』２００７年　中央法規　共著、『相談援助』２０

１１年　北大路書房　共著

中野孝士

在職社協・期間：釧路市社会福祉協議会（１９７７～２０１０年）

最終役職：事務局長

社協退職後の職歴等：北海道社会福祉協議会　釧路地区事務所　所長、北海道民生委員児童委員連盟　特別講師

岡野英一

在職社協・期間：宇治市社会福祉協議会（１９７６～２０１２年）

最終役職：事務局長

社協退職後の職歴等：龍谷大学　特任教授

宇治ボランティア活動センター副運営委員長など

主な著書：『住民主体の地域福祉論』２００８年　法律文化社　共著、『自発的社会福祉と地域福祉』２０１２年　ミネルヴァ書房　共著、『社会福祉要論』２０１３年　川島書店　共著、『地域福祉のオルタナティブ』２０１６年　法律文化社　共著、『地域福祉のエンパワメント』２０１７年　晃洋書房　共著

佐藤寿一

在職社協・期間：宝塚市社会福祉協議会（１９８９～２０１７年）

最終役職：常務理事兼事務局長

社協退職後の職歴等：宝塚市社会福祉協議会常務理事

主な著書：『災害対策全書３　復旧・復興』２０１１年　ぎょうせい　共著、『改正介護保険の新しい総合事業のてびき』２０１６年　第一法規　共著、『改訂版市民がつくる地域福祉のすすめ方』２０１８年　全国コミュニティライフサポートセンター　編著、『よくわかる地域包括ケア』２０１８年　ミネルヴァ書房　共著、『新版よくわかる地域福祉』２０１９年　ミネルヴァ書房　共著

影石公昭

在職社協・期間：徳島県海陽町社会福祉協議会（１９８３～２０１３年）

最終役職：事務局長

社協退職後の職歴等：専門学校　非常勤講師、社会福祉法人ルミエール　法人事務局長、特別養護老人ホーム穂波園　施設長、ぱあとなあ徳島所属後見人・支援

社協舞台の演出者たち

2019年10月20日　初版第１刷発行

■編 著 者―― 塚口伍喜夫・明路咲子・岡部和夫・川崎順子
■発 行 者―― 佐藤　守
■発 行 所―― 株式会社 大学教育出版
〒700-0953　岡山市南区西市855－4
電話（086）244-1268（代）　FAX（086）246-0294
■D　T　P―― 難波田見子
■印刷製本―― モリモト印刷（株）

ISBN978－4－86692－044－3